Das Hobbythek-Buch 4

Jean Pütz

DAS HOBBYTHEK-BUCH 4

Unter Mitarbeit von
Heinz Gollhardt

vgs

CIP-Kurztitelaufnahme der Deutschen Bibliothek

Pütz, Jean:
Das Hobbythek-Buch / Jean Pütz. Unter Mitarb. von
Heinz Gollhardt. – Köln: vgs
Bd. 2 verf. von Jean Pütz; Wolfgang Back.
Bd. 1 u.d.T.: Back, Wolfgang: Das Hobbythek-Buch.
NE: Back, Wolfgang:
4. – 1. Aufl. – 1980.
ISBN 3-8025-6103-1

Bildquellen:

Ingenieurbüro Metz & Kohlöffel, Ravensburg (S. 17, Abb. 5; S. 21, Abb. 10, rechts; S. 29, Abb. 19 sowie alle Zeichnungen im Kapitel „Musikgenuß
ohne Rauschen"). Verlag A. Schroll, Wien (S. 53, Abb. 1); Max Krusemark & Co., Mülheim/Main (S. 92, Abb. 18); BASF, Ludwigshafen
(S. 101, Abb. 2). Alle nicht genannten Abbildungen und gegebenenfalls die Modelle dazu: Gerhard Praßer, Köln.

1. Auflage 1980
2. Auflage 1981
3. Auflage 1982
4. Auflage 1982
© Verlagsgesellschaft Schulfernsehen – vgs – Köln 1980
Reproduktion der Abbildungen: Regrafo GmbH, Kempen
Satz und Druck: Bonner Universitäts-Buchdruckerei, Bonn
Printed in Germany
ISBN 3-8025-6103-1

Liebe Leser!

Dies ist nun schon das 4. Hobbythek-Buch. Daß sich diese Bücher so schnell zu einer so stattlichen Reihe entwickeln konnten, geht nicht zuletzt auf Ihr Interesse zurück. Dieses Interesse bestätigt zugleich, daß die *Hobbythek* sowohl als Fernsehreihe wie auch in Buchform genau die richtigen Themen getroffen hat.

Dieses Interesse bestätigt aber noch mehr: Wir haben in der *Hobbythek* offensichtlich die richtige Methode gefunden, Sie anzuregen und zu eigener Aktivität zu bringen. Zu dieser Methode gehört, daß wir nicht nur Rezepte vermitteln und Ihnen sagen, wie man dies oder das macht. Zu unserem Konzept gehört auch, jeweils die Hintergründe und wissenschaftlichen Voraussetzungen darzustellen, auf denen unsere Tips, Bastel- und Bauvorschläge basieren. Von Anfang an versuchen wir dabei, vor allem die Naturwissenschaften Physik, Chemie und Biologie so zu verpacken, daß auch ein Zuschauer und ein Leser. etwas begreift, der an naturwissenschaftlichen Themen normalerweise

kein übermäßig großes Interesse hat. Und Naturwissenschaften kommen nicht nur in der Technik vor, sondern z.B. auch beim Kochen, der Wurstzubereitung, beim Kerzengießen, beim Herstellen von Gipsabgüssen – Themen also, die Sie in diesem Band finden.

Aber auch die reine Technik kommt in keinem dieser Bücher zu kurz; sie ist diesmal mit einem ganz besonderen Knüller vertreten: dem Rauschunterdrückungs-System *Hobby-Com*.

Daß selbst einige Freunde der *Hobbythek* – die ja zu den besonders aufgeschlossenen Leuten gehören – an naturwissenschaftlichen Themen weniger interessiert sind, hat vielleicht auch damit zu tun, daß sie sozusagen noch schulgeschädigt sind. Es ist nicht zuletzt Aufgabe der *Hobbythek*, solche Vorbehalte abzubauen. Wir wissen aus vielen Leserreaktionen, daß uns das auch gelingt. Da gibt es nämlich viele. die Kapitel in den Büchern aus reiner Neugier lesen, obwohl sie den betreffenden Tip gar nicht ausführen wollen. Wenn Sie möglicherweise mit

Elektronik nichts im Sinn haben – schauen Sie vielleicht doch trotzdem einmal in das letzte Kapitel. Oder wer dem Wurstmachen überhaupt nichts abgewinnen kann – vielleicht lesen Sie einmal ein paar Absätze aus dem Wurstkapitel, um schließlich festzustellen, daß dies gar keine so uninteressante Sache ist. Viele Informationen, die Sie hier gewissermaßen nebenbei bekommen, können Ihnen im Alltag vielleicht einmal sehr nützlich sein.

Wir hoffen, daß es Ihnen auch in diesem Buch an keiner Stelle langweilig wird.

Viel Spaß wünscht Ihnen
Ihr

Jean Pütz

Inhalt

Der Steinbackofen der Hobbythek

Stuck und Reliefs aus Gips selbst gemacht

Kerzen – selbst gemacht

Von Würsten und Pasteten

Abb. 1: Hier haben wir einmal einige der zahlreichen Wurstsorten zusammengestellt, von denen man viele durchaus selber herstellen kann.

Wußten Sie schon, daß laut Statistik jeder Deutsche im Durchschnitt pro Jahr ungefähr 20 kg Wurst ißt? Man muß sich das einmal bildlich vorstellen: Das sind rund 1,2 Millionen Tonnen Wurst oder rund 100 000 vollbeladene Lastwagen!

Wußten Sie, daß es bei uns etwa 1 500 verschiedene Wurstsorten gibt? Damit findet man in Deutschland das differenzierteste Wurstangebot aller Länder. Bestenfalls kann mit dieser Vielfalt noch der Käse mithalten, wenn man Europa als Ganzes nimmt.

Die Deutschen stehen in der Rangliste der Wurst-Liebhaber und Wurst-Produzenten ganz vorn. Sicher, es gibt ausländische Konkurrenz, z. B. die Wiener Würstchen oder die berühmten geräucherten Krakauer; aber das ändert nichts an der Tatsache, daß die Deutschen in Sachen Wurst sozusagen Spezialisten sind. Ebenso wie die Engländer und Amerikaner das deutsche Wort Kindergarten übernommen und es nur leicht in „kindergarden" verwandelt haben, gibt es in den angelsächsischen Ländern die durchaus jedem verständliche Bezeichnung „German Wurst".

Die Wurst hat eine lange Geschichte

Die alten Legendenschreiber streiten sich darüber, ob das Handwerk des Kürschners älter ist als das des Metzgers. Es heißt da 1690 bei *Christoff Weigel:* „Dann obwohl auch die Kürschner um solche Ehre und Vorzug streiten, weil Gott den ersten Menschen Adam und Eva Röcklein aus Fellen gemachet, jedoch müssen

Abb. 2: Obwohl das Metzger-Handwerk sehr alt ist, ist es noch gar nicht so lange her, daß man alles „küchenfertig" im Laden kaufen kann. Dieser Holzschnitt aus dem Jahre 1511 von Hans Baldung Grien zeigt einen Koch, der einen Hasen ausnimmt

sie selbst bekennen, daß man zuvor die Lämblein schlachten und metzgen muß, ehe man die Felle von ihnen haben kann. . ." Das erinnert etwas an den Streit, ob zuerst das Huhn oder das Ei da war. Soviel weiß man aber immerhin, daß lange vor unserer Zeitrechnung nicht nur unter den *Germanen*, sondern auch bei den *Griechen* und anderswo die Wurst bereits verbreitet war. Bei *Homer* (etwa 800 v. Chr.) gibt es schon detaillierte Hinweise, sogar auf die Art der Wurst. Sie war für unseren Geschmack noch nicht der Höhepunkt der feinen Küche, aber immerhin Wurst. So heißt es etwa im 18. Gesang der Odyssee: „Hier sind die Ziegenmägen mit Fett und Blute gefüllet, die wir zum Abendschmaus auf glühende Kohlen geleget." Bei den *Römern* gab es dann schon Bratwürste, Schweinswürste und Blutwürste und sogar Hirnwürste, die als besondere Spezialität galten.

Ihren Namen scheint die Wurst erst im 11. oder 12. Jahrhundert bekommen zu haben. Das ist auch die Zeit, in der die Wurst bereits in Hunderten von Sorten existierte.
Die besondere Vorliebe der Deutschen für die Wurst war für die übrige Welt spätestens im 16. Jahrhundert nicht mehr zu übersehen. Möglicherweise deutet der Scherzname „Hans-Wurst" für die Deutschen auf Bewunderung und Neid der Ausländer hin. Die Wurst wurde in dieser Zeit geradezu zum Kultgegenstand. So bereitete zum Beispiel die Königsberger Fleischerzunft alljährlich eine Riesenwurst, die im Jahr 1538 runde 198 Ellen lang gewesen sein soll, was

immerhin etwa 130 Meter sind. Später habe man es noch auf größere Längen gebracht, wobei uns nicht ganz klar ist, in was für einen Darm man die Wurst damals wohl gefüllt haben mag.
Bis zu dieser Zeit aß man Wurst in der Regel gebraten, zumindest aber warm. Knackwürste und Cervelatwürste spielten erst später eine Rolle.
Es gibt kaum ein Handwerk – bis heute übrigens –, das mit so vielen Verordnungen unter Kontrolle gehalten wird wie das Metzgerhandwerk. Bereits im 13. Jahrhundert versuchte man das Schlachten in besonderen Schlachthäusern zu konzentrieren, um es so besser beaufsichtigen zu können. Schon damals gab es die sogenannte *Fleischbeschau* der Behörden. Wenn Sie heute auf dem Fleisch blaue Stempelreste finden, dann sind das die Spuren der modernen Fleischbeschau, die vor allem darauf achtet, daß das Fleisch frei von Trichinen ist, die für den Menschen gefährlich sind. Insbesondere Schweine können von Trichinen befallen werden. Vermutlich wußte schon Mohammed von dieser Gefahr und verbot den Genuß von Schweinefleisch – denn zur Zeit der Entstehung des Islam gab es ja noch nicht die heutigen Untersuchungsmethoden. Im Mittelalter wurde mehr darauf geachtet, daß nur die zugelassenen Fleischsorten verwendet wurden, daß nicht minderwertige Teile in die Wurst kamen, usw.
Die sicher zu Recht auf ihre Wurstvielfalt stolzen Deutschen sollten freilich nicht vergessen, daß sie vom Ausland Anregungen bekommen haben. So brachten z. B. die Hugenotten eine

feingehackte Brühwurst ins Land; und auf *Napoleon* soll es zurückzuführen sein, daß die „Frankfurter Würstchen" das wurden, was sie heute noch sind: nämlich geräucherte Würstchen, auf die Napoleon wegen der Haltbarkeit großen Wert legte. Seine Armee sollte nicht an Fleischvergiftung zugrunde gehen. Die Salami schließlich stammt aus Italien.

Auch die Literaturgeschichte ist voll von Hinweisen auf die Bedeutung, die Vielfalt und die Köstlichkeiten von Wurst. Sie alle zu zitieren würde hier aber zu weit gehen; da lesen Sie besser in den im Anhang genannten Büchern einmal weiter.

Unter den Wurstsorten gibt es wunderbare Spezialitäten, aber auch viele Möglichkeiten, aus dem minderwertigsten Zeug leidlich schmackhafte Substanzen herzustellen, die vom Rohstoff her gesehen mit normaler Wurst freilich nur noch wenig zu tun haben. Die heutige Maschinentechnik erlaubt es, minderwertiges Fleisch samt Knochen zu einer derart feinen Substanz zu zerreiben, daß sich daraus sogenannte Tee-Wurst herstellen läßt.

Wenn wir Sie jetzt dazu verführen wollen, Wurst, Pasteten und Sülzen selbst herzustellen, dann tun wir das nicht, weil wir etwa Mißtrauen gegen die Metzger, Schlachter oder Fleischer nähren wollten, sondern weil das Selbstmachen dieser Köstlichkeiten schließlich Vergnügen bereitet und zum anderen, weil Sie auf diese Weise an Spezialitäten herankommen können, die es gar nicht zu kaufen gibt.

Und noch eins: Als Freund der *Hobbythek* haben Sie sicher längst gemerkt, daß das Kochen, Backen, Braten, Destillieren und Keltern, das Kandieren und Kuvertieren in der *Hobbythek* eine ziemlich wichtige Rolle spielt. Das ist nicht nur so, weil *wir* es so wollen, sondern weil diese Themen immer besonders großen Anklang gefunden haben, wie uns Hunderttausende von Briefen bestätigen. Die Freunde der *Hobbythek* sind offenbar überdurchschnittlich große Feinschmecker. Und für Feinschmecker sind Wurst und Pasteten gerade das richtige Thema. Bei unserem Nachbar Frankreich, dem wohl die Palme dafür gebührt, daß es bei ihm die meisten Pastetensorten gibt, ist das Zubereiten einer Pastete zugleich die Spitze der Kochkunst. Es gibt in Frankreich kein Restaurant, das einigermaßen auf sich hält, in dem es nicht eine größere Zahl von Pasteten gäbe – man nennt sie dort nach dem Gefäß, in dem sie zubereitet wird, *Terrine.* Das Spitzenprodukt ist die sogenannte *Terrine du Chef,* an deren Wohlgeschmack gemessen wird, ob der Koch des Restaurants etwas taugt oder nicht. Wir haben lange überlegt und viel herumexperimentiert, bis wir zu einer Zusammenstellung von Herstellungs-Techniken und Rezepten kamen, die man in jeder normalen Küche in die Wirklichkeit umsetzen kann.

Ursprünglich hatten wir vor, mit einer ganz normalen *Fleischwurst* zu beginnen, die sich recht gut als Ausgangsbasis für verschiedene andere Sorten eignet, wie Schinken-Wurst, Bier-Wurst, Brüh-Wurst, Knoblauch-Wurst usw. Wir sind nach einigen Versuchen davon abgekommen, Ihnen diese Wurstsorten vorzuschlagen. Man würde dazu doch eine schon fast professionelle Wurstküche brauchen, wie sie in den Metzgereien vorhanden sind. In diesen Küchen gibt es zum Teil sehr teure und große Maschinen, ohne die es einfach nicht geht. Die wichtigste unter diesen Geräten ist die sogenannte *Cuttermaschine,* in der die Grundmasse aller Fleischwurstsorten – das sogenannte *Brät* – hergestellt wird. In dieser schweren Cuttermaschine rotiert ein schiffschrauben-ähnliches, sehr scharfes Messer mit mehr als 5 000 Umdrehungen in der Minute. Es zerkleinert das Fleisch derart fein, daß es eine homogene Masse bildet, in der sich die im Fleisch enthaltenen Bestandteile Fett, Wasser und tierisches Eiweiß nicht wieder entmischen. Diese Masse ist eine besondere Art von Emulsion, die durch einen natürlichen, im Fleisch enthaltenen Emulgator stabil gehalten wird. Dieser Emulgator wird erst frei, wenn die Eiweißzellen des Fleisches in der Cuttermaschine zerschlagen werden. Eine zusätzliche Schwierigkeit bei der Brät-Herstellung besteht darin, daß trotz der enormen Umdrehungsgeschwindigkeit eine Temperatur von 20 bis 25°C nicht überschritten werden darf. Sonst würde nämlich der Gerinnungsprozeß des Eiweißes beginnen und die emulgierende Wirkung nicht mehr eintreten. Um die Auswirkung der Reibungs-Hitze zu vermeiden, mischt der Metzger Eis unter die Fleischstücke, bevor er sie in der Cuttermaschine zerkleinert. Der Wasseranteil, der auf diese Weise in die Wurstmasse kommt, ist – wenn er nicht zu hoch ist – kein Nachteil; die Wurst wird dadurch saftiger.

Wir haben versucht, die Technik des Cutters mit Geräten nachzuvollziehen, die man im Haushalt findet. Zunächst haben wir das Fleisch mehrmals durch die feinste Lochscheibe eines Wolfs gedreht und anschließend mit dem Küchenmixer nachgeholfen, wobei auch wir fachmännisch Eis hinzugefügt haben. Aber die meisten Haushaltsmixer gaben nach wenigen Minuten ihren Geist auf, weil sie durch feine Sehnen blockiert wurden. Als es schließlich nach sorgfältigster Vorbereitung des Fleisches doch gelang, eine wie Brät aussehende Wurstmasse herzustellen, konnte es später immer noch passieren, daß sich die abgebrühte Wurst doch wieder in ihre einzelnen Bestandteile auflöste.

Trösten Sie sich mit uns bei dem Gedanken, daß die eigene Herstellung von Fleischwurst nicht an mangelnder Kenntnis oder Geschicklichkeit scheitert, sondern daran, daß man in der Küche nun einmal nicht über die nötigen Maschinen verfügt.

Auch eine andere Wurstart haben wir hier ausgelassen: die *Blutwurst.* Zum einen ist es nicht jedermanns Sache, mit Blut in der Küche zu hantieren, und zum anderen ist es heutzutage gar nicht sehr einfach, Blut zu bekommen. Es bleiben aber trotzdem immer noch genügend Möglichkeiten, mit selbstgemachter Wurst, Pasteten und Sülzen sich selbst, der Familie oder Freunden das Wasser im Munde zusammenlaufen zu lassen.

Die Sache mit dem Fett in der Wurst

In Zusammenhang mit der Wurst und mit kalorienbewußter Ernährung taucht immer wieder die Frage auf, ob sie denn so fett sein müsse. Auch hier geraten die armen Metzger wieder in den Verdacht, zum Nachteil ihrer Kunden die im Vergleich zum Fleisch billige Zutat Fett dort zu verarbeiten, wo es am wenigsten auffällt: in der Wurst nämlich. Hier müssen wir zumindest diejenigen Metzger in Schutz nehmen, die in ihre Wurst normale Mengen von Fett verarbeiten. Und das sind bei einer gängigen Leberwurst etwa 40 Prozent. Sie werden vielleicht fragen, ob das nötig sei; denn immerhin ist Fett besonders kalorienhaltig. Technisch wäre es durchaus möglich, eine fettarme Wurst zuzubereiten. Aber sie würde sehr trocken sein und auch gar nicht gut schmecken. Der einzige fettlose oder fettarme Verwandte der Wurst ist die Sülze, auf die wir später noch zu sprechen kommen.

Keine Wurst also ohne Fett – und zwar unabhängig von den möglicherweise vorhandenen Profitinteressen des Metzger-Handwerks. Fett als Voraussetzung für eine gute Wurst hat für den Metzger aber einen unbestreitbaren Vorteil. Er kann in der Wurst zum Beispiel Fleisch wie Schweinebauch verarbeiten, das er in den anfallenden Mengen direkt gar nicht verkaufen kann. Wenn er es also nicht in der Wurst unterbringen könnte, wo es durchaus keine minderwertige Zutat ist, wäre dieses Fleisch Abfall. Dadurch würde zwangsläufig das übrige Fleisch teurer werden; denn die Preise für die einzelnen Fleischsorten entstehen, wie die Preise mancher anderer Sachen auch, durch Mischkalkulation.

Welche Geräte braucht man?

Zur Herstellung der Wurstsorten, Pasteten und Sülzen, die wir Ihnen hier vorschlagen wollen, brauchen Sie Geräte, die in den meisten Küchen bereits zu finden sind. Das einzige, was man an Spezialgerät braucht, ist ein *Fleischwolf* und ein *Küchen-* oder *Einmachthermometer*. Dabei ist der gute alte, aus Gußeisen gefertigte Fleischwolf aus Großmutters Zeiten durchaus zu gebrauchen. Er wird einfach an der Tischplatte festgeschraubt. Das geht allerdings bei modernen Einbauküchen nicht immer ohne weiteres, weil die Platten nicht weit genug überstehen. Aber selbst in modernsten Küchen gibt es ja noch Tische. . .

Wer es etwas moderner haben will, für den gibt es die *elektrischen Fleischwölfe*. Sie sind inzwischen auch nicht mehr übermäßig teuer; ab etwa 60 DM bekommt man schon eine ganz brauchbare Maschine. Allerdings sind die billigeren Geräte oft recht laut und möglicherweise nicht jahrelang haltbar. Da lassen Sie sich aber am besten in einem guten Fachgeschäft beraten.

Die im Zubehör enthaltenen *Lochscheiben* sind normalerweise ausreichend fein. Meistens gibt es aber Zusatzscheiben mit besonders feinen Löchern, die für die Wurst besser geeignet sind.

Schließlich brauchen wir für das Einfüllen der Wurstmasse in den Darm einen passenden *Wurstfüll-Trichter*, den es als Vorsatzgerät für die meisten Fabrikate gibt. Dieser Trichter wird in der Regel mit der Kronenmutter, die sonst das Messer und die Lochscheibe hält, vor den Fleischwolf geschraubt.

Außerdem brauchen Sie unbedingt ein *Thermometer*. Wenn Sie ein normales Einkoch-Thermometer haben, das in der Regel bis 120°C reicht, dann sollten Sie es für die Wurstbereitung aus seiner Metallhülse herausnehmen. Das ist appetitlicher und erleichtert Ihnen das Reinigen des Thermometers.

Und jetzt geht es 'ran an die Wurst.

Abb. 3: Mit diesem Fleischwolf aus Gußeisen, wie es ihn schon zu Großmutters Zeiten gab, haben Sie schon das wichtigste Handwerkszeug. Dazukaufen müssen Sie nur den Wursteinfülltrichter, der hier bereits aufgeschraubt ist. Die Lochscheibe und das Messer liegen auf der Tischplatte.

Selbstgemachte Leberwurst

Wir beginnen mit einer Leberwurst. Sie ist besonders gut geeignet für die eigene Herstellung, und sie läßt sich überdies – ähnlich wie die Fleischwurst – zu verschiedensten Spezialitäten abwandeln. Aber dazu später mehr.

Vorweg ein wenig Leberwurst-Kunde

Leberwurst gehört zu den ältesten Wurstsorten.
Es gibt allerdings auch wenige Wurstsorten, bei denen es so große Qualitätsunterschiede gibt wie bei der Leberwurst. *Spitzenqualitäten* enthalten etwa 25 bis 30% Leber und darüber hinaus nur mageres Fleisch und Fett. *Einfache Leberwurst* hat hingegen nur noch einen Leberanteil von 10 bis 15%. In ihr gibt es außer Fleisch und Fett noch Innereien, Schwarten und Sehnen. Diese Qualitätsunterschiede lassen sich schon an der Bezeichnung erkennen – vielleicht achten Sie beim Einkauf einmal darauf. Das Fleischerhandwerk hat nämlich relativ strenge Regeln für die Herstellung seiner Produkte, die unter anderem in den „Freiwilligen Qualitäts-Richtlinien" festgelegt sind. Danach gibt es folgende Unterscheidungen bei der Leberwurst:
1. Spitzenqualitäten: In diese müssen 25 bis 30% Leber verarbeitet werden und außerdem nur noch mageres Fleisch und Fett. Sie dürfen mit Angaben über die Herkunft des Rezeptes

versehen werden, wie zum Beispiel „Westfälische", „Kölner" oder „Thüringer" Leberwurst. Erlaubt sind auch zusätzliche Bezeichnungen wie „fein", „erstklassig", „prima", „echte", „original" usw.
2. Mittlere Qualitäten von Leberwurst mit einem geringeren Anteil von Leber, aber noch ohne Schwarten und Sehnen usw., werden ohne zusätzliche Kennzeichnung angeboten.
3. Einfache Qualitäten mit einem Leberanteil von lediglich 10 bis 15%, einem Anteil von Innereien, Schwarten und Sehnen, müssen kenntlich gemacht werden, indem man sie z. B. „einfache Leberwurst" oder „Leberwurst einfach" nennt.
Eine Spezialität und zugleich eine Wurst mit einer besonderen Eigenart ist die sogenannte *Kalbs-Leberwurst.* Wir haben uns einmal erkundigt, was der normale Wurstkäufer unter Kalbs-Leberwurst versteht. Natürlich verstehen die meisten darunter eine Wurst, in die Kalbsleber verarbeitet worden ist. Wenn Sie aber unsere Schreibweise genau beachtet haben, dann ist Ihnen aufgefallen, daß wir nicht

Kalbsleber-Wurst geschrieben haben, sondern *Kalbs-Leberwurst.* Und damit ist eigentlich schon das sehr gut gehütete Geheimnis der Metzger verraten. In Kalbs-Leberwurst ist nämlich in der Regel gar keine Kalbsleber enthalten. Sie hat ihren Namen vielmehr daher, daß der Fleischanteil in dieser Wurst aus Kalbfleisch besteht, zumindest zum Teil. Er macht etwa 20 bis 30% der Gesamtmasse der Wurst aus.
Hier ist es abermals nötig, eine Ehrenrettung der Metzger vorzunehmen, die offenbar besonders anfällig für Verdächtigungen sind. Kalbsleber würde nämlich den Geschmack dieser Wurst kaum verbessern, sie aber wesentlich teurer machen. Deshalb werden wir Ihnen später für die Kalbs-Leberwurst genau das vorschlagen, was auch bei den Metzgern üblich ist: nämlich Schweineleber zu verarbeiten. Wir haben selbst zu Testzwecken eine Kalbsleber-Wurst mit Kalbsleber und eine Kalbs-Leberwurst mit Schweineleber zubereitet und sie miteinander im Geschmack verglichen. Der Unterschied ist wirklich minimal.

Abb. 4: Hier ist zu sehen, was man alles zur Herstellung einer leckeren Kalbs-Leberwurst braucht.

Aber nun zu den Rezepten

Die Leberwurst gehört zur Gruppe der *Kochwürste*. Ihre Grundbestandteile sind Fett, Fleisch und natürlich Leber. Durchweg gut geeignet sind *Schweineleber* und für den Fleisch- und Fettanteil frischer durchwachsener *Schweinebauch*. In ihm ist mageres Fleisch und Fett in einem Verhältnis enthalten, das für die Wurstherstellung gerade richtig ist. Natürlich kann man auch mageres Schweinefleisch etwa im Verhältnis 1:1 mit fettem frischem Speck mischen. Aber warum soll man es kompliziert machen, wenn es auch einfach geht? Worauf es hier ankommt, ist lediglich die ausgewogene Mischung von Fett und Fleisch, denn – wie wir schon gesagt haben – eine magere Wurst schmeckt nicht.

Die untere Grenze des Fettgehalts ist z. B. erreicht, wenn man 40% Leber mit 60% durchwachsenem Bauchfleisch mischt. Unser Grundrezept basiert darauf. Dieser relativ hohe Leberanteil hat andererseits den Vorteil, daß die Wurst intensiver nach Leber schmeckt als die meisten gekauften Sorten. In der Metzgerwurst ist ein Anteil von 25% Leber und 75% Fleisch und Fett eine durchaus gängige Mischung. Diese Wurst hat dann einen Fettanteil zwischen 35 und 40%.

Veränderungen im Verhältnis der Mengen von Leber, Fett und Fleisch bewirken ganz erstaunliche Geschmacksabweichungen. Welche Mischung Ihnen am meisten zusagt, müssen Sie einfach mal ausprobieren. Wenn Sie keinen so intensiven Lebergeschmack haben wollen – der ja

nicht jedermanns Sache ist – und trotzdem der Fettgehalt in den nötigen Grenzen gehalten werden soll, dann gibt es auch noch diese Art der Mischung: Sie reduzieren die Lebermenge auf 20%. Die restlichen 80% bilden dann aber nicht durchwachsener Schweinebauch – was einen Fettgehalt von 40% ergeben würde –, sondern Sie nehmen nur 60% durchwachsenen Schweinebauch und ergänzen den Rest der noch fehlenden 20% durch mageres Schweinefleisch, z. B. von der Schulter.

An diesen kleinen Rechenbeispielen können Sie sehen, wie viele Möglichkeiten sich aus Variationen des Grundrezeptes ergeben.

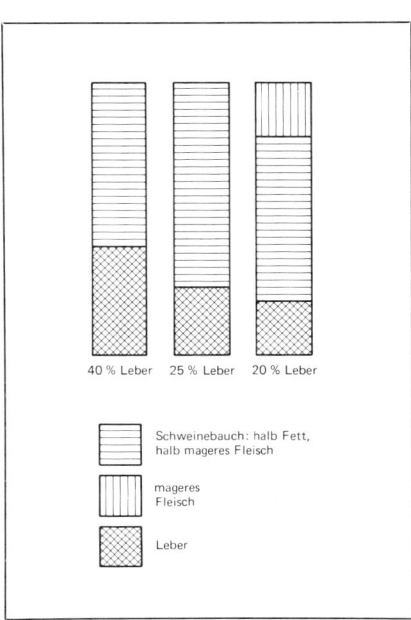

40 % Leber   25 % Leber   20 % Leber

▭ Schweinebauch: halb Fett, halb mageres Fleisch

▭ mageres Fleisch

▨ Leber

Abb. 5: Die Variation der Mengenanteile im Leberwurst-Grundrezept. Der Fettgehalt sollte zwischen 30% und 35% liegen.

Unser Leberwurst-Grundrezept

Zutaten für 1 kg Wurstmasse:

400 g Schweineleber
600 g frischer durchwachsener Schweinebauch (ohne Knochen und Schwarte), nicht zu mager
1 große Zwiebel
etwas Schweineschmalz zum Andünsten
1 schwach gehäufter Teelöffel weißer gemahlener Pfeffer
1 gestrichener Teelöffel gemahlene Muskatnuß
3 gehäufte Teelöffel Majoran
1 bis 2 Teelöffel Salz

Wenn Sie den Leberanteil senken oder erhöhen wollen, dann müssen Sie die Menge des Schweinebauchs entsprechend so verändern, daß insgesamt immer wieder 1000 g, also 1 kg entsteht. Das haben wir oben ja schon bei der Angabe der Prozentzahlen angedeutet.

Allerdings sollte hier der Leberanteil nicht unter 25% gehen, was hier 250 g entspräche. Diesen 250 g Leber wären dann 750 g Schweinebauch zuzumischen. Die obere Grenze des Leberanteils würden wir mit 50% (500 g) ansetzen. Sie wiederum wären mit 500 g Schweinebauch zu kombinieren. Zwischen diesen beiden Grenzwerten gibt es jede Möglichkeit der Mischung.

Und noch eins: Zur Leberwurstherstellung sollten Sie nur schlachtfrische Zutaten verwenden. Das gilt vor allem für die Leber. Und beim durchwachsenen Schweinebauch sollten Sie darauf achten, daß er keine Knochen und keinen Knorpel enthält, weil das Herauslösen eine ziemlich mühsame Angelegenheit ist.

Bevor es ans Zubereiten der Wurstmasse geht, müssen wir aber noch ein Wort zum *Pökeln* sagen. Pökeln sollten Sie dann, wenn Sie Wert darauf legen, daß die Wurst nicht grau, sondern schön rosig aussieht. Dafür muß der Schweinebauch vorbehandelt – also gepökelt – werden.

Pökeln – eine Sache mit zwei Seiten

Pökeln war ursprünglich eine Methode der Fleisch*konservierung*. Zur Haltbarmachung braucht man es heute eigentlich gar nicht mehr. Man pökelt Fleisch, um ihm seine schöne rosige Farbe zu erhalten. Es ist also mehr etwas für das Auge.

Das sogenannte Pökel-Salz ist eine Mischung aus ganz normalem *Kochsalz* und 0,5% *Natriumnitrit*. Mit dem Wort Nitrit verbinden Sie vielleicht unangenehme Vorstellungen. Diese Substanzen – die Nitrite – sind nämlich nicht unumstritten, weil sie in hoher Konzentration möglicherweise krebserregend wirken. Man ist früher damit recht sorglos umgegangen. Der Gesetzgeber hat aber inzwischen strenge Vorschriften darüber erlassen, wie hoch der Nitritanteil sein darf. Nach übereinstimmender Meinung der Nahrungsmittel-Chemiker ist das Natriumnitrit in der geringen Menge von 0,5% im Pökelsalz unschädlich. Wir wollen es aber Ihrer eigenen Entscheidung überlassen, ob Sie pökeln wollen oder nicht. Auf jeden Fall ist das Pökelsalz nicht dazu da,

Abb. 6: Für eine gute Leberwurst braucht man außer Fleisch, Leber und Fett noch verschiedene Gewürze. Die Mengen, die Sie getrost mit einem Teelöffel abmessen können, sollten Sie am besten selbst ausprobieren.

wie ganz normales Salz zum Würzen verwendet zu werden. Und da wir das Fleisch nach dem Pökeln gut abspülen, bleibt nur eine geringe Nitritmenge zurück.

Man legt das Fleisch zum Pökeln etwa einen halben bis einen Tag lang in eine Pökellake, die sich zusammensetzt aus:

1 l kaltes Wasser
100 g Pökelsalz

Sie bekommen Pökelsalz – wie übrigens auch Därme, von denen gleich die Rede sein wird – in Fachgeschäften für Metzgereibedarf, die sich fast immer in der Nähe eines Schlachthofes befinden. Sie können Pökelsalz aber auch bei einem freundlichen Metzger für ein paar Pfennige bekommen.

Lösen Sie zum Pökeln das Pökelsalz im Wasser auf. Schneiden Sie das Fleisch so, daß etwa ¼ Pfund schwere Stücke entstehen. Ein Pfund Fleisch ergäbe also 4 Teile. Größere

Stücke müssen länger eingelegt werden, kleine kürzer. Legen Sie nun das Fleisch in die Lake, decken Sie die Schüssel ab und lassen Sie das Ganze in der Küche stehen.

Wenn das Fleisch einen halben bis einen Tag in der Pökellacke gelegen hat und durchgezogen ist, nimmt man es heraus und spült es unter fließendem lauwarmem Wasser ab. Dann würfelt man den Schweinebauch in Stücke, die gut in den Fleischwolf passen. Aber soweit sind wir noch nicht, denn vorher muß das Bauchfleisch noch gekocht werden. Dafür tut man es in soviel kochendes Wasser, daß es gut bedeckt ist. Bitte das Fleisch auf jeden Fall in *kochendes* Wasser geben und nicht mit kaltem Wasser aufsetzen. Es würde sonst zwar eine gute Bouillon ergeben, aber für die Wurst ausgelaugt sein und fad schmecken. Lassen Sie jetzt das Bauchfleisch etwa 1 bis 1½ Stunden weichkochen.

Währenddessen können Sie die rohe *Leber* von allen Sehnen und den Gallengängen befreien (siehe Seite

27.) und in Stücke schneiden, die sich nachher ebenfalls gut durch den Wolf drehen lassen.

Es bleibt dann immer noch genügend Zeit, die *Zwiebel* in Scheiben zu schneiden und sie in der Pfanne mit dem Schweineschmalz zu dünsten.

Wenn der Schweinebauch fast gar ist, gibt man die Leberstücke hinzu, die jedoch nur höchstens 5 Minuten lang mitbrühen sollen. Wer die Leber ein bißchen saftiger haben will, kann diese Zeit noch verkürzen oder ganz auf das Brühen der Leber verzichten.

Zum Schluß werden mit einem Schaumlöffel Fleisch und Leberstücke aus dem kochenden Wasser genommen und in einer Schüssel mit der gedünsteten Zwiebel und den *Gewürzen* gut vermischt.

Wenn Sie allerdings eine *grobe* Leberwurst mit größeren Leberstücken haben wollen, dann müßten sie einen Teil der Leber extra halten und in kleine Würfel schneiden. Der Rest – das Fleisch also, die restliche Leber (50%), die Zwiebeln und Gewürze – werden jetzt durch den Wolf gedreht. Wollen Sie hingegen eine *feinere* Leberwurst haben, dann bleibt alles beieinander und wandert gemeinsam durch den Wolf.

Das *Zerkleinern* im Wolf geht am einfachsten, wenn man alles noch relativ heiß durchdreht. Wenn Sie eine feine Leberwurst haben wollen, sollten Sie vor den Wolf auch die feinste Lochscheibe schrauben. Eine besonders feine Wurstmasse erzielt man, wenn man einen elektrischen Universal-Zerkleinerer hat, der einen Fleischwolf überflüssig macht. Allerdings erleichtert ein Wolf später – wie wir

noch sehen werden – das Einfüllen der Wurstmasse in den Darm. Für eine nicht ganz so feine Wurstmasse genügt es, alles einmal durch den Wolf zu drehen. Wer es feiner haben will, kann den Vorgang wiederholen.

Wir sagten schon, daß der Fettanteil bei der Wurst eine nicht unwichtige Rolle spielt. Sollte sich herausstellen, daß die Wurstmasse zu trocken ist, dann kann man sich mit einem kleinen Trick behelfen. Schöpfen Sie einfach von der Fleischbrühe, in der Fleisch und Leber gekocht worden sind, ein wenig von dem Fett ab und vermengen Sie es mit dem Wursteig.

Noch ein Wort zum *Würzen:* Ein richtiger Wurstmacher muß seine Wurstmasse auch abschmecken. Und dabei gibt es eine Regel: Die Wurstmasse muß immer etwas kräftiger gewürzt schmecken als die fertige Wurst. Mit anderen Worten, sie muß eigentlich schmecken, als sei ein wenig zuviel Salz darin. Die über-

flüssige Schärfe verliert sich nämlich beim abschließenden Ziehen der Wurst in heißem Wasser. Aber damit hat es noch Zeit, bis die Wurst in den Darm gefüllt ist.

Der Wursteig wird in die Därme gefüllt

Natürlich kann man Leberwurst auch in ganz normalen Einmachgläsern einkochen oder in Weißblechdosen füllen. Auf dem Lande ist das heute noch eine sehr verbreitete Methode. Aber wir meinen doch, daß eine Wurst wie eine normale Wurst aussehen sollte; und das tut sie eben nur, wenn man sie in einen Darm füllt. Natürlich gibt es auch Häute aus Plastik; wir finden aber, daß sie zu einer selbstgemachten Wurst nicht so recht passen.

Därme kann man in den bereits erwähnten Fachgeschäften für Metzgereibedarf kaufen. Vielleicht kennen Sie auch einen freundlichen Metzger,

Abb. 7: Solche Därme, die bereits gereinigt und durch Salz haltbar gemacht sind, kann man kaufen.

19

der Ihnen welchen verkauft. Man bekommt den Darm gründlich gesäubert und durch Einsalzen haltbar gemacht. In den Fachgeschäften werden Sie in der Regel nur eine größere Menge kaufen können. Das macht aber nichts, weil der so haltbar gemachte Darm sich im Kühlschrank bis zu zwei Jahre lang aufheben läßt.

Vor dem Verarbeiten muß dieser eingesalzene Darm gut *gewässert* werden; dafür sollten Sie getrost 5 Stunden ansetzen. Zumindest muß er unter fließendem Wasser gut ausgewaschen werden. Diese Därme sind – wie Sie feststellen werden – überhaupt nicht unappetitlich.

Welche Darm*sorte* braucht man nun und *wieviel* braucht man?

Die großen Leberwürste in den Metzgereien werden normalerweise in den *Dickdarm* des Schweines gefüllt. Man nennt sie auch die sogenannten Fettenden. Da in diesen Darm sehr viel hineingeht, ist er für uns nicht besonders gut geeignet; Sie wollen ja keine Massenfabrikation beginnen. Für etwa 1 Kilogramm Wurstmasse ist deshalb der sogenannte *Kranzdarm* wesentlich besser geeignet, weil er einen geringeren Durchmesser hat. Für 1 Kilogramm Wurstmasse brauchen wir deshalb 40 bis 60 cm Darm. Da die Wurst in diesem Darm nicht sehr viel dicker wird als der Fülltrichter an Ihrem Fleischwolf, geht das Einfüllen auch relativ leicht.

Bevor es jetzt ans Einfüllen geht, dürfen Sie nicht vergessen, sich weichen *Bindfaden* – am besten aus Baumwolle – für das Abbinden der Wurst bereitzulegen.

Wie geht es nun mit dem eigentlichen Einfüllen?

Auf *Abbildung 8* sehen Sie, wie der fertig gewässerte Darm zunächst an einem Ende zugebunden und über die Spitze des Wurstfülltrichters gezogen ist, der mit der Kronenmutter am Fleischwolf befestigt wurde. Krempeln Sie den ganzen Darm so weit über den Wursttrichter, daß das zugebundene Ende straff über der Öffnung des Trichters liegt. In diesem Trichter muß sich bereits Wurstmasse befinden, denn es ist wichtig, daß in die Wurst keine Luftblasen hineinkommen.

Sie haben deshalb schon vorher die möglichst noch warme Wurstmasse in den Wolf gefüllt und soweit nach vorn gedreht, daß der Trichter ganz gefüllt ist. Die Wurstmasse sollte übrigens nicht kälter als 30°C sein, weil sie sich sonst nicht mehr gut verarbeiten läßt.

Und jetzt geht es los mit dem Füllen, was man am besten zu zweit macht. Der eine füllt Wurstmasse in den Trichter des Wolfs und dreht solange,

bis die Masse vorn langsam aus dem Trichter herauskommt und den Darm füllt. Die andere Person hält mit der einen Hand den auf dem Trichter aufgekrempelten Darm leicht fest, damit dieser nicht zu schnell vom Trichter rutscht, und knetet mit der anderen Hand die sich füllende Wurst so, daß sie möglichst keine Beulen bekommt, sondern schön gleichmäßig dick wird. Dieses Wurstfüllen ist der komplizierteste Teil der ganzen Arbeit; aber es ist auch einer, der besonders viel Spaß macht – vor allem, wenn man zu mehreren ist.

Sollten trotz aller Vorsicht Luftblasen in die Wurst gekommen sein, so kann man den Darm mit einer dünnen Nähnadel vorsichtig aufstechen und die Luft herausdrücken. Dabei aber bitte ganz vorsichtig vorgehen, damit der Darm nicht platzt. Besser versucht man zunächst einfach, die Blasen zur Darmöffnung herauszudrücken.

Wenn die Wurst vor dem Trichterende 15 bis 20 cm lang ist, dann sollten Sie den Darm abbinden. Das geht ganz einfach, wenn Sie den

Abb. 8: Das Einfüllen der Wurstmasse in den Darm.

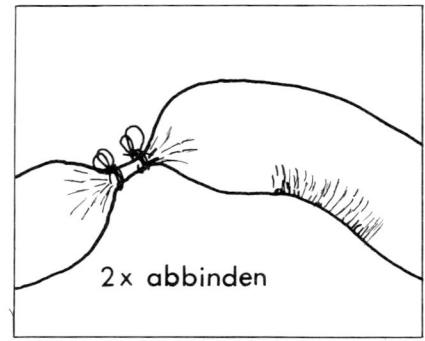

Abb. 9: Die fertig abgebundenen Würste.

bereits gefüllten Darm leicht in sich verdrehen. Fachmännisch nennt man das Verdrillen. Dadurch entsteht ein dünnes Ende ohne Wurstmasse, das sich leicht, wie auf *Abbildung 9* gezeigt, zweimal abbinden läßt. 1 bis 2 cm leeren Darm zwischen den beiden Abbindestellen brauchen wir nämlich, um die einzelnen Würste abschneiden zu können.

Damit auch nichts von dem kostbaren Wurstteig verlorengeht, können Sie den Rest, der durch Drehen am Wolf nie ganz aus der Maschine herauszubringen ist, aus dem abgeschraubten Wurstfüll-Vorsatz mit der Hand in den Darm drücken.

Weil die Wurst anschließend noch einmal erhitzt wird, darf sie beim Abbinden nicht · zu straff werden, sonst würde die Wurstmasse beim Ausdehnen den Darm platzen lassen. Das kann bei minderwertigen Därmen auch bei korrekter Füllung passieren. Das Ergebnis ist dann eine Art Leberknödel-Suppe, die aber nicht das Ziel unserer Bemühungen ist, wenn sie natürlich auch gut schmeckt.

Nach dem Füllen muß die Wurst noch *pasteurisiert* (haltbar gemacht) werden. Legen Sie die Wurst wieder in den Topf zurück mit der Brühe, in der Sie das Fleisch und die Leber gekocht haben. Und hier nun kommt es darauf an, daß man bestimmte Temperaturen möglichst genau einhält. Bei den folgenden Angaben vergleichen Sie bitte mit *Abbildung 10*.

Die Temperatur der Fleischbrühe, in die die Würste zunächst *kalt* gelegt werden, muß allmählich mindestens 75°C erreichen, weil sonst die notwendige sogenannte *Kern-Tempera-*

tur im Inneren der Wurst von 68°C nicht erreicht wird. Diese Temperatur braucht man, um alle möglicherweise in der Wurstmasse vorhandenen Keime zu töten. Andererseits darf die Brühe nicht heißer als 80°C werden; sonst kann nämlich der Darm leicht platzen, und Sie erhalten statt schöner Leberwürste wie gesagt unförmige Leberknödel.

Auf einem Gasherd läßt sich die Temperatur relativ leicht einhalten. Bei einem Elektroherd, bei dem die Temperaturen sowohl nach oben wie nach unten gewissermaßen nachhinken, gehört schon ein wenig Fingerspitzengefühl dazu. Bedenken Sie, daß auch noch auf der kleinsten Stufe eine Elektroplatte nach entsprechender Zeit über 80°C heiß werden kann. Lassen Sie also das Thermometer mit im Topf stehen, denn die Wurst muß jetzt etwa 1 Stunde lang ziehen. Überprüfen Sie dabei ständig die

Temperatur. Sollten Sie für größere Wurstmengen Dickdarm verwendet haben, dann empfiehlt es sich, die Wurst 1½ Stunden ziehen zu lassen. Ist die Zeit um, dann holt man die Wurst vorsichtig aus der Brühe. Machen Sie das am besten nicht mit einem spitzen Gegenstand, denn die Pelle ist schnell beschädigt, wodurch die ganze Mühe noch in letzter Minute zunichte gemacht werden kann.

Die Würste läßt man nun etwa 10 Minuten in *kaltem* Wasser abkühlen. Ihre ersten Leberwürste sind nun fertig.

Bei uns verkommt nichts: Eine leckere Wurstsuppe
Die nicht mehr ganz so jungen unter uns erinnern sich vielleicht noch an die Zeit nach dem Kriege, in der man an den Schlachttagen mit einem Henkeltopf zum Metzger ging, um Wurstbrühe zu holen. Das war nichts

 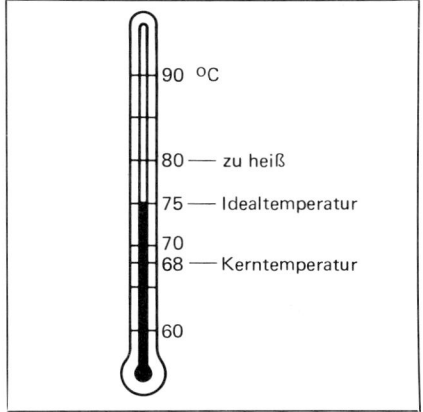

Abb. 10: Beim Brühen der Wurst ist es wichtig, daß die Temperatur einigermaßen genau eingehalten wird. Links sehen Sie, wie es gemacht wird. Rechts haben wir noch einmal den in Frage kommenden Temperaturbereich eingezeichnet.

anderes als die Brühe, in der die Würste zum Schluß noch einmal gekocht wurden. Besonders gut war diese Brühe, wenn Würste geplatzt waren und sich ihr Inhalt in der Brühe zu feinen Brocken verteilt hatte.

Wenn wir die Brühe nehmen, in der zuerst das Fleisch und die Leber gekocht und schließlich die fertiggebundenen Würste noch einmal erhitzt wurden, dann haben wir eine besonders gute Grundlage für eine *Wurstsuppe*.

Nun lassen sich vielerlei Rezepte ausdenken; eines wollen wir hier aufschreiben.

Für vier Personen brauchen wir:

1½ l Wurstbrühe
4 Kartoffeln
1 Stange Lauch
1 Zwiebel
Salz, Pfeffer, Muskat
je nach Geschmack: 1 großer Eßlöffel von der Leberwurstfüllmasse

---

Erhitzen Sie die Wurstbrühe und geben Sie den kleingeschnittenen Lauch und die gewürfelten Kartoffeln hinein. Die gehackten Zwiebeln sollten vorher in einer extra Pfanne geröstet werden, bis sie knusprig sind. Diese Zwiebeln zusammen mit der Wurstfülle erst zum Schluß in die heiße Suppe hineinrühren; dann alles würzen und zusammen mit einer Scheibe kräftigem Roggenbrot servieren. Wir finden, daß dieses – leicht aufgemöbelte – Rezept aus finsteren Zeiten auch heute wunderbar schmeckt.

Guten Appetit also!

Geräucherte Leberwurst

Wenn Sie die Leberwurst noch leckerer machen wollen, dann empfehlen wir Ihnen, sie leicht *anzuräuchern*. Auch dafür hat die *Hobbythek* ein ebenso einfaches wie verblüffend billiges Verfahren. Es ist im *Hobbythek-Buch 3* oder in dem Heft „Räuchern" aus der Reihe *Hobbythek-Tip* enthalten. Die Räuchertonne der *Hobbythek* besteht aus einem verschließbaren Blecheimer, auf dessen Grund Mehl verschiedener Holzarten erhitzt wird. Das dabei angewendete Verfahren ist ein sogenanntes Heißräuchern, das wir hauptsächlich zum Räuchern von Fischen empfohlen haben. Dieses Heißräuchern ist für das Verfeinern von Leberwurst durchaus geeignet. Es hat gegenüber dem Kalträuchern, das man zum Beispiel beim Schinken braucht, den Vorteil, daß es relativ schnell geht. Für das Anräuchern von Leberwurst genügen 10 Minuten.

Bereits hier beginnen Ihre Möglichkei-

Abb. 11: In dieser einfachen Räuchertonne — hergestellt aus einem Blecheimer — läßt sich Wurst in sehr kurzer Zeit räuchern.

ten, den Geschmack Ihrer Leberwurst nach Ihren individuellen Wünschen zu beeinflussen. Man kann nämlich verschiedene Sorten Räuchermehl verwenden: z. B. solches von Buchenholz oder auch von Wacholder, durch das die Wurst jeweils ein ganz besonderes Aroma bekommt.

Darüber hinaus gibt es aber noch zahlreiche andere Möglichkeiten, das Grundrezept abzuwandeln. Wir geben Ihnen hier ein paar Rezepte, die nicht mehr sein können als Anregungen. Wir sind sicher, daß Sie zu diesen Tips noch verschiedene andere hinzuerfinden werden.

Leberwurstarten à la Hobbythek

Kräuter-Leberwurst

Als Grundmasse können Sie sowohl grobe wie auch feine Leberwurst nehmen. In die Masse werden kurz vor dem Einfüllen in die Därme möglichst viele frische, grobgeschnittene Kräuter gemischt. Man kann allerdings auch getrocknete Kräuter nehmen. Besonders geeignet sind als Kräuter: Petersilie, Majoran, Thymian und Liebstöckel. Wegen der Ihnen am meisten zusagenden Mischung sollten Sie einfach einmal selbst experimentieren.

Zwiebel-Leberwurst

Die Zwiebeln werden fein geschnitten und in etwas Schmalz gold- bis hellbraun geröstet. Wenn Sie mögen, können Sie eine Spur Knoblauch dazutun, der sich am besten in der Wurstmasse verteilt, wenn Sie ihn durch die Knoblauchpresse drücken. Eine ähnliche, aber doch ganz charakteristisch schmeckende Wurst erhalten Sie, wenn Sie statt Zwiebeln *Porree* nehmen. Vom Porree nur das untere weiße Ende verwenden, das zunächst in Scheiben und dann in kleine Stücke geschnitten wird. Auch den Porree anrösten, wobei Sie aufpassen müssen, daß er Ihnen nicht verbrennt. Sehr delikat schmeckt es auch, wenn entweder bei den Zwiebeln oder beim Porree ein wenig feingehackte *Petersilie* mit in die Pfanne gegeben und geröstet wird. Die Petersilie wird zwar sehr dunkel, hat aber einen sehr interessanten Geschmack.

Nach dem Anrösten Zwiebeln oder Porree unter die Grundmasse mischen und mit in die Därme füllen.

Pfeffer-Leberwurst

Grüner Pfeffer ist in letzter Zeit immer beliebter geworden. Er eignet sich ganz hervorragend als Gewürz für die Leberwurst. Sie bekommen ihn in Gläsern oder auch Büchsen, gelegentlich auch getrocknet. Gießen Sie die Flüssigkeit ab und spülen Sie die grünen Körner am besten noch einmal durch, da sie in Salzwasser gelagert werden. Sie brauchen auf ein Kilogramm Wurstmasse 20 bis 30 Gramm Pfefferkörner. Mischen Sie sie unter die Grundmasse, und dann geht es weiter wie oben.

Abb. 12: Hier sehen Sie links eine Leberwurst aus gepökeltem Fleisch und rechts aus ungepökeltem. Der Unterschied besteht wirklich nur in der Farbe.

Kapern-Leberwurst

Sie ist der besondere Tip der *Hobbythek*. Hier braucht man für ein Kilogramm etwa 50 Gramm möglichst große Kapern. Auch hier wieder die Flüssigkeit abgießen, die Kapern auf einem Papierhandtuch etwas abtrocknen lassen, in den Wurstteig mischen – und weiter wie oben.
Diese Wurst hat einen pikanten, leicht säuerlichen Geschmack.

Pilz-Leberwurst

Hier sind der Phantasie wieder keine Grenzen gesetzt.
Die am einfachsten zu beschaffenden Pilze sind die *Champignons*. Man bekommt sie fertig zubereitet in Gläsern und Büchsen. Wenn die Pilze klein sind, können sie unzerteilt in die Wurstmasse eingearbeitet werden. Größere Pilze sollten Sie ein- oder zweimal längs durchschneiden.
Wenn Sie einen noch feineren Geschmack erzielen wollen, dann sollten Sie kleine *frische Champignons* kaufen, die Sie nach dem Putzen und Waschen auf einem Papierhandtuch trocknen lassen; dann die Pilze in eine Pfanne mit heißem Fett geben und rösten. Wichtig ist, daß die Pilze gar nicht erst Wasser ziehen, sondern trocken bleiben. Diese Champignons sind im Geschmack mit den Büchsenchampignons gar nicht zu vergleichen.
Leberwurst mit Champignons ist fast schon eine Pastete. Sie sieht im Anschnitt besonders schön aus.
Eine ganz besondere und kostbare Art von Pilzwurst ist die

Morchel-Leberwurst

In guten Feinkostgeschäften bekommt man inzwischen fast überall sogenannte *Spitzmorcheln*. Das ist ein Pilz mit einem schwarzen, spitzen, eingebeulten Hut. Er wird getrocknet und ist nicht ganz billig. Sie brauchen aber auch nicht sehr viel davon. Sein Geschmack ist recht kräftig und sehr delikat. Aufpassen müssen Sie aber, daß Sie beim Einkaufen der Morcheln keine chinesischen bekommen, die eine nicht besonders wertvolle Pilzart sind. Ein kleiner Tip für Reisende: In der Schweiz kosten Morcheln nur etwa ein Drittel.
Die Morchelhütchen getrocknet in kleine Stücke schneiden und etwa einen Tag lang in einer Mischung aus 50% Milch und 50% Wasser einweichen. Anschließend die Pilzstücke gut abspülen, abtropfen lassen und in die Wurstmasse einarbeiten.
Ebenfalls noch zu den Pilzwurstsorten gehört das non plus ultra:

Trüffel-Leberwurst

Der Trüffel ist eine sehr seltene Pilzart. Man bekommt ihn heute in guten Feinkostgeschäften in Dosen oder sogar auch frisch. Die Kostbarkeit dieses Pilzes drückt sich schon in seinem Preis aus. Eine kleine Dose kann 30 bis 50 Mark kosten; sie reicht allerdings dann auch für einige Kilogramm Wurst.
Es gibt weiße und schwarze Trüffel. Die schwarzen schmecken kräftiger, eignen sich also für die Wurst besser als die weißen.
Der hohe Preis dieser Pilze hat einmal etwas mit ihrer Seltenheit zu tun und zum anderen mit der aufwendigen

Methode, die man beim Suchen anwendet. Schweine lieben diesen Pilz offenbar ganz besonders. Vor allem in Frankreich benutzt man Schweine wie „Suchhunde" für das Aufspüren von Trüffeln. Hat das Schwein ein Trüffelnest entdeckt, dann muß der Trüffelsucher höllisch aufpassen, daß das Tier die Kostbarkeit nicht gleich verschlingt.
Für die Herstellung einer Trüffelwurst brauchen Sie pro Kilogramm zwei oder drei der recht festen Trüffelknollen. Sie werden in *sehr kleine* Würfel geschnitten und unter die Wurstmasse gemischt. Hier würden wir allerdings empfehlen, nur von feiner Leberwurstmasse auszugehen, schon damit die Trüffelstücke gut sichtbar bleiben.
Eine selbstgemachte Trüffelwurst ist – wie überhaupt das meiste der *Hobbythek* – ein ideales Geschenk.

Chorizos de Catamarca – eine Delikateß-Bratwurst aus Argentinien

Chorizos ist ein spanisches Wort und heißt auf deutsch nichts anderes als Bratwurst. Und da man in Argentinien ja spanisch spricht und unser Bratwurstrezept überdies aus der Provinz *Catamarca* im Norden von Argentinien stammt, ist der Name *Chorizos de Catamarca* genau die richtige Bezeichnung für diese Spezialität. Die Provinz Catamarca und die dort liegende Stadt gleichen Namens haben in Argentinien etwa dieselbe Bedeutung wie in Deutschland die Stadt Nürnberg, wo eine besonders leckere Bratwurstspezialität herkommt.

Unser Rezept stammt von einem echten Argentinier: von *Don Carlos Santillan*, der aus Catamarca stammt. Er ist Gründer und Chef eines der ersten Steakhäuser in Deutschland und besitzt heute das über die Grenzen der Stadt Köln hinaus bekannte Lokal „El Gaucho" am Barbarossaplatz. Don Carlos' Spezialitäten sind so begehrt, daß er 1979 als Chefkoch für die 75-Jahr-Feier des Welt-Fußball-Verbandes FIFA nach Bern engagiert wurde. Dort hat er 600 Gästen u. a. auch seine berühmten *Chorizos de Catamarca* zubereitet.

Abb. 13: Don Carlos Santillan, der uns ein wunderbares Bratwurstrezept verraten hat, hier mit Jean Pütz in der Studioaufzeichnung der *Hobbythek*-Sendung.

Don Carlos hat sich überreden lassen, sein Wurstrezept der *Hobbythek* preiszugeben. Hier ist es also.

Zunächst die Zutaten für die Wurstmasse:
800 g Schweinemett, das durchaus fett sein darf und möglichst klein gehackt sein soll
200 g mageres Rindergehacktes
Und hier die Gewürzmischung:
½ Glas (50–100 ml) trockener Weiß- oder Rotwein
2 Eßl. Weinessig
1 feingehackte Zwiebel
1 Teel. Oregano
1 Teel. weißer Pfeffer, gemahlen
2 Teel. süßer Paprika
1–2 Eßl. Salz
1 Messerspitze pulverisierte Lorbeerblätter
1–2 Zehen Knoblauch (zerquetscht)

Wer es gern scharf haben möchte, kann noch dies hinzutun:
1 Messerspitze gemahlener Cayenne-Pfeffer
evtl. grüne Pfefferkörner, die allerdings nicht zum Originalrezept gehören, jedoch wunderbar in dieser Wurst schmecken.

Zunächst mischen Sie *Schweinemett* und *Rindergehacktes* gut miteinander.
Dann bereiten Sie die *Gewürzmischung*, indem Sie alle genannten Gewürze in den *Wein* einrühren. Diesen Gewürzbrei kneten Sie nun in die Hackfleischmischung. Wichtig ist es bei dieser Wurst, daß alles gut miteinander vermengt wird. Das geht

natürlich auch mit dem Knethacken eines Mixers, am besten aber mit den Händen. Zum Schluß sollten Sie abschmecken, um festzustellen, daß vor allem die Salzmenge stimmt. Wir sagten vorhin schon bei der Leberwurst und den Pasteten, daß die Wurstmasse vor dem Braten, Kochen oder Grillen eher salziger als zu mild schmecken sollte, weil bei der Zubereitung später der Salzgeschmack nachläßt.
Die angegebenen Gewürzmengen können Sie je nach Geschmack natürlich leicht variieren. Das meint auch Don Carlos, der im übrigen findet, daß die Deutschen gegenüber Gewürzen viel zu ängstlich wären. Da unterscheiden sie sich von den Südländern, die schon aus Klimagründen ein ganz anderes Verhältnis zu Gewürzen haben als wir.
Die fertige Wurstmasse wird nun auf die gleiche Weise in Därme gefüllt wie bei der Leberwurst auf *Seite 20* beschrieben. Besorgen Sie sich dazu einen für Bratwürste passenden Darm. Sagen Sie beim Einkaufen einfach, wozu sie ihn brauchen, damit Sie die richtige Sorte bekommen. Für die gut 1 Kilogramm Wurstmasse unseres Rezeptes reichen 1 bis 2 Meter Darm. Sie können aber auch hier wieder eine etwas größere Menge einkaufen, da die eingesalzenen Därme sich im Kühlschrank längere Zeit halten.
Wenn Sie keine Bratwürste im Darm machen wollen, können Sie natürlich aus derselben Masse auch Hacksteaks oder Röllchen formen, die man auf einem Grill oder auch in der Pfanne braten kann. Diese Röllchen

oder Hacksteaks lassen sich im Kühl-schrank ein bis zwei Tage aufheben. Das ist ganz nützlich zu wissen, wenn man z.B. eine Grillparty schon einen Tag vorher vorbereiten möchte.
Wenn Sie Bratwürste herstellen, dann lassen Sie sie im Darm möglichst zwei bis drei Tage im Kühlschrank lagern, weil sie nach dieser Zeit erst ihr volles Aroma entwickelt haben.
Am besten schmecken diese Würst-chen natürlich gegrillt. Wie man einen Grill bauen kann, in dem wirklich keine krebserzeugenden Substanzen ent-stehen, verraten wir Ihnen ab *Seite 39.*

Abb. 14: Hier ein Vorschlag, die selbstgemachte Wurst mit Zutaten wirkungsvoll zu präsen-tieren.

Pasteten – die Krönung der Charcuterie

Pasteten sind – im strengen Sinne – keine Wurst, wohl aber eine der Wurst sehr verwandte Delikatesse, die als Zeichen hoher Kochkunst gilt. Inzwischen werden Pasteten auch bei uns immer verbreiteter, obwohl sie nicht ganz billig sind. Für eine gar nicht einmal besonders große Pastete legt man im Geschäft spielend 30 Mark und mehr auf den Ladentisch. Für diesen Preis können Sie schon eine ganze Menge Pasteten bereiten. Aber Sie sparen nicht nur Geld, sondern verschaffen sich zugleich mit Ihrer Zubereitung ein großes Vergnügen. Und schließlich sind sie ein ganz individuelles und aus dem Rahmen fallendes Geschenk, z.B. als Mitbring-sel auf Partys, wo man Ihre Kochkunst dann gleich bewundern kann.
Pasteten haben außer ihrem Wohlge-schmack den Vorteil, daß man sie sehr kunstvoll garnieren kann. In

Abb. 15: Dies sind einige Pasteten mit ihrer Garnierung, die wir selbst zubereitet und in der Sendung vorgeführt haben.

dieser Hinsicht sind Würste ja etwas eintönig. Pasteten sind im Grunde sogar einfacher herzustellen als Wurst im Darm. Sie brauchen außerdem auch für die Wurst nötigen Fleischwolf nur eine große oder mehrere kleine feuerfeste Pastetenformen oder Schüsseln – und natürlich einen Backofen.

Pastetenformen bekommt man inzwischen schon für sehr wenig Geld; manchmal sogar als Zugabe zu einer gekauften Pastete. Es eignen sich Schalen oder Schüsseln aus Keramik, feuerfestem Glas, wobei Sie sich beim Kauf vergewissern müssen, daß diese Gefäße – man benutzt sie oft ja auch als Auflaufformen – wirklich Backofenhitze aushalten.

Jean Pütz als geborener Luxemburger ist mit Pasteten gewissermaßen groß geworden. Der erste Vorschlag stammt denn auch aus den *Luxemburger Ardennen*, dem *Ösling*, wie die Luxemburger diesen Landesteil nennen. Es ist eine Bauernspezialität, die vorzüglich schmeckt und deren Zutaten überall zu bekommen sind.

Ardenner-Pastete à la Hobbythek

Hier zunächst die Zutaten:

---

500 g mageres Schweinefleisch (Schulter)
500 g frischen durchwachsenen Schweinebauch ohne Knochen und Schwarte
250 g Schweineleber
125 g geräucherten und gewürfelten Schinkenspeck oder Schinken
100 g Zwiebeln
etwas Schweineschmalz zum Braten
   3–4 Eier
   4 cl Cognac (2 Schnapsgläser)
  10 cl Madeira (5 Schnapsgläser)
  5–6 geh. Teel. Majoran (getrocknet)
  2 gestrichene Teel. gemahlenen weißen Pfeffer (20 g)
Salz nach Geschmack (ca. 10 g)

Wer den leichten Lebergeschmack der Ardenner-Pastete nicht mag, kann die Leber auch weglassen. Er muß dann aber die Schinkenmenge ver-

doppeln (also statt 125 g dann 250 g nehmen).

Da eine Pastete zu einem nicht geringen Teil auch etwas fürs Auge ist, sollte das rohe magere Fleisch nach Möglichkeit doch vorgepökelt werden. Wie man das macht, können Sie auf *Seite 18* noch einmal nachlesen. In einer Pastete sieht übrigens das rosa Fleisch im Anschnitt noch appetitlicher aus als bei der Wurst. Auch hier nach dem Pökeln das Fleisch wieder unter fließendem Wasser gut waschen.

Abb. 17: Die garnierte Ardenner-Pastete.

Abb. 16: Dies sind die Zutaten der Ardenner Pastete.

Abb. 18: Hier noch einige Vorschläge zum Pasteten-Garnieren.

Gut vorbereitet werden muß auch die Leber. Das ist bei der Leberwurst oder dieser Pastete nicht ganz unwichtig für ein gutes Gelingen. In der Leber befinden sich nämlich im Inneren Stränge, die wie Sehnen aussehen, in Wahrheit aber die Gänge sind, durch die die Gallenflüssigkeit aus der Leber in die Gallenblase abfließt. Die Leber ist ja unter anderem das Organ, das die für die Verdauung wichtige Galle erzeugt. Die Gallengänge müssen wir nicht nur deshalb entfernen, weil ein zähes Stück in der Pastete ja nicht gut schmeckt, sondern weil diese sehr elastischen Gänge den Fleischwolf blockieren können. Dasselbe gilt natürlich auch für das Fleisch, aus dem möglicherweise vorhandene Sehnenstücke sorgfältig entfernt werden müssen.

Nachdem diese Vorbereitungen beendet sind, kann es ans eigentliche Zubereiten der Pastete gehen.

Wir beginnen mit den *Zwiebeln*. Sie werden in Scheiben geschnitten und in dem Schweineschmalz goldgelb angebraten. Auch bei der *Leber* empfiehlt es sich, sie kurz mit in die Pfanne zu geben, damit sie fester wird. Das erleichtert später die weitere Verarbeitung.

Die angebratenen Zwiebeln und die Leber werden nun zusammen mit dem gewürfelten *Schweinefleisch* und *Schweinebauch* in den Fleischwolf gegeben und durchgedreht. Dabei genügt es, die grobe Scheibe zu verwenden.

Eine Pastete, die ja nicht durch einen Darm oder eine andere Hülle zusammengehalten wird, sondern in sich selbst eine gewisse Festigkeit haben muß, braucht einen Bestandteil, der diese Festigkeit fördert. Bei unserem Rezept übernehmen das die *Eier*, die roh in die durch den Wolf gedrehte Masse hineingeschlagen werden.

In einer Tasse mischt man den *Cognac* und den *Madeira* mit den *Gewürzen* und rührt anschließend alles in die Fleischmasse ein. Diese Masse nennt man fachmännisch *Farce*, womit hier weder ein komisches kleines Theaterstück noch ein Witz gemeint ist, sondern eben eine Fülle aus zerkleinertem Fleisch und anderen Zutaten.

Wir sagten schon, daß eine Pastete auch etwas für das Auge sein muß. Damit sie auch wirklich ein Augenschmaus wird, muß man schon beim Füllen der Pastetenform ein wenig sorgfältig vorgehen.

Fetten Sie also die Pastetenform innen leicht ein und füllen Sie schichtweise die Farce und den gewürfelten Schinkenspeck hinein.

Die *Garnierung* kommt später; denn zunächst einmal muß die Pastete in den vorgeheizten Backofen. Bei einem Elektroherd sind 190 bis 200°C richtig; bei einem Gasherd etwa Stufe 4. Bei dieser Temperatur muß die Pastete rund 1 Stunde backen. Wenn Sie sie statt in eine große Form in mehrere kleine Formen getan haben, dann verringert sich die Backzeit entsprechend.

Beim Backen bildet sich auf der Pastete etwas Brühe. Das ist durchaus normal und braucht Sie nicht zu beunruhigen. Gießen Sie diese Brühe nach dem Ende der Backzeit in ein anderes Gefäß; Sie brauchen sie später noch.

Lassen Sie jetzt die Pastete in der Schüssel abkühlen. Wenn sie Zimmertemperatur erreicht hat, sollten Sie sie zum vollständigen Durchkühlen in den Kühlschrank stellen (bitte keine heiße Pastete in den Kühlschrank; denn er ist nicht dafür gemacht, kochendheiße Gerichte aufzunehmen.)

Zur richtigen Pastete gehört die Verzierung

Im Grunde ist die eigentliche Pastete jetzt schon fertig, und man könnte sie als eine Art pikanter Fleischkäse essen. Aber eine Pastete ohne Verzierung ist keine richtige Pastete.

Zur Dekoration einer Pastete, die eine Kunst für sich ist und für viele das Schönste am Pastetenbacken, eignen sich auch Dinge, die scheinbar mit Fleisch oder Wurst gar nichts zu tun haben. So kann man z.B. Scheiben der Ananas ebensogut wie saure Maiskölbchen oder Lorbeerblätter verwenden. Auch dünne Scheiben von durchwachsenem Speck sehen schön aus. Wichtig ist, daß die Dekorationsmaterialien ein bißchen Farbe auf die Pastete bringen und sich zu phantasievollen Mustern zusammensetzen lassen, wie etwa Blüten, Girlanden usw. Einige Anregungen gibt Ihnen die *Abbildung 18*. Hier eine unvollständige Liste von Dingen, die sich für die Verzierung eignen: kleine Gürkchen, eingelegter Paprika, Senfkörner (die man eigentlich immer mitverwenden sollte), Kapern, verschiedene kandierte Früchte, eingemachte Kirschen, Scheiben von Mandarinen, Silberzwiebeln und verschiedene Arten von sauer eingelegten Gemüsen, die man unter dem Namen *Mixed Pickels* kennt. Und schließlich außer den Senfkörnern noch Gewürze wie Wacholderbeeren, frischer grüner oder getrockneter schwarzer und weißer Pfeffer, frische Petersilie und so weiter.

Sie haben jetzt zwei Möglichkeiten, Ihre Pastete für das Auge attraktiv zurecht zu machen: Entweder lassen Sie sie in der Schüssel, in der sie beim Braten und Abkühlen etwas zusammengeschrumpft ist. Wenn die Schüssel steile Wände hat, berührt die Pastete die Wände nicht mehr. Aus einer gewölbten oder leicht kugelförmigen Schüssel können Sie sie auch herausstürzen. Dabei aber bitte vorsichtig vorgehen.

Bleibt die Pastete in der Schüssel, dann bedecken Sie die Oberfläche mit einem schönen Muster, das Sie nach eigener Phantasie gestalten. Das Ganze wird später mit Aspik übergossen, worauf wir gleich noch eingehen werden.

Haben Sie die Pastete aus der Schüssel herausgestürzt, dann sieht das besonders schön aus, wenn Sie vorher den Teller mit einer runden Papierspitzenserviette bedecken. Die jetzt wie ein runder Pudding aussehende Pastete wird nun vorsichtig mit den Dekorationsmaterialien belegt. Dabei müssen Sie darauf achten, daß Ihnen die Dinge nicht herunterrutschen. Das läßt sich vermeiden, wenn Sie alles ein wenig andrücken. Es gibt jedoch auch einen Trick, der aber nichts für Vergeßliche ist: Man kann an den etwas steileren Seiten der Pastete das Dekorationsmaterial mit Stecknadeln mit bunten Glasköpfen

anheften, die aber weit herausstehen müssen, damit man später nicht vergißt, sie wieder herauszuziehen. Vielleicht zählen Sie sie vor und nach der Prozedur einfach ab. Diese Nadeln werden nämlich dann wieder entfernt, wenn die Pastete mit Aspik übergossen worden ist, das die Dekoration fest mit der Pastete verbindet.

Aspik – Das Finish für die Pastete

Für einen halben Liter Aspik braucht man:

20 g Aspik-Pulver oder Gelatine
200 g kaltes Wasser (= 200 ml)
200 g fettfreie Brühe
100–200 ml herben Wein (weiß oder rot)
Salz

Sie werden vielleicht fragen, wie man *fettfreie Brühe* bekommt. Das geht ganz einfach. Wenn Sie Brühe erkalten lassen, erstarrt das auf der Oberfläche schwimmende Fett. Sie brauchen es dann nur noch vorsichtig von der Brühe herunterzunehmen und haben auf diese Weise fettfreie Brühe bekommen. Für die Aspikherstellung eignet sich durchaus die während des Backens entstandene Brühe aus der Pastete. Wenn das keine ausreichende Menge ergibt – was wahrscheinlich ist –, dann verlängern Sie sie einfach mit Brühe, die Sie aus einem Würfel herstellen können.

Das Fett muß übrigens nicht deshalb entfernt werden, weil es besonders kalorienreich ist, sondern weil es sich sonst auf der Oberfläche des fertigen

Aspik absetzt und dort nicht schön aussieht. Das Aspik muß nämlich völlig klar und durchsichtig sein. Nehmen Sie also das Fett *sorgfältig* ab; und wenn Sie ganz sicher gehen wollen, dann gießen Sie die Brühe zusätzlich noch durch ein Sieb.

Übergießen Sie nun das Aspikpulver oder die Gelatine mit dem kalten Wasser und lassen Sie das Ganze etwa 10 Minuten quellen. Währenddessen können Sie die fettfreie Brühe mit dem herben Wein mischen und das Ganze auf 80°C erhitzen. Diese Temperatur sollte relativ genau eingehalten und durch ein Thermometer kontrolliert werden. Von dieser Temperatur hängt nämlich eine ganze Menge ab. Erhitzt man die Mischung über 80°C, dann leidet darunter die Gelierfähigkeit des Aspikpulvers, das später hinzugegeben wird. Bleibt die Temperatur hingegen unter 70°C, dann kann es sein, daß Bakterien in der Mischung überleben. Für Bakte-

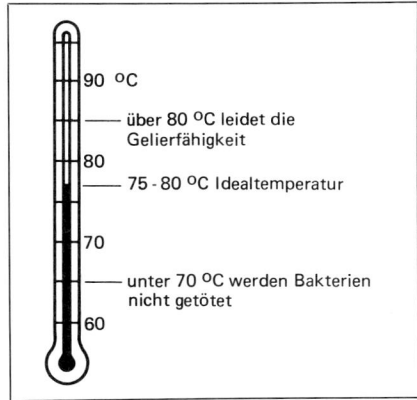

Abb. 19: Beim Herstellen von Aspik kommt es darauf an, die richtige Temperatur möglichst genau einzuhalten.

rien nämlich ist Aspik oder Gelatine mit Brühe ein geradezu idealer Nährboden. Die Sterilisationstemperatur – die Temperatur also, bei der Bakterien abgetötet werden – liegt bei rund 68°C. Der Wein macht übrigens unseren Aspik haltbarer, weil seine Säure den Bakterien nicht bekommt. Aber zurück zur Aspikherstellung.

In diese Brühe- und Weinmischung von 80°C wird jetzt das in Wasser gequollene Aspikpulver oder die Gelatine eingerührt. Dadurch sinkt natürlich die Gesamttemperatur. Stellen Sie also den Topf noch einmal kurz auf den Herd und erhitzen Sie wieder bis auf 75 bis *maximal 80°C*. Das Erhitzen und der zugegebene herbe Wein machen diesen Aspik außerordentlich haltbar. Wenn Sie noch ein weiteres tun wollen, können Sie auch noch ein wenig Essig oder besser noch Zitronensaft hinzutun. Der säuerliche Geschmack des Aspik kommt der gesamten Pastete zugute.

Lassen Sie jetzt den Aspik abkühlen bis auf etwa 30°C. Das ist etwa Fingertemperatur. Jetzt ist der Aspik noch gut zu verarbeiten.

Wenn Sie die Pastete in einer steilwandigen Schüssel gelassen haben, dann füllen Sie mit dem Aspik zunächst den Zwischenraum zwischen Schüssel und Pastete aus. Den restlichen Aspik gießen Sie vorsichtig kurz vor dem Erstarren über die garnierte Pastete. Sie wird dann wie ein Kunstwerk aussehen. Durch die klare glänzende Oberfläche des Überzuges kommen die Farben der Dekoration besonders gut zur Geltung.
Sollte der Aspik versehentlich zu früh fest geworden sein, dann läßt sich das leicht dadurch beheben, indem Sie den Topf noch einmal *ganz kurz* auf den Herd stellen.

Wildpastete

Für alle, die Fleisch vom Wild besonders gern mögen, hier ein ganz hervorragendes Rezept.
Man nehme:

---

200 g Hasenfleisch (von Hasenpfeffer möchten wir abraten, da er sich nur schwer verarbeiten läßt; nehmen Sie vielleicht einfach ein Stück Hasenkeule)
250 g Geflügelleber (vom Puter, Hähnchen usw.)
250 g frischer durchwachsener Schweinebauch (nicht zu mager)
250 g Wildfleisch (z.B vom Hirsch oder Reh)
125 g fetter frischer Speck
100 g geräucherter durchwachsener Speck oder Schinkenspeck
250 g Pfifferlinge oder Waldpilze gemischt (können aus der Dose sein)
  2 Eier
½ Eßl. Weinessig
  1 Teel. scharfer Paprika in Pulverform
  1 Spritzer Worcester-Sauce
  3 Wacholderbeeren (zerdrückt)
Salz und Pfeffer zum Würzen
und für die Marinade:
ein Glas Portwein (ca. 150 ml)
½ Teel. Thymian
½ Teel. Majoran
½ Teel. Salz

Das *Hasenfleisch* wird in Streifen geschnitten und über Nacht in einem geschlossenen Gefäß in einer Marinade aus dem Portwein und den Gewürzen eingelegt.
Das andere *Wildfleisch* wird zusammen mit der *Geflügelleber* und dem *Schweinebauch* gepökelt (wie das geht, steht auf *Seite 18*). Auch hier wieder dient das Pökeln vor allem dazu, der Pastete ein schönes Aussehen im Anschnitt zu geben. Nach dem Pökeln das Fleisch wieder gut abwaschen und zusammen mit dem frischen fetten Speck durch den Fleischwolf drehen. Dazu bitte die feine Scheibe verwenden.
Der durchwachsene geräucherte *Speck* wird in Streifen oder in Würfel geschnitten. Die *Pilze*, die aus der Dose stammen können, werden grob gehackt.
Holen Sie jetzt das in Streifen geschnittene Hasenfleisch aus der Marinade und braten Sie es in der Pfanne mit ein wenig Schweineschmalz kurz an.

Abb. 20: Unsere Wildpastete im Anschnitt. Sieht sie nicht lecker aus?

In die übrigbleibende Marinade rühren Sie die gehackten Pilze, den durchwachsenen Speck mit den Eiern und den verschiedenen Gewürzen zusammen und geben dann das Ganze unter die Fleischmasse.

In die vorgefettete Pastetenform kommt nun zunächst eine Schicht aus der Fleischfarce, darauf das in Streifen geschnittene Hasenfleisch und als letzte Schicht wieder Fleischfarce.

Die Form wird in den vorgeheizten Backofen geschoben (wieder 190 bis 200°C) und etwa 1–1½ Stunden gebacken.

Anschließend wird die Pastete wieder garniert und mit Aspik überzogen.

Als Zugabe zu dieser wirklich raffinierten und herrlich schmeckenden Pastete empfehlen wir folgendes:

Stachelbeer-Sauce à la Cumberland

1 Glas Portwein
4 Eßl. Stachelbeer-Marmelade
½ Teel. Senf
1 Teel. Essig
Salz, Pfeffer
1 Prise Ingwer
1 Eßl. Rosinen
1–2 Spritzer Tabasco oder Sambal-Oleg
Salz und Pfeffer zum Würzen

Die Rosinen sollten Sie etwa 1 Stunde in heißem Wasser quellen lassen. Mischen Sie dann sämtliche Zutaten miteinander und kochen Sie das Ganze kurz auf. Anschließend läßt man die Sauce abkühlen, und fertig ist sie.

Diese Stachelbeer-Sauce wird zur Pastete kalt gereicht.

Man kann diese Sauce abwandeln, indem man statt der Stachelbeermarmelade eine aus einer anderen Obstsorte nimmt. Besonders gut zur Wildpastete würde z.B. eine Sauce passen, bei der anstelle der Stachelbeeren Preiselbeeren verwendet werden. Sie ist herber und stellt gewissermaßen die klassische Kombination mit Wildfleisch dar.

Der süßliche Geschmack dieser Saucen harmoniert besonders gut mit dem Geschmack von Pasteten.

Lebersoufflé – eine luftig-leichte Pastete

Das Wort *Soufflé* kommt aus dem Französischen und bedeutet, daß es sich um eine luftige Sache handelt. Die Zeit unserer Großtanten war voll von Soufflés verschiedenster Art. Meistens handelte es sich um süße Speisen, bei denen geschlagener Eischnee mit im Spiel war. Auch bei unserem Lebersoufflé geht es um eine *Pastete*, die Luft enthält und dadurch besonders locker ist.

Abb. 21: Hier sehen Sie unser Leber-Soufflé in Portionsförmchen (links vorn) und in großen Formen.

Hier aber zunächst einmal die Zutaten:

> 500 g Geflügelleber (notfalls geht auch Kalbsleber)
> 300 g frischer durchwachsener Speck
> 1 große Zwiebel
> ½ l süße Sahne
> 5 Eier
> 1 Messerspitze Zucker
> Salz, weißer Pfeffer, Majoran und Basilikum zum Würzen

Damit sich alles besser verarbeiten läßt, sollten Sie Geflügelleber, Speck und Sahne zunächst im Kühlschrank vorkühlen.

Zerkleinern Sie dann die *Leber*, den *Speck* und die *Zwiebel*. Fein dran ist, wer einen elektrischen Universalzerkleinerer im Hause hat, der diese Zutaten mühelos in eine feine Masse verwandelt. Wenn Sie ein solches Gerät nicht haben, dann reicht es auch, wenn Sie Leber und Speck zunächst durch einen Fleischwolf drehen und anschließend mit einem ganz normalen Küchenmixer weiterverarbeiten.

Wichtig ist bei diesem Rezept zweierlei:

Zum einen muß die Masse *möglichst fein* zerkleinert werden und zum anderen dürfen durchwachsener Speck und Leber *nicht wärmer* werden als 20 oder höchstens 25°C. Das ist ganz wichtig, weil sonst das Eiweiß in den Fleischbestandteilen

bereits gerinnt. Das ist auch der Grund, warum wir empfohlen haben, die Zutaten im Kühlschrank vorzukühlen.

Unter die zerkleinerten Bestandteile mischen Sie die 5 *Eigelb*, die Sie vorher vom Eiweiß getrennt haben. Schlagen Sie beim Mischen der Zutaten die Masse bereits leicht an. Danach wird das übriggebliebene Eiweiß schaumig geschlagen, die Gewürze daruntergezogen und alles mit der Masse vermengt.

Diese Mischung kommt jetzt in den Kühlschrank, damit sie wieder eine möglichst tiefe Temperatur erreicht.

Wenn die Masse wirklich durch und durch kühl ist, dann geht die Vorbereitung weiter. Die kalte Fleischmasse und die ebenfalls kalte Sahne werden jetzt gemischt. Durch das Abkühlen wird verhindert, daß die Sahne gerinnen kann. Ist alles gut miteinander vermengt, dann sind Sie über die schwierigste Phase der Herstellung eines Lebersoufflés bereits hinaus.

Da Lebersoufflés warm gegessen werden, empfiehlt es sich, es in *Portionsschalen* zuzubereiten.

Kleine Pastetentöpfchen gibt es bereits für wenig Geld. Da man sie auch für andere Zwecke gut verwenden kann, sollten Sie diese Investition nicht scheuen.

Die fertige Pastetenmasse wird nun in die gefetteten, kleinen Pastetentöpfchen getan, wobei Sie darauf achten müssen, daß die Formen nur etwa zu Dreiviertel gefüllt werden. Ein Soufflé geht nämlich wie ein Kuchen auf.

Schieben Sie nun die Formen wieder in einen auf 190 bis 200°C vorgeheizten Backofen und lassen Sie sie – je

nach Größe der Formen – etwa 20 Minuten backen.

Ein Soufflé muß nicht nur deshalb heiß gegessen werden, weil es dann besonders gut schmeckt, sondern weil es in der Natur dieser raffinierten Gerichte liegt, daß sie nach dem Abkühlen wieder in sich zusammenfallen.

Ein Lebersoufflé sollte nicht ohne Zutaten serviert werden. Wir haben eine besonders gut passende Sauce dazu ausgesucht, deren Rezept wir Ihnen hier verraten. Es stammt – wie auch das Soufflé-Rezept – von Germain Gretsch, einem der anerkanntesten Meisterköche aus Luxemburg.

Sauce-Madère à la Germain

Hier die Zutaten:

> Kalbs- und Schweineknochen
> Suppengemüse
> Mehl
> Rind- oder Kalbsbrühe
> Weißwein
> Rotwein
> Tomatenpüree
> Madeira
> Butter
> *Gewürze:*
> 1 Nelke, je 1 Prise Thymian, Lorbeer, Salbei, Liebstöckel, Oregano sowie einige Pfefferkörner und Salz

Dies ergibt eine Madeira-Sauce, die Sie nicht auf einmal verbrauchen werden. Das hat einen ganz bestimmten Grund. Die Zubereitung dieser köstlichen Soße nimmt nämlich eine ganze Menge Zeit in Anspruch: etwa 6 bis 7 Stunden. Diese lange Zeit müssen Sie natürlich nicht am Kochtopf stehen; es genügt, wenn Sie hin und wieder einmal nach dem Rechten sehen. Trotzdem ist eine so lange Vorbereitungszeit nicht immer verfügbar. Kochen Sie also die Sauce dann, wenn Sie an irgend etwas anderem arbeiten, das es Ihnen gestattet, von Zeit zu Zeit zum Kochtopf zu gehen. Die fertige Sauce können Sie dann in Portionen abfüllen und einfrieren oder auch in kleineren Gläsern einkochen. Die Sauce ist so gut, daß sich diese Mühe lohnt.

Aber nun zur Zubereitung.

Waschen Sie das *Suppengemüse* und schneiden Sie es nicht in zu kleine Stücke. Jetzt brauchen Sie das in den meisten Herden vorhandene emaillierte Bratenblech. Darauf werden zunächst die *Kalbs-* und *Schweineknochen* im vorgeheizten Ofen leicht angeröstet. Nach einiger Zeit geben Sie das Suppengemüse hinzu und rösten es mit. Zuletzt wird das Ganze mit *Mehl* bestreut, das ebenfalls leicht anbräunen soll.

Diese vorbereiteten Zutaten kommen dann in einen Topf, der mit Rind- oder Kalbsbrühe soweit gefüllt wird, daß die Knochen gut bedeckt sind. Und jetzt kommt der zwar längste, aber nicht weiter komplizierte Abschnitt der Madeira-Saucen-Zubereitung. Sie müssen nämlich diese Mischung etwa 6 bis 7 Stunden kochen lassen. Dazu genügt eine kleine Flamme oder Einschaltstufe des Herdes. Achten Sie darauf, daß möglichst wenig von der Flüssigkeit verkocht, bzw. ergänzen Sie hin und wieder durch Wasser, damit das Ganze nicht anbrennt. Wenn Sie einen Drucktopf oder Schnellkochtopf haben, dann reduziert sich die Kochdauer allerdings wesentlich.

Eine halbe Stunde vor Ende der Kochzeit kommen der Weiß- und der Rotwein hinzu sowie das Tomatenpüree und sämtliche Gewürze.

Nach dem Kochen nehmen Sie die Knochen heraus und passieren die restliche Brühe mit Suppengemüse, Tomatenpüree und Gewürzen durch ein Sieb. Jetzt wird auch die Butter in die noch heiße Sauce gerührt und zum Schluß alles mit reichlich Madeira abgeschmeckt.

Zwischendurch ein Tip für Saucen-Köche

Im Zusammenhang mit der langen Kochzeit fällt uns ein Tip ein, den gute Saucen-Köche kennen. Saucen sind es ja vor allem, an denen man einen guten Koch erkennen kann.

Was wir vorhin gemacht haben, nennt man auch einen *Fond* (sprich: Fong) zubereiten. Darunter versteht man die Grundlage für eine Sauce oder auch Suppe, die man auf Vorrat zubereiten kann. Einen wunderbaren Saucenfond kann man sogar aus „Abfällen" machen, wenn man z.B. rohe Fleischreste übrig hat, die vom Wild oder auch von anderen Tieren stammen können. Dabei spielt es keine Rolle, ob Sehnen oder andere zähe Stücke mit dabei sind; die festen Anteile werden ja später nicht mehr verwendet.

Einen Fond bereitet man folgendermaßen:

Wenn Sie einen Braten saubermachen, d.h. alle unschönen Fleischpartien und sehnigen Stellen abschneiden, dann gehen Sie dabei ruhig ein wenig großzügiger vor; denn Sie verwenden ja diese Abfallstücke noch. Schneiden Sie diesen „Abfall" in kleinere Stücke, die Sie zusammen mit gewürfeltem Suppengrün (also Sellerie, Porree, Möhren, Blumenkohl, Zwiebeln, Petersilie, usw.) in einen kleinen Suppentopf geben. Die Gewürze, die wir in unserem Madeira-Saucen-Rezept aufgezählt haben, kommen ebenfalls hinzu. Es verfeinert den Geschmack des Fond, wenn Sie vorher in einer Pfanne alles mit Butter anrösten.

Anschließend wird mit etwas Wasser aufgefüllt, Salz hinzugetan und das Ganze möglichst lange gekocht. Wenn Sie die Zeit haben, können es ebenfalls 6 bis 7 Stunden sein. Am Ende des Kochens soll nicht mehr allzu viel Flüssigkeit im Topf sein.

Anschließend wird das Ganze durch ein Sieb passiert und die dadurch entstehende dickflüssige Masse in Portionstöpfchen getan, die man einfrieren kann. Als solche Portionstöpfe eignen sich Joghurtbecher oder etwas Ähnliches.

Mit diesem Fond lassen sich die verschiedensten Saucen zaubern oder auch bei einem Braten, der nicht sehr viel für eine Sauce hergibt, die Ausgangsbasis verbessern.

Sülze – die fettarme Alternative zur Wurst

Wir sagten schon, daß es gar keinen Sinn hat, eine fettarme Wurst herzustellen. Sie würde nicht schmecken. Anders ist es bei den Sülzen, die im Grunde aus nichts anderem bestehen als aus geschnittenem Fleisch in säuerlicher Brühe, die beim Erkalten zu Gelee erstarrt. Obwohl in vielen Sülzen durchaus fettreiches Fleisch vorhanden ist – wie z.B. Fleisch vom Kalbskopf –, läßt sich in Sülze durchaus auch völlig fettloses Fleisch verarbeiten. Das setzt aber voraus, daß man für den Geleeanteil der Sülze einen extra zubereiteten Gelee benutzt, der dem Aspik sehr ähnlich ist. Streng genommen ist die Sülze, die wir gleich vorschlagen wollen, ein „Aspik mit Fleischeinlage". Wir haben uns zu dieser Art von Sülze entschlossen, weil sie in jeder normalen Küche zubereitet werden kann.

Mit ziemlichem Aufwand, zu dem z.B. 12 bis 24 Stunden Kochzeit gehören, kann man auch Sülze ohne künstlichen Gelee herstellen, indem man die natürliche Gelierfähigkeit bestimmter Bestandteile des tierischen Körpers ausnutzt. Zu diesen Bestandteilen gehören etwa Knochen und Schwarten.

Sie haben vielleicht schon einmal bemerkt, daß vor allem bei der Zubereitung von Kalbfleisch nach dem Erkalten eine Art Gelee zurückbleibt. Das ist derselbe Stoff, der auch Sülzen zum Erstarren bringen kann. Allerdings ist dieser so gewonnene Gelee zunächst trübe und kann nur unter erheblichem Aufwand geklärt werden. Deshalb wird praktischer vorgefertigter, käuflicher Aspik verwendet, der – wie weiter unten dargelegt – auch aus rein tierischen Substanzen ohne synthetische Zusätze hergestellt wird.

Zwischendurch ein kleiner Ausflug in die Biochemie

Was ist eigentlich Gelee? Mit dieser Frage können Sie selbst gestandene Chemiker zunächst in Verwirrung bringen. Gelatine, aus der man Gelee machen kann, besteht aus tierischem Eiweiß. In ihr sind fadenförmige Großmoleküle enthalten, die sich bei Temperaturen unter 20 bis 30°C gegenseitig und zum Teil schraubenförmig verschränken oder verdrillen. Sie binden auf diese Weise die Flüssigkeit. Chemisch ausgedrückt bestehen diese Moleküle im wesentlichen aus einer Kette von Aminosäuren, den Grundbausteinen des lebendigen Organismus. Der Fachausdruck für diese mikroskopisch kleinen Fäden lautet *Kollagen* (auf der letzten Silbe betonen).

Diese Substanz Kollagen gibt es auch im menschlichen Körper. Sie hält – vereinfacht gesprochen – die Zellen zusammen, und sie spielt vor allem in der Haut des Menschen eine wichtige Rolle. Und das wiederum benutzt die Kosmetik-Industrie, um damit zum Teil lukrative Werbung zu treiben. Vielleicht haben Sie schon einmal von Kollagen-Creme oder Kollagen-Milch gehört, von der dann meist behauptet wird, daß sie durch die Hautporen besonders gut eindringen und daß sie die Haut festigen und straffen würde. Mit diesem Thema haben wir uns schon einmal ausführlich im Kapitel über das Selbstherstellen von Cremes beschäftigt, das Sie im *Hobbythek-Buch 3* finden.

Das mit der „verjüngenden Wirkung" von Kollagen-Cremes müssen Sie nicht glauben. Wir sind hier auch nur deshalb darauf eingegangen, weil die Herkunft des Kollagens zeigt, daß es sich dabei um einen ganz natürlichen Stoff handelt. Man findet ihn nicht nur in der Haut, sondern auch in Knorpel und Knochen in besonders konzentrierter Form. Man kann ihn gewinnen, indem man Schweineschwarten, Schweine- oder Kalbspfoten, Knochen, Ohren, Schweine- und Kalbsköpfe, usw. 12 bis 24 Stunden kochen läßt. Der Metzger, der sein Rohmaterial für eine gute Sülze selbst herstellt, wendet diese Zeit tatsächlich auf. Daß wir Ihnen das nicht zumuten wollen, hat unter anderem auch damit zu tun, daß diese Kocherei nicht besonders appetitlich riecht. Da gibt es für den Kleinverbraucher einfachere Möglichkeiten.

Im Handel gibt es fertige Gelatine in fester Form, als Pulver- oder auch als Blattgelatine. Diese Substanz ist auf die gleiche Weise hergestellt worden, wie wir sie oben beschrieben haben: nämlich durch Auskochen bestimmter Tierteile. Gelatine wird heute nach strengen lebensmitteltechnischen Vorschriften hergestellt und ist ein absolut reines Naturprodukt mit 84% tierischem Eiweiß in der Trockenmasse. Besonders geeignet für unsere Zwecke ist Pulvergelatine, die man auch Aspikpulver nennt. Dieses Aspikpulver ist ausgesprochen ergiebig. Man erhält z.B. aus 100 Gramm, die etwa 4 Mark kosten, eine Aspikmenge von etwa 2 Kilogramm. Etwas teurer ist die Blattgelatine, die aus der gleichen Grundsubstanz besteht. Ein Päckchen mit 10 Gramm kostet etwa 60 Pfennige.

Im Geschmack unterscheidet sich die Sülze, die wir mit Hilfe von Aspikpulver herstellen, überhaupt nicht von einer Sülze, zu der man die Geleemasse auf die oben beschriebene zeitraubende Weise herstellt. Wir benutzen nämlich für unsere Rezepte als Flüssigkeitsbasis die Brühe, die beim Abkochen des eingelegten Sülzfleisches entsteht.

Sülze muß *säuerlich* schmecken. Ein Schuß Essig tut es zwar auch, wir aber wollen es doch ein wenig feiner machen. Wir schlagen deshalb einen herben Wein vor, der durch etwas Essig „verstärkt" wird. Das Ergebnis ist dann eine sehr wohlschmeckende Weinsülze. Die Säure ist übrigens nicht nur für den Geschmack wichtig, sondern auch für die Haltbarkeit, denn Säure hemmt das Bakterienwachstum. Bakterien wachsen auf Gelee, den man in der Forschung als Nährboden verwendet, besonders gut.

Aber jetzt zurück zur Sülze. Sie brauchen an Gerätschaften folgendes:

---

1 Küchenthermometer
1 Sieb
1 Schaumlöffel
1 weißes Baumwoll- oder Leinentuch oder notfalls mehrere Lagen dünnen Windelstoff

---

Pikante Weinsülze à la Hobbythek

Man nehme:

---

300 g mageres Fleisch (gepökelt)
¼ l Wasser
½ Teel. Salz
Suppengrün (bestehend aus Möhren, Sellerie, Porree, Petersilie, Blumenkohl usw.)
2 Zwiebeln
1 Lorbeerblatt
1 Nelke
schwarzer und weißer Pfeffer

Für den Gelee brauchen wir:
0,2 l herben Weißwein (eine einfache Sorte genügt)
30 g Aspikpulver oder Gelatine
0,2 l kaltes Wasser (ein kleines Bierglas)
1 guter Schuß Essig

Zunächst zur Fleischeinlage:
Geeignet sind praktisch alle gängigen Fleischsorten; also Rind- oder Kalbfleisch, Schweinefleisch, Geflügelfleisch, aber auch Zunge, die man

Abb. 22: Eine fertige und aus der Schüssel gestürzte Sülze.

unter das Fleisch mischen kann. Man kann sogar gekochten Schinken oder Fleischwurst verwenden. Dann allerdings brauchen wir Brühe aus einem Würfel. Denn aus Kochschinken oder Wurst läßt sich nun einmal Brühe nicht herstellen.

Fleischeinlagen aus frischem rohem Fleisch müssen Sie, wenn die Sülze besonders appetitlich aussehen soll, pökeln (wie man das macht, haben wir auf *Seite 18* beschrieben).

Wenn Sie das Fleisch gepökelt haben, dann waschen Sie es unter lauwarmem Wasser ab und geben es in einen Topf mit einem halben Liter kochendem Wasser. Dazu kommen Salz, das Lorbeerblatt, Nelke und die Pfefferkörner. Außerdem die in Scheiben geschnittenen Zwiebeln, die zerkleinerten Bestandteile des Suppengrüns. Beim Kochen dieser Mischung entsteht Schaum. Dieser Schaum kann nicht nur überkochen, sondern er würde die spätere Sülze auch sehr trüben. Wichtig ist also, daß er während des Kochens gründlich abgenommen wird, am besten mit einem Schaumlöffel.

Nach etwa 1½ Stunden ist das Fleisch gar. Es soll zwar weich sein, darf aber nicht zerfallen. Nehmen Sie das Fleisch heraus und gießen Sie die Brühe durch ein Sieb. Vom ausgekochten Suppengrün brauchen wir jetzt nur noch die Möhrenscheiben, die sich sehr gut zum Garnieren eignen.

Lassen Sie die Brühe abkühlen und stellen Sie sie in den Kühlschrank. Das aber bitte erst, wenn sie wirklich nicht mehr warm ist. Im Kühlschrank wird sie soweit erkalten, daß das obenschwimmende Fett fest wird. Dieses Fett muß restlos von der Brühe abgenommen werden.

Auch nach dieser Prozedur ist die Brühe immer noch trübe. Das beeinträchtigt zwar nicht ihren guten Geschmack, wohl aber das spätere Aussehen der Sülze. Wer also auch etwas fürs Auge machen möchte, der klärt die Brühe nach; das geht ganz einfach mit Eiweiß. Dazu wird die Brühe erhitzt. Bei etwa 40°C wird unter Rühren ein Eiweiß hineingegeben. Bei etwa 60°C gerinnt es und bindet dabei die Trübstoffe in der Brühe. Man läßt nun das Ganze kurz aufkochen und schöpft den Schaum wieder ab. Zum Schluß wird alles zum Filtern durch ein sauberes weißes Baumwolltuch z.B. aus Windelstoff gegossen, das man kurz vorher in kochendes Wasser getaucht hat. Wenn dieses Tuch zu grob ist, hat es wenig Wirkung. Nehmen Sie es dann doppelt oder vierfach.

Während die Brühe durch das Tuch läuft, hat man Zeit, das gekochte Fleisch in Würfel von einer Größe zu schneiden, wie man sie aus Sülze kennt.

Und nun zum Gelee der Sülze:
Mischen Sie 30 Gramm Aspikpulver mit 0,2 Liter kaltem Wasser. Lassen Sie alles etwa 10 Minuten quellen. Währenddessen gießen Sie etwa 0,1 Liter von der gefilterten Brühe in einen Meßbecher und füllen mit 0,2 Liter herbem Weißwein auf. Diese Mischung wird erhitzt. Bei 80°C geben Sie das gequollene Aspikpulver unter Rühren hinzu und warten, bis die Temperatur wieder auf 80°C gestie-

gen ist. Dann nehmen Sie den Topf vom Feuer und lassen den Aspik bis etwa 30°C abkühlen. Sie sehen, daß es ganz wichtig ist, ein Küchenthermometer zu haben. Zum Schluß kommt noch der Schuß Essig dazu.

Fleischeinlage und Gelee müssen jetzt zusammengebracht werden. Dazu brauchen Sie ein geeignetes Gefäß, das jede beliebige Schüssel aus Glas, Porzellan, Keramik usw. sein kann; auch Kuchenformen aus Blech oder kleine Portionsschüsselchen sind geeignet. Wichtig ist nur, daß die Form des Gefäßes es erlaubt, die Sülze später herauszustürzen.

Und nun beginnt gewissermaßen der künstlerische Teil der Sülzenzubereitung.

Zunächst gießt man in die vorgekühlte Form soviel Aspik, daß der Boden gut bedeckt ist. Wenn der Aspik beginnt, leicht dickflüssig zu werden, bewegt man die Form so, daß er gleichmäßig auch über die Seitenwände fließt und etwas davon an den Wänden haften bleibt. Wenn der Aspik nicht gleich hängen bleiben will, dann empfiehlt es sich, die Form kurz noch einmal in den Kühlschrank zu stellen.

Und nun geht es los mit dem Garnieren. Je mehr Mühe Sie sich damit geben, um so schöner ist nachher das Ergebnis.

Was eignet sich zum Garnieren? Ohne Ihre Phantasie allzusehr einschränken zu wollen, nennen wir hier:

Scheiben hartgekochter Eier, Möhren, Radieschen, Gürkchen, Zwiebeln, gefüllte Oliven (die man am besten so schneidet, daß die Füllung im Ring der Oliven zu sehen ist), Kapern, Maiskölbchen (längs oder quer geschnitten), eingelegtes Paprika, Champignons, Zitronenscheiben usw. Mit anderen Worten: Es eignet sich eigentlich fast alles Eßbare, das optisch etwas hermacht.

Wenn Sie beim Dekorieren keine symmetrischen Muster, sondern z.B. etwas zusammenbauen wollen, bei dem es auf links und rechts ankommt – z.B. bei Schrift –, dann bitte nicht vergessen, daß Sie alles spiegelbildlich dekorieren müssen. Die Sülze wird später ja aus der Form gestürzt, so daß die Dekoration gewissermaßen von der Rückseite her zu sehen ist.

Vergessen Sie auch nicht, die Form am Rand reichlich zu garnieren. Das ist zwar nicht ganz so einfach wie die Dekoration des Bodens; aber Sie werden damit schon zurechtkommen. Die Dekoration des Bodens wird für das spätere Einfüllen der Fleischeinlage unempfindlich gemacht, indem wir noch eine dünne Schicht Aspik darübergießen. Mit der Randdekoration müssen Sie dann einfach vorsichtig umgehen.

Vor dem Füllen der Sülze schieben Sie die Form mit der Garnierung ruhig noch einmal in den Kühlschrank. Dabei aber bitte ganz vorsichtig zu Werke gehen, damit sich nichts verschieben kann. Ist alles gut abgekühlt, dann kann eigentlich nicht mehr allzuviel passieren.

Jetzt können Sie die Fleischstücke und – wenn Sie wollen – auch noch eine Gemüseeinlage aus Möhren, Paprika oder auch Champignons hinzugeben. Zum Schluß wird alles mit dem restlichen Aspik übergossen. Sollte der inzwischen schon zu kalt

geworden und erstarrt sein, dann wärmen Sie ihn vorsichtig noch einmal an. Dabei bitte aber keine zu hohen Temperaturen erreichen, weil Ihnen sonst beim Aufgießen wieder die ganze Dekoration wegschmilzt.

Wenn alles ein wenig abgekühlt ist, stellen Sie die fertig gefüllte Form in den Kühlschrank, wo die Sülze sehr schnell völlig erstarren wird.

Jetzt kommt der Moment, in dem Sie Ihr Kunstwerk vollenden: Sie müssen es jetzt aus der Form stürzen. Das geht ziemlich einfach, wenn Sie die Form kurz in ein warmes Wasserbad stellen. Dabei allerdings darauf achten, daß nichts über den Rand auf die Sülze läuft, weil warmes Wasser sie schnell schmelzen würde. Durch dieses warme Wasserbad beginnt der Aspik an den Wänden kurz anzuschmelzen. Das geht natürlich bei dicken Keramikschüsseln langsamer als bei einer dünnen Glasschüssel.

Suchen Sie sich als Teller oder Platte für die Sülze ein geeignetes Geschirrteil aus. Wenn Sie es ganz besonders schön machen wollen, können Sie die Sülze auch auf ein Spitzentuch aus Papier stürzen. Legen Sie den Teller oder die Platte (mit oder ohne Papierspitzen) auf die Form und drehen Sie alles um. Jetzt müßte sich die Sülze von selbst lösen. Wenn sie das nicht tut, kurz noch einmal ins warme Wasserbad oder einen warmen feuchten Lappen darüberlegen. Auf jeden Fall ohne Gewalt vorgehen, weil sonst die schöne Dekoration sehr schnell kaputt gehen würde. Das kann übrigens auch passieren, wenn Sie die Schüssel zu lange im warmen Wasserbad stehen lassen.

Das alles klingt ein wenig komplizierter als es in Wahrheit ist. Denn das Herauslösen der Sülze aus dem Gefäß ist genauso einfach wie das Herausstürzen einer Götterspeise. Wenn Sie also ein wenig ängstlich sind, dann probieren Sie es vorher – gewissermaßen ins Unreine – erst einmal mit einer schönen Götterspeise.

Die fertige Sülze kann man jetzt natürlich noch weiter garnieren. Sehr schön sieht es aus – und schmeckt es auch –, wenn man einen Kranz von Remouladensauce darum herumgießt. Das setzt allerdings voraus, daß Sie keine Papierserviette verwendet haben und daß der Teller einen höheren Rand hat. Dazu kann man auch grüne Petersilie und andere schön aussehende Kräuter verwenden.

Sülze schmeckt besonders gut zu frischen knusprigen Bratkartoffeln. Aber das wußten Sie sicher schon.

Guten Appetit also!

Abb. 23: Diese zwei Garnierungsvorschläge mögen Sie anregen, viele eigene Dekorationen zu erfinden.

Gesünder grillen

Zu einer richtigen Gartenparty gehört einfach ein Grill. Eine leckere Bratwurst oder eine originell gewürzte Scheibe Fleisch vom Grill, dazu ein kühles Bier. . . na, wir brauchen Ihnen sicher nicht lange zu erzählen, daß das eine ganz herrliche Sache ist. Aber, sagen Sie selbst: Hat es Sie auch schon oft gestört, daß ein Grill meist reichlich viel Qualm erzeugt, der *so* wunderbar nun auch wieder nicht riecht? Ganz zu schweigen von den Nachbarn, die sich durch diesen Qualm belästigt fühlen. So ganz unrecht haben sie vielleicht nicht, wenn man bedenkt, daß der Grillgeruch, der in einer lauen Sommernacht durch das geöffnete Fenster ins Schlafzimmer gezogen kommt, dort noch weniger verlockend duftet als im Garten.

In der *Hobbythek* wird ja nicht nur gebastelt. Man erfährt auch eine ganze Menge „Hintergrund". Und als weitere Aufgabe haben wir uns in der *Hobbythek* gesetzt, auch ein bißchen dafür zu tun, daß unsere Umwelt wenigstens einigermaßen erträglich

Abb. 1: Die Einzelteile des Hobbythek-Grills sind hier gut zu erkennen. In der Mitte hängt eine selbstgemachte Grilltasche, gut mit Bratwürsten gefüllt. Links und rechts hinter Welldrahtgittern die Holzkohle. Die Glutkästen haben wir mit Alufolie ausgekleidet.

bleibt. So haben wir z.B. im *Hobby-thek-Buch 3* eine Räuchertonne vorgeführt, in der man, ohne seine Nachbarn zu belästigen, innerhalb kurzer Zeit wunderbare Räucherfische oder auch geräuchertes Fleisch zubereiten kann. Dort haben wir auch schon etwas über die zum Teil krebsfördernden Substanzen gesagt, die nicht nur beim Räuchern, sondern auch beim Grillen entstehen können. Wenn wir Ihnen also hier Vorschläge machen, wie man mit einfachen Mitteln grillen und räuchern kann, dann sind das zugleich Vorschläge, die Ihre Gesundheit schützen.

Was ist an unserem Grill „gesund"?

Bei einem normalen Grill liegt das Fleisch oder die Wurst auf einem waagerechten Rost, unter dem sich glühende Holzkohle befindet. In diese Holzkohle tropft nun das beim Grillen immer entstehende Fett oder fettiger Fleischsaft hinein, der sich teilweise entzündet. Die entstehenden Rauchbestandteile bleiben dann am Fleisch hängen. Und wenn sich das Fett nicht entzündet, dann verdampft es und verbreitet oft über weite Gebiete den bekannten Duft.

Wenn Fett oder Fleisch bei hoher Temperatur verbrennen, entsteht *Benzpyren*, eine eindeutig krebsfördernde Substanz. Befindet sich die Glut *unter* dem Fleisch, dann kann sich auf ihm das in den aufsteigenden heißen Dämpfen enthaltene Benzpyren niederschlagen. Wer häufiger Fleisch oder Wurst von diesem normalen Grill ißt, kann durchaus gefährdet sein.

Wir haben uns nun Gedanken über einen Grill gemacht, bei dem Sie auf den hervorragenden Geschmack des mit Holzkohle gegrillten Fleisches nicht verzichten müssen und trotzdem keine Gefahr für Ihre Gesundheit eingehen. Gewissermaßen ein Nebeneffekt – aber ein guter – besteht darin, daß kein Qualm entstehen kann, denn es tropft bei unserem Verfahren nichts in die glühenden Kohlen.

Der Universal-Gesundheits-Grill der Hobbythek

Unsere Forderung – es soll mit Holzkohle direkt gegrillt werden, aber es darf kein Fett und Saft in die Glut tropfen – läßt sich sehr leicht dadurch erfüllen, daß man die Glut nicht unter dem Fleisch anordnet, sondern *an den Seiten*, wie beim Toaster. Wenn das Fleisch – wie in *Abbildung 1* gezeigt – von der Glut der Holzkohle seitlich angestrahlt wird, dann empfängt es kaum weniger Hitze, als wenn die glühende Kohle darunter liegt. Ein weiterer Vorteil dieses Verfahrens: Sie brauchen nicht umzudrehen, denn das Fleisch wird zur gleichen Zeit von beiden Seiten gegrillt. In einer Grilltasche bekommt das Fleisch auch nicht auf einer größeren Fläche Berührung mit Metall als z.B. auf einem Rost. Die Stäbe berühren hier zwar von beiden Seiten das Fleisch, aber das passiert bei einem Rost ja ebenso; wenn auch nicht gleichzeitig, sondern nacheinander nach dem Umdrehen. Der Nebeneffekt: das Grillen geht auch schneller mit unserer Konstruktion.

Zur Konstruktion

Wir haben bei der Konstruktion unseres Grills darauf geachtet, daß weder Materialien verwendet werden, die schwer zu beschaffen sind, noch daß Sie gelernter Maurer sein müssen, um den Grill aufzubauen. Wenn Sie einen Garten haben, in dem er stehenbleiben kann, dann empfiehlt es sich schon, die Konstruktion mit Mörtel aufzumauern. Der Grill funktioniert aber auch, wenn Sie die Steine einfach nur aufeinanderschichten *(Abbildung 3)*. Das möchten wir Ihnen für den Anfang ohnehin empfehlen. Sie können dann den Grill ohne Schwierigkeiten noch verändern und Ihren eigenen Bedürfnissen anpassen. Sie können ihn zum Beispiel länger oder höher machen – ganz wie es Ihren Zwecken entspricht. Wenn Sie ihn ausprobiert und festgestellt haben, daß das genau der Grill ist, den Sie sich wünschten, können Sie ihn auch mit Mörtel dauerhaft machen. Hier aber zunächst die Materialien, die Sie brauchen:

9 Gartenwegplatten aus Beton, 30×30 cm
32 Normal-Ziegel 24×11,5×7,1 cm (es eignen sich Voll- oder Loch-Ziegel; Vollziegel sind aber haltbarer)
2 Stücke Welldraht-Gitter 30×40 cm, verzinkt, mit 2 mm Drahtstärke und einer Maschenweite von 1×1 cm.
5 kg Fertigmörtel

Diese Sachen erhalten Sie in der Regel in Baustoffhandlungen oder in den Hobbymärkten, die sich immer weiter ausbreiten. Wenn Sie Schwierigkeiten haben, das Welldrahtgeflecht zu bekommen, dann schauen Sie doch einfach einmal in das Branchenverzeichnis Ihres Telefonbuches unter dem Stichwort *Draht, Drahtgeflecht* oder auch *Welldraht*. Versuchen Sie, sich diesen Welldraht gleich zuschneiden zu lassen. Andernfalls müssen Sie das mit einer möglichst kräftigen Drahtschere oder einem Seitenschneider selbst tun, was nicht ganz ohne Mühe ist.

Suchen Sie sich für den Aufbau des Grills eine möglichst ebene Stelle. Wenn Sie die in Ihrem Garten oder anderswo nicht finden, dann müssen Sie sie schaffen: durch Aufschütten oder indem Sie mit dem Spaten Unebenheiten abnehmen. Es genügt eine Fläche von 1x1 m.

Auf diesen ebenen Boden legen Sie nun zunächst die neun *Gartenwegplatten*. Sie bilden das Fundament und sollten deshalb auch so fest liegen, daß sie nicht wackeln. Wenn Sie einen ganz stabilen gemauerten Grill für mehrere Jahre haben wollen, dann empfiehlt es sich vielleicht sogar, beim Verlegen der Gartenwegplatten so vorzugehen, wie das bei Fußwegen in der Stadt gemacht wird: Über eine Kiesschicht kommt eine zweite, dünnere, die aus 15 Teilen Kies und 1 Teil Zement besteht. Diese magere Kies-Zement-Mischung wird zunächst trocken solange hin und her geschaufelt, bis beide Teile sich gut vermischt haben. Dann nur soviel Wasser dazugeben, daß eine immer noch

relativ trockene, krümelige Masse entsteht. Sie wird jetzt in der Größe, die nur wenig über das Quadrat der anzubringenden neun Platten hinausreicht, auf dem ebenen Boden verteilt und gut glattgeharkt. Dann die Platten darauflegen und mit einem nicht zu kleinen Klotz aus Holz mit leichten Schlägen festklopfen. Dabei können Sie geringe Höhenunterschiede der Platten noch ausgleichen. Bei größeren Höhenunterschieden müssen Sie die Platten noch einmal abnehmen und die Zement-Kies-Mischung in die passende Höhe streichen. Die Platten haften übrigens auf ihrem Untergrund noch besser, wenn Sie vorher in Wasser gelegt worden sind und sich vollgesogen haben.

Diese fast schon für die Ewigkeit reichende Fundamentierung brauchen Sie aber nicht, wenn der Grill nicht jahrelang stehen bleiben soll, sondern z.B. im Winter immer wieder abgebaut wird.

Bau des eigentlichen Grills

Wie Sie auf *Abbildung 3a* sehen, besteht unser Grill im wesentlichen aus zwei Ziegelsteinelementen, die später die Glutkästen aufnehmen werden. Diese beiden Seitenteile werden im Abstand von 25 cm voneinander aufgeschichtet. Die erste Schicht über dem Fundament aus Gartenwegplatten besteht jeweils aus zwei längs- und zwei querliegenden Steinen *(Abbildung 4)*. Auf die beiden

längsliegenden Steine werden nun drei weitere Schichten so aufgelegt, wie Sie es auf *Abbildung 3b* sehen. Die auf diese Weise entstehenden beiden Vertiefungen links bzw. rechts von beiden Steinelementen bilden auf der Innenseite später die Glutkästen. Der Abstand von 25 cm zwischen den beiden Seitenelementen des Grills muß recht genau eingehalten werden. In ihn passen nämlich ein längsgelegter bzw. zwei quergelegte Ziegelsteine mit soviel „Luft" hinein, daß zwischen den Seitenelementen und diesen (den Grillraum abschließenden) Füllsteinen Fugen bleiben, in die später das *Wellgitter* hineingeschoben werden kann. Diese Wellgitter links und rechts schließen nämlich die Glutkästen zum Innenraum des Grills hin ab. Hinter diesen Gittern befindet sich später die glühende Kohle, die ja nicht in die Mitte des Grillofens fallen darf. Die *Abbildung 7* verdeutlicht noch einmal den Aufbau.

An beiden Öffnungen des Grills wird also jeweils ein Stein quergelegt und darauf zwei Steine so hochkant gestellt, wie Sie es auf *Abbildung 5* sehen. Sollten sich jetzt die Wellgitter nicht in die Fugen schieben lassen, dann müssen Sie eines der beiden Seitenelemente vorsichtig ein Stück nach außen ziehen. Wenn die Wellgitter zu locker hängen, wird ein Seitenteil entsprechend nach innen geschoben.

Schon hieran sehen Sie, daß es sich empfiehlt, den Grill nicht sofort mit Mörtel aufzumauern. Am besten tun Sie das erst nach einem Probeaufbau: Tragen Sie die Steine wieder ab, bis auf die letzte Schicht, und markieren

Abb. 2: Der Grill mit lose aufeinandergeschichteten Ziegelsteinen auf einem Fundament von Gartenwegplatten.

a)

Wellgitter

5 — 25 — 5

Glutkästen

b)

Abb. 3: a) Schematische Darstellung des Grills in Draufsicht; Maßangaben in cm.
b) Schnitt durch den Grill, bei dem gut zu sehen ist, daß in der Mitte eine Vertiefung entsteht, in die man eine Wanne für tropfendes Fett stellen kann.

Sie deren Umrisse mit Kreide auf den Gartenplatten, damit Sie später beim Mauern genau wissen, wie die Steine anzuordnen sind.

Auf der *Abbildung 3a* sehen Sie den Grill von oben schematisch dargestellt. Dort ist zu erkennen, daß er symmetrisch ist, und daß man die Tiefe der Glutkästen sogar verändern kann: Wer über längere Zeit möglichst viel Hitze erzeugen möchte, kann die mittleren Steine der beiden Seitenelemente ein Stück nach außen schie-

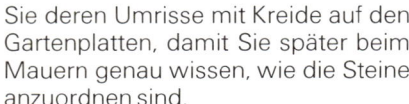

Abb. 4: So wird der Grill aufgeschichtet.

ben. Wenn die mittleren Steine genau in der Mitte der Seitenteile liegen, haben die Glutkästen eine Tiefe von etwa 5 cm. Wenn die Steine ganz nach außen geschoben sind, erweitern sich die Kästen auf 10 cm Tiefe, was allerdings bedeutet, daß man eine ganze Menge Holzkohle braucht. Für die normale Grillparty reicht durchaus eine Tiefe von 5 cm.

An unserer Schemazeichnung können Sie auch sehen, daß die beiden hochstehenden Abschlußsteine vorn und hinten in der Mitte eine kleine Fuge freilassen. Sie ergibt sich aus den Maßen eines Ziegels, der 24 cm lang ist und 11,5 cm breit. 2x11,5 cm ergeben aber nur 23 cm; es bleibt also ein Spalt von 1 cm. Das ist durchaus vorteilhaft. In ihn kann man nämlich zusätzlich noch einen richtigen Drehspieß einbauen, an dem sich Hähnchen, Schaschlik und andere herrliche Sachen grillen lassen. Wie man einen solchen Drehspieß einbaut, können Sie ab *Seite 46* nachlesen.

Auf *Abbildung 3b* können Sie schließlich sehen, daß der Boden an der Stelle, wo später einmal die Grilltaschen mit dem Fleisch eingehängt werden, tiefer liegt als der Boden der beiden Glutkästen: Wäre das nicht der Fall, so könnte das herabtropfende Fett nach den Seiten in die Glut laufen, und unsere ganze Konstruktion hätte keinen Sinn. Es würde wieder zur üblichen Stinkerei und Qualmerei kommen, weil das Fett schließlich doch noch in die Glut gelangte. Bei unserer Konstruktion können Sie in die Vertiefung unter dem eigentlichen Grillraum eine Schale stellen, in die Fett und Saft hineintropfen. Wenn Sie Lust haben, können Sie daraus später eine Grillsauce bereiten. Als Auffangschale eignet sich eine möglichst große Aluschale, wie man sie z.B. zum Einfrieren von Fertiggerichten verwendet, oder auch eine Kastenform zum Kuchenbacken. Wenn Sie das Fett nicht verwenden wollen, sondern nur vermeiden möchten, daß der Grill allmählich verschmutzt, dann genügt es auch, wenn Sie diesen Raum mit Alufolie auslegen, die allerdings ein Stück an der Steinwand hinaufreichen muß, ohne Ritzen zu bilden. Wenn der Grill völlig ausgekühlt ist, wird das Fett fest, und Sie können diese Alufolie leicht aus dem Grill herausnehmen und wegwerfen.

Wenn Sie auf der Einweihungsparty ausprobiert haben, daß der Grill die richtige Größe und Lage hat, dann können Sie ihn mit Mörtel fest aufbauen. Aber – wie gesagt – vor dem endgültigen Abtragen mit Kreide markieren, wohin die Steine kommen.

Abb. 5: Noch einmal der Wellgitter-Einsatz für den Glutkasten im Detail.

Der Fertigmörtel macht es heute einfach, ein paar Steine aufeinanderzumauern. Haben Sie keine Angst: eine Maurerlehre brauchen Sie deshalb nicht zu machen. Schließlich bauen Sie hier keinen Schornstein oder gar ein Haus, bei dem enorme Lasten abzufangen sind, sondern lediglich einen „vier Steine hohen" Grill. Auch die Baupolizei müssen Sie nicht bemühen. Nur ein paar Tips sollten Sie beachten, damit das Werk auch wirklich gelingt.

Bevor die Steine aufeinandergemauert werden, sollten Sie sie kurz in einen Eimer mit Wasser legen, damit sie sich vollsaugen können. Der Mörtel haftet dann besser. Es erleichtert die Arbeit auch, wenn Sie für das Mauern eine Kelle kaufen, die Sie ja auch für andere Zwecke, z.B. im Garten, benutzen können. Der Fertigmörtel wird nach Gebrauchsanweisung auf der Packung angerührt.

Beim Aufmauern der Steine wird etwa eine 5 mm dicke Mörtelschicht zunächst auf die Gartenwegplatten – dort, wo die Steine hinkommen – und später auf die Ziegelsteine aufgebracht. Setzen Sie die Steine auf und klopfen Sie sie mit der Kelle leicht an. Wenn an den Seiten Mörtel herausquillt, schadet das nichts: Sie können ihn mit der Kelle abstreifen.

Die Steine sitzen „satter" aufeinander, wenn Sie beim Aufsetzen ganz leichte drehende Bewegungen machen. Aber dabei bitte aufpassen, daß später die Kanten genau übereinander sitzen. Treten Sie dazu hin und wieder einmal von Ihrem Werk ein paar Schritte zurück: Man sieht dann am besten, ob alles gerade steht.

Wenn Sie ein Seitenteil hochgemauert haben, dann streichen Sie mit der Kelle die Fugen noch einmal nach, so daß sie nach innen abgeschrägt sind. Außerdem hat der an den Ziegelsteinen heruntergelaufene Mörtel sicher Spuren hinterlassen. Die sollten Sie mit einer Deckenbürste oder auch einem groben, großen Pinsel abwaschen, solange der Mörtel noch nicht angezogen hat. Später sind die Mörtelreste kaum noch zu entfernen. Im Glutkasten entstehen später Temperaturen von 600 bis 800°C. Damit es nicht zu Rissen in den Steinen kommt, sollten Sie mit dem ersten Anheizen warten, bis Ihr Bauwerk durchgetrocknet ist. Das geht bei Sommerwetter relativ schnell. Wenn sich später doch Risse im Mörtel bilden und die Steine nicht aufeinander haften sollten, dann müssen Sie die lockeren Teile noch einmal abnehmen, den Mörtel abklopfen und die Steine wie oben beschrieben neu vermauern.

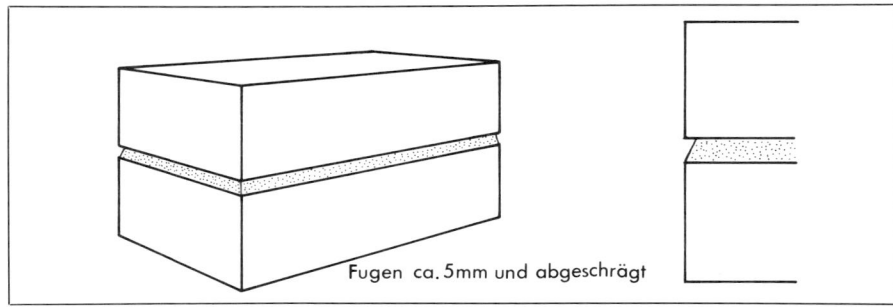

Fugen ca. 5mm und abgeschrägt

Abb. 6: Das fachmännische Vermauern. Auf der Zeichnung sehen Sie, wie die Fugen abzuschrägen sind.

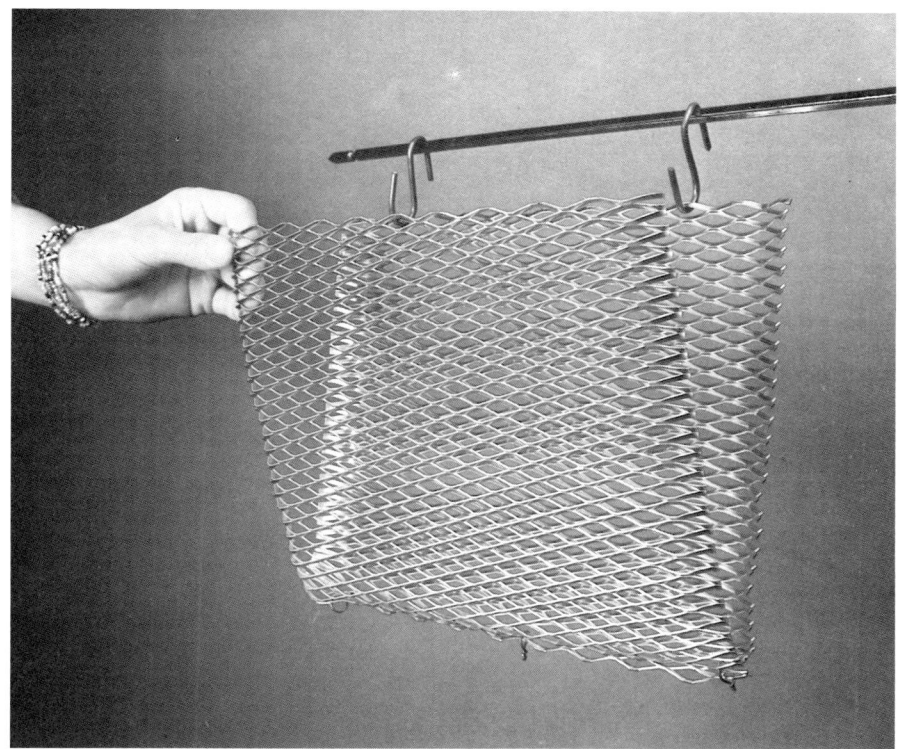

Abb. 7: Eine selbstgefertigte Grilltasche aus Metallgitter.

Das Grillzubehör

Die Grilltaschen

Grilltaschen kann man fertig kaufen, aber ebensogut auch selbst basteln. Als Freunde der *Hobbythek* werden Sie sich sicher für das Selbermachen entscheiden.

Sie brauchen für eine Grilltasche folgendes Material:

> 2 Drahtgeflechte 25×20 cm (geeignet ist Heizkörperverkleidung aus Aluminium; sogenanntes Streckmetall oder auch Welldraht aus nichtrostendem Stahl mit einer Maschenweite von 1 bis 2 cm)
>
> 1 m Eisenstab, 3 mm ⌀ (kann einfacher Baustahl sein).

Das Drahtgitter für die Grilltaschen muß aus nichtrostendem Material bestehen. Störend sind auch alle Überzüge aus Lack, Plastik usw. Wenn Sie nicht ganz sicher sind, daß dieses Gitter frei ist von Lack oder anderen Überzügen, die später in der Hitze zu stinken beginnen, dann sollten Sie die Taschen erst einmal ohne Inhalt im heißen Grill erhitzen, damit die Beschichtung abbrennt.

Die Herstellung der Taschen ist ganz einfach. Biegen Sie die beiden Metallgeflechte zunächst etwas bauchig. Verbinden Sie dann die beiden Teile an den 25 cm langen Seiten mit Blumendraht so miteinander, daß eine gelenkige Verbindung entsteht.

Für das Aufhängen der Grilltasche brauchen Sie zwei Haken, die aus dem 3 mm starken Eisenstab mit einer Kombizange gebogen werden. Diese Haken sollen so groß sein, daß die geschlossene Tasche mit dem Inhalt später nicht unbeabsichtigt aufspringen kann. Wie das Ganze aussehen muß, können Sie sich in *Abbildung 7* anschauen.

Die Grilltasche wird später am Eisenstab in den Grill gehängt. Weil die Abschlußsteine am Grill in der Mitte eine Fuge bilden, kann der Haltestab für die Grilltasche leicht nach unten rutschen. Das läßt sich durch eine einfache Vorrichtung vermeiden, die wir beim drehbaren Grillspieß beschreiben. Wenn Sie einen solchen Spieß nicht bauen und verwenden wollen, dann sollten Sie diese Fuge mit Mörtel verstreichen und dabei oben eine kleine Rille lassen, in die der Haltedraht eingelegt wird.

Ein Schaschlikspießhalter für unseren Grill

Unser Grill ist so vielseitig verwendbar, daß Sie darin nicht nur Fleischstücke oder Würstchen und – wie wir später noch sehen werden – sogar Hähnchen grillen können; er eignet sich auch für *Fleischspieße*. Dazu brauchen wir lediglich zwei Spießhalter mit Spießen, von denen wir Ihnen ein Modell auf *Abbildung 8* vorführen. Diese Spießhalter können Sie mit einer Kombizange leicht selbst zu-

rechtbiegen. Sie müssen bei diesen Konstruktionen allerdings einen möglichst steifen Draht verwenden.

Ein Drehspieß mit oder ohne Motor

Ohne irgend etwas umzubauen, können Sie in unseren Grill auch einen Drehspieß einbauen. Weil alle verwendeten Ziegel dieselben Abmessungen haben (Normziegel), bleibt – wie in *Abbildung 3* zu sehen ist – zwischen den senkrecht stehenden

Ziegeln ein Spalt von einem Zentimeter Breite frei; vgl. dazu *Seite 43*.
Dieser Schlitz ist also groß genug, um entweder die Haltestange für die Grilltasche aufzunehmen (siehe *Abbildung 9*) oder auch die Achse für einen Drehspieß *(Abbildung 10)*.
Nun würde der Drehspieß allerdings durch den Schlitz bis nach unten durchrutschen, wenn das nicht durch eine sinnreiche Einrichtung verhindert würde. Auf *Abbildung 9* ist gezeigt, wie durch zwei U-förmig gebogene

Abb. 8: Ein Fleischspieß-Halter, den man sich aus Draht selbst biegen kann; rechts mit eingesetzten Spießen.

46

Abb. 9: Eine einfache und doch sehr stabile Auflage für die Grilltaschenhalterung oder einen Drehspieß.

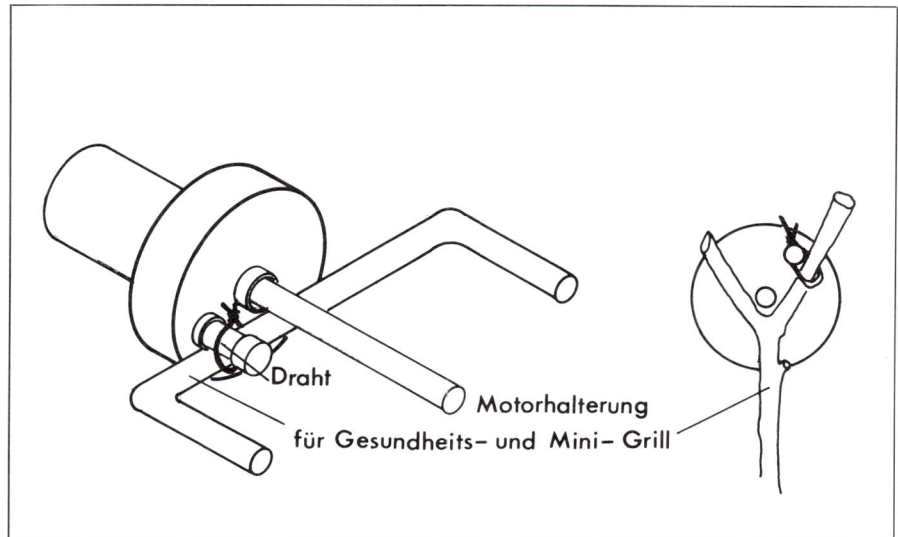

Draht

Motorhalterung
für Gesundheits- und Mini- Grill

Abb. 10: Bei einem Drehspieß mit Motor müssen Sie die Motorhalterung so am Auflagedraht befestigen, daß sich der Spieß dreht und nicht der Motor.

Drahtenden, die genau über die Schmalseite der beiden Steine passen müssen, eine haltbare Auflage für den Spieß entsteht. Nehmen Sie für diese Auflage Draht, der ein bißchen stabil ist; es genügt ein Durchmesser von rund 3 mm.

Die einfachste Art eines Drehspießes, den man sich auch selbst zurechtbiegen kann, ist ein Stab mit einer Handkurbel. Wir möchten Ihnen aber doch empfehlen, sich etwas mehr Komfort zu gönnen. Da ist einmal das Problem, daß z.B. ein Hähnchen auf einem glatten Stab immer mit der schweren Seite nach unten hängen und sich der Stab nutzlos im Fleisch drehen wird. Dafür gibt es feststellbare Klammern, die man mit dem Hähnchen (oder auch dem Rollbraten) zusammen auf den Spieß steckt und festschraubt. Es gibt auch fertige Spieße mit solchen Klammern. Ist der Spieß vierkantig, so sollte er dennoch an den Stellen, wo er zwischen den Steinen steckt, rund sein – sonst gibt es Schwierigkeiten mit dem Drehen.

Ein „handbetriebener" Drehspieß erfordert sehr viel Geduld. Sie können ihn nämlich zwischendurch nicht einfach loslassen, weil sonst das Fleisch immer mit der gleichen (der schwereren) Seite nach unten hängt und bald anbrennt. Hier hilft ein *motorgetriebener* Spieß weiter, den man mit etwas Glück schon für relativ wenig Geld bekommen kann. Es gibt Spieße, die mit einem einfachen Uhrwerk angetrieben werden, und Spieße mit einem Elektromotor, auch mit Batteriebetrieb.

Ganz gleich, welche Antriebsart Sie für Ihren motorgetriebenen Drehspieß wählen – *eine* Besonderheit ist zu beachten. Der Motor, der meist in Griffform an einem Ende des Spießes sitzt, würde sich lediglich um sich selbst drehen, wenn er nicht arretiert würde. Dafür haben diese Motoren an der Vorderseite des Gehäuses (zum Spieß hin) einen Metallstift. Mit ihm kann sich der Motor am Grillgehäuse „abstützen", so daß sich nur der *Spieß* dreht. Auf *Abbildung 10* ist dargestellt, wie man den Motor auf sehr einfache Weise arretieren kann. Sie brauchen dazu nur den Stift mit einem Stück Blumendraht oder ähnlichem an dem U-förmig gebogenen Auflagehalter festzubinden. Da der Grill heiß wird, empfiehlt es sich, tatsächlich einen Draht zu nehmen und nicht Bindfaden. Sie brauchen diese Befestigung nicht jedesmal neu vorzunehmen. Wenn Sie den Spieß vom Grill nehmen, ziehen Sie die auf der Motorseite befindliche U-förmige Halterung einfach mit heraus; ohne den Spieß wird sie ja nicht gebraucht. Manche *Lochziegel* haben so günstig liegende Löcher, daß man die Motorhalterung einfach in eines der Löcher stecken kann. Das ist natürlich die eleganteste Lösung.

Unser Grill ist vielfältig wandelbar

Mit dem Einhängen von Grilltaschen oder dem Einbau eines Drehspießes sind die Möglichkeiten unseres Grills aber noch längst nicht erschöpft. Sie können auf unsere Steinkonstruktion auch auf ganz herkömmliche Weise ein stabiles *Drahtgeflecht* auflegen. Die aus den seitlichen Glutkästen aufsteigende Hitze reicht aus, auch

Abb. 11: Auch bei dieser Umwandlung in einen Grill mit Rost tropft das Fett nicht in die Glut. Wenn Sie über der Glut eine Eisenplatte befestigen, dann haben Sie zugleich eine richtige Herdplatte.

flach auf den Grill gelegte Dinge zu grillen.

Auch bei einem waagerecht aufliegenden Drahtgeflecht bewahrt unser Grill alle Vorteile dieser Konstruktion: daß nämlich herabtropfender Saft oder flüssiges Fett nicht in die Glut läuft, dort verdampft und möglicherweise das gesundheitsschädliche Benzpyren bildet. Dafür ist freilich Voraussetzung, daß Sie direkt über den Glutkästen nichts auf das Drahtgeflecht legen. Aber auch diesen Platz können wir noch ausnutzen.

Holen Sie sich im Baustoffhandel für das Drahtgeflecht einen geeigneten Abschnitt, der für einen Grill unserer Größe etwa 50 cm × 50 cm groß sein soll. Dieses Drahtgeflecht soll so steif sein, daß es bei dieser Abmessung nicht durchhängt, wenn es nur an den Rändern aufliegt.

Auf diesem Gitter kann man – während in den Taschen das Fleisch gart – Beilagen oder einen Nachtisch zubereiten. Die einzige Unbequemlichkeit besteht darin, daß Sie die Grilltaschen nur herausnehmen können, wenn Sie das Drahtgitter zur Seite schieben. Es empfiehlt sich, dafür das Gitter mit zwei Griffen oder Haken zu versehen, die Sie mit einem Topflappen anfassen können.

Wenn Sie es ganz raffiniert machen wollen, können Sie auf dem Drahtgitter direkt über den Glutkästen zwei Eisenplatten befestigen. Die kann man entweder anschweißen (lassen) oder auch mit Metallschrauben und Unterlegscheiben befestigen. Auf diesen Metallplatten, die direkt über den Glutkästen ja ziemlich heiß werden, können Sie Spiegeleier und andere Dinge braten, die sich fürs Grillen weniger eignen. Man kann darauf aber auch kleine Pfannen oder Tiegel stellen, die dort wie auf einer Herdplatte erhitzt werden.

Hier noch eine weitere Nutzungsart des Grills:

Besonders gut schmecken manche Gerichte, wenn sie in Alufolie zubereitet werden. Dazu zählen z.B. einfache Ofenkartoffeln (große ungeschälte Kartoffeln, die man später nur aufbricht und mit einer Gabel aus der Schale ißt), Tomaten, zusammen mit Gewürzen, Fischen (Makrelen, Heringe, Forellen usw., die man vorher ebenfalls würzen kann). Man wickelt sie so in Alufolie, daß nichts vom Saft herausquellen kann. Nun kann man diese Paketchen entweder oben auf das Drahtgeflecht legen oder auch unten in die Vertiefung des Grills, wo es weniger heiß ist als oben auf dem Rost.

Sie haben also zahllose Möglichkeiten, diesen Grill zu nutzen!

Inbetriebnahme des Grills

Den Grill in Gang zu setzen, ist ganz einfach. Sie haben allerdings die Wahl zwischen zwei Versionen, wovon die eine mehr etwas für bequeme Leute ist. Sie erleichtern sich nämlich das Säubern des Grills, wenn Sie vor dem Einfüllen der Holzkohle den Grill mit normaler Alufolie (sie liegt in der Regel 30 cm breit) auskleiden. Sie muß die Seitenwände der Glutkästen völlig bedecken. Legen Sie die Folie so, wie wir es in *Abbildung 12* zeigen: lassen Sie sie außen am Grill noch etwa 10 cm herunterhängen. So rutscht sie beim Einfüllen der Holzkohle mit dieser zusammen in die Glutkästen hinein.

Schieben Sie dann die beiden Wellgitter, die die Glut halten sollen, vorsich-tig in die Schlitze zwischen den Steinen. Aufpassen, daß dabei die Folie nicht zerreißt!

Auch das Anzünden ist ganz einfach. Nehmen Sie für jeden der beiden Glutkästen zwei Grillanzünder, die Sie in der Hand anzünden und dann in die Kästen fallen lassen. Wenn die Anzünder gut brennen, wird Holzkohle bis fast an den oberen Rand in die Glutkästen gefüllt. Diese Menge reicht für das Grillen einer ganzen Mahlzeit aus. Man kann auch, ohne in der Glut stochern zu müssen, jederzeit Holzkohle von oben nachlegen.

Nach etwa 15 Minuten ist die Grillkohle durchgebrannt, und der Grill hat seine volle Heizleistung. Sie können nun die gefüllten Grilltaschen oder den Spieß, oder was immer Sie möchten, in den Grill hineinhängen. Grillen geht ja recht schnell. Koteletts z.B. sind nach 5 bis 10 Minuten gar. Bei Fischen geht es oft noch schneller als bei Koteletts. Für Kartoffeln in Alufolie braucht man allerdings etwa

30 Minuten. Aber das probieren Sie sicher alles selbst aus!

Wenn Sie einen größeren Grill brauchen

Der nutzbare Innenraum unseres Grills ist nicht allzu groß: zwischen den beiden Glutkästen mißt er nur 25 cm und in der Länge etwa 30 cm.

Wenn Sie nicht gleich ein Spanferkel darin rösten wollen, dann empfehlen wir Ihnen, den Grill lediglich in seiner Längsrichtung zu vergrößern. Das geht ganz einfach, wenn Sie als Rückwand für die Glutkästen nicht einmal pro Seite drei Steine übereinanderschichten, sondern zwei Steinreihen nehmen. Dadurch wird der Grillraum doppelt so lang (50 cm). Diese größere Länge setzt aber voraus, daß die Wellgitter vor der Glut entsprechend steif sind, um in der ganzen Länge die Glut halten zu können. Die Wellgitter dürfen sich auf keinen Fall nach innen durchbiegen.

Auch der Eisenstab, an dem Sie dann *zwei* Grilltaschen aufhängen können, muß entsprechend stärker sein, damit er das größere Gewicht tragen kann. Im übrigen bleibt alles so, wie wir es beschrieben haben.

Wenn Sie den Grill schließlich noch so vergrößern wollen, daß die Glutkästen weiter voneinander entfernt sind, dann müssen Sie die Größenverhältnisse überhaupt ändern. Der Grill braucht dann eine größere Höhe, und die Glutkästen müssen tiefer sein. Die größere Tiefe der Glutkästen (gut 10 cm) wird dadurch erreicht, daß die Steine, die die Rückwand dieser Kästen bilden, ganz nach außen geschoben sind.

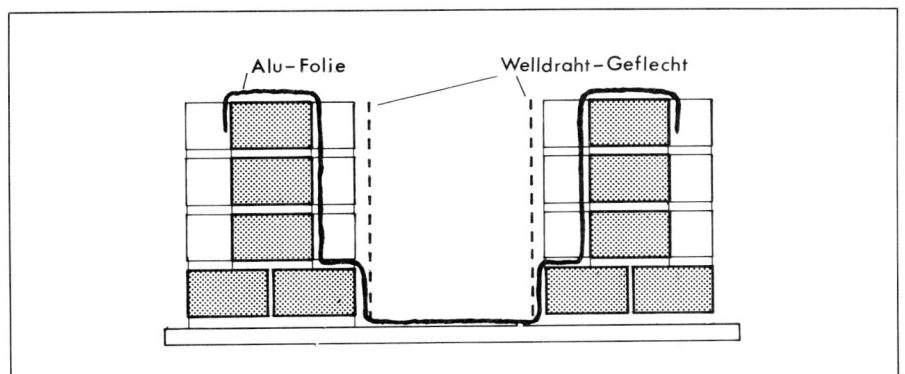

Abb. 12: Legen Sie in den Grill auf diese Weise einen Streifen Alufolie, und Sie haben mit dem Säubern keine Schwierigkeiten.

Ein transportabler Mini-Grill für zu Hause und unterwegs

Ebenso wie wir uns für die Räuchertonne eine Version ausgedacht hatten, die man bequem mit auf Reisen nehmen kann, möchten wir Ihnen hier mehrere Versionen eines transportablen Mini-Grills vorführen, den man selbstverständlich auch zu Hause benutzen kann. Natürlich läßt sich damit kein Ochse braten; aber für Würstchen, Koteletts oder Schnitzel reicht er durchaus.

So schön es ist, unterwegs auch einmal ohne alle Technik ein Stück Fleisch oder auch einen Fisch am selbstgeschnittenen Stecken über der Glut eines offenen Feuers zu rösten, so problematisch ist offenes Feuer in der Natur – vor allem im Sommer. Außerdem haben Sie z.B. bei einem Stück Fleisch, das Sie an einem Stock über offenen Feuer grillen, wieder den Nachteil, daß Fett und Saft in die Glut tropfen und dort möglicherweise unheilvolle Substanzen produzieren.

Unser Mini-Grill ist nach dem gleichen Prinzip aufgebaut wie der vorhin beschriebene Grill aus Ziegelsteinen. Auch hier befindet sich die Glut an beiden Seiten, und das Grill-Gut hängt in Taschen dazwischen.

Wir haben für die Glutkästen nach verschiedenen Materialien gesucht, die billig, leicht zu bekommen und ohne Schwierigkeiten mit auf Reisen zu nehmen sind. Die einfachste Lösung bieten *Aluminium-Mehrzweckformen*, die man z.B. zum Aufbewahren von Tiefkühlkost verwendet. Sie bestehen aus einer nicht sehr tiefen Schale und einem Deckel. Dieser Deckel paßt in einen Falz der

Abb. 13: Für unterwegs eine einfache Form unseres Gesundheitsgrills mit Glutkästen aus Aluminiumbehältern.

Schale, den man zum Schließen des Deckels vorsichtig umbiegt. Diese Schalen sind nicht besonders robust; man kann sie nicht oft verwenden. Dafür sind sie aber billig. Wenn Sie auf Reisen also diesen Grill aufbauen wollen, sollten Sie einen Satz aus mehreren Schalen mitnehmen. Da sie sehr leicht sind, ist das kein Problem.

Etwas Dauerhaftes sind einfache *Kastenformen*, wie man sie zum Kuchenbacken verwendet. Sie sind allerdings nicht sehr breit, so daß man – um einen einigermaßen hohen Grillraum zu erzielen – je zwei Formen hochkant nebeneinander stellen sollte. Die Alu-Mehrzweckformen und Kuchenformen bekommen Sie in Kaufhäusern, Supermärkten oder Haushaltswarenfachgeschäften.

Wenn Sie Aluformen verwenden wollen, schlagen wir als Größe 18 × 25 cm vor. Bei den Kuchenformen nehmen Sie möglichst solche, die eine weite Öffnung haben.

Zum Abschließen der Aluformen mit Drahtgeflecht (das verhindert, daß die

glühende Kohle aus den Formen herausfällt) können Sie wieder Welldraht oder Heizkörperverkleidung aus Aluminium nehmen. Bei den Aluminium-Mehrzweckformen müssen Sie diese Drahtgitter so zurechtschneiden, daß sie in den Falz der Formen hineinpassen. Die Größe läßt sich am einfachsten übertragen, wenn Sie den mitgelieferten Deckel dieser Formen als Schablone auf das Drahtgeflecht legen und dann mit einem Seitenschneider die nötige Größe heraussschneiden (siehe unten). Da die Flächen relativ klein sind, brauchen

Abb. 14: Auch aus Kastenformen (zum Kuchenbacken) kann man Glutbehälter bauen.

Sie kein allzu dickes Drahtgeflecht (es biegt sich ja nicht so leicht durch).

Als Drahtabdeckung der Kuchenformen empfehlen wir eine Konstruktion, die auf *Abbildung 14* zu sehen ist. Schneiden Sie das Drahtgeflecht so aus, daß es in der Längsrichtung der Formen mit dem Rand etwa abschließt, in der Querrichtung aber jeweils 2 bis 3 cm übersteht. Biegen Sie diese überstehenden Stücke des Drahtgeflechtes so, daß sich der verstärkte Rand der Kuchenform zwischen diese beiden umgebogenen Seiten schieben läßt. Da die Kuchenformen ebenso wie die Aluformen abgeschrägt sind, kann das Drahtgitter um etwas mehr als 90 Grad geknickt werden. Die Form rastet dann gewissermaßen im Gitter ein. Beim Biegen des Drahtgeflechtes müssen Sie etwas sorgfältig vorgehen. Am einfachsten geht es, wenn Sie mit einer Kombizange – an einer Seite beginnend – das Drahtgeflecht nach und nach umbiegen. Also nicht gleich um 90° knicken, sondern zunächst einmal nur um 20° die ganze Reihe entlang, dann wieder um 20°, usw., bis Sie die endgültige Form erreicht haben. Das geht in der Praxis einfacher als es hier zu beschreiben ist. Sie erhalten auf diese Weise sehr dauerhafte Glutkästen.

Aufbau des Mini-Grills

Beim Aufbau ist zu berücksichtigen, daß sowohl die Kuchenformen wie die Aluformen abgeschrägt sind, also keine waagerechte Standfläche haben. Diesen Nachteil kann man aber leicht mit Steinen ausgleichen. Es gibt da mehrere Möglichkeiten. Auf *Abbildung 13* haben wir das Problem dadurch gelöst, daß die Aluformen gegen senkrecht stehende Feldsteine gelehnt werden. Dabei darauf achten, daß die Glutkästen nicht auf die offene Seite fallen können.

In *Abbildung 15* werden Ziegelsteine benutzt, die man auf Reisen allerdings nicht immer zur Hand hat.

In *Abbildung 16* schließlich ist eine Lösung gezeigt, die sogar an einem Sandstrand funktioniert, wo es ja mit Steinen unter Umständen hapern kann. Graben Sie dazu an einer Stelle, wo der Sand feucht ist, ein Loch, in das Sie die Glutkästen stellen können. Bei Glutkästen aus Backformen genügt es, wenn der Abstand zwischen den Gittern etwa 15 cm beträgt.

Als Auflage des Stabes für die Grilltaschen werden zu beiden Seiten des Grills entsprechend Steine aufgeschichtet. Eine andere, etwas stabilere Möglichkeit bieten Astgabeln, die man sich unterwegs eigentlich überall schneiden kann. An Astgabeln kann man übrigens auch einen Drehspieß mit Motor befestigen. Auch hier wieder nicht vergessen, den Arretierungsstift des Motorgehäuses an einer Seite der Astgabel festzubinden, damit sich der Motor nicht nutzlos nur um sich selbst dreht.

Das *non plus ultra* eines transportablen Gesundheitsgrills wird auf *Abbildung 17* gezeigt. Dieser Grill besteht aus einem zerlegbaren Blechkasten, in den die zwei Glutkästen hineingestellt werden und auf den die Halterung für die Grilltaschen aufgelegt wird.

Für diesen Blechbehälter müssen Sie sich bei einem Bauschlosser Blech besorgen. Erklären Sie ihm, wie das Ding aussehen soll und wie groß es ist; dann wird er Ihnen schon das richtige Blech aussuchen. Nach unseren Versuchen eignet sich besonders gut verzinktes Blech von etwa ½ mm Stärke, wie es unter anderem für Belüftungsanlagen verwendet wird. Die Maße dieses Kastens richten sich

Abb. 15: Eine etwas größere Ausführung eines transportablen Grills mit zweimal drei Glutkästen links und rechts.

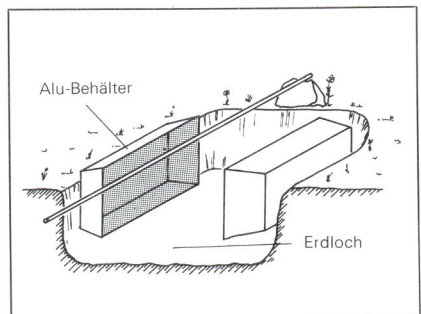

Abb. 16: Der besonders feuersichere *Hobbythek*-Grill, eingelassen in eine Erd- oder Sandgrube (auch am Strand zu verwenden).

Alu-Behälter

Erdloch

natürlich nach der Größe der Formen für die Glutkästen. Die hier angegebenen Maße gelten für den Fall, daß Sie Aluminium-Mehrzweckformen mit 18 x 25 cm vorsehen. Als Material für den Behälter brauchen Sie einen Blechstreifen von 25 cm Breite und 120 cm Länge. Lassen Sie sich ihn am besten gleich in der passenden Größe schneiden.

In den Endmaßen ist der Blechbehälter 25 cm hoch, und alle vier Seiten sind 30 cm breit. Einen Boden hat dieser Kasten nicht. Wenn Sie unten gern einen Abschluß haben wollen, dann läßt sich das am besten mit Alufolie bewerkstelligen, die Sie hinterher fortwerfen können. Auf den Boden tropft ja ziemlich viel herunter, und Sie müßten bei einem unten geschlossenen Kasten nur immer wieder saubermachen.

Biegen Sie also den 25 cm langen Streifen nach jeweils 30 cm um 90 Grad. Die an einer Ecke dann schließlich zusammenstoßenden beiden Kanten brauchen nicht fest miteinander verbunden zu werden.

Dieser Kasten wird leichter transportierbar, wenn Sie ihn in zwei Hälften bauen. Sie haben dann gewissermaßen zwei Winkelstücke, die Sie zu einem Kasten zusammenstellen, der dann also zwei nicht miteinander verbundene Kanten hat.

An zwei gegenüberliegenden Seiten feilen oder schneiden Sie nun oben in der Mitte zwei Kerben ein, in die sich der Stab für die Grilltasche einhängen läßt. Wenn Sie einen drehbaren Spieß verwenden wollen, dann muß diese Kerbe so tief sein, daß der Spieß nicht herausspringen kann. Für den Arretierungsstift eines Motors bohren Sie in den Kasten am besten ein Loch.

*

Zum Schluß noch ein paar Tips. Glühende Holzkohle entwickelt relativ hohe Temperaturen; das dürfen Sie nicht vergessen, ob Sie nun im eigenen Garten oder auch anderswo grillen wollen. Vor allem im Hochsommer ist der Umgang mit offenem Feuer – auch in einem Grill wie dem unseren – fast überall streng verboten. Achten Sie also bitte darauf. Sie

können sonst mit dem Förster oder einer anderen Amtsperson Schwierigkeiten bekommen, wenn Sie an verbotenen Stellen grillen.

Keine Probleme gibt es normalerweise am Strand, auf Campingplätzen und ähnlichen Arealen. Aber in jedem Falle bleibt zum Schluß meist glühende Kohle übrig. Überlassen Sie diese bitte nicht sich selbst, sondern löschen Sie alles gut, bevor Sie den Platz verlassen. Wenn Sie Aluschalen als Glutkästen nehmen, ist das ganz einfach: Die Schalen werden mit Wasser gefüllt. Und schließlich: Sicher ist es überflüssig, Ihnen zu sagen, daß Essensreste und mehr noch Plastikgegenstände und Flaschen eine Landschaft nicht schöner machen. Tun Sie alles in eine Plastiktüte, die man von den mitgebrachten Sachen ohnehin übrigbehalten hat.

Und was gibt es bei der Einweihung des Grills? Wenn Sie es noch nicht gelesen haben, dann schauen Sie doch mal im Wurst-Kapitel nach: auf Seite 24 wird eine leckere Bratwurst zubereitet.

Abb. 17: Unser komfortabler Grill aus Blech für unterwegs.

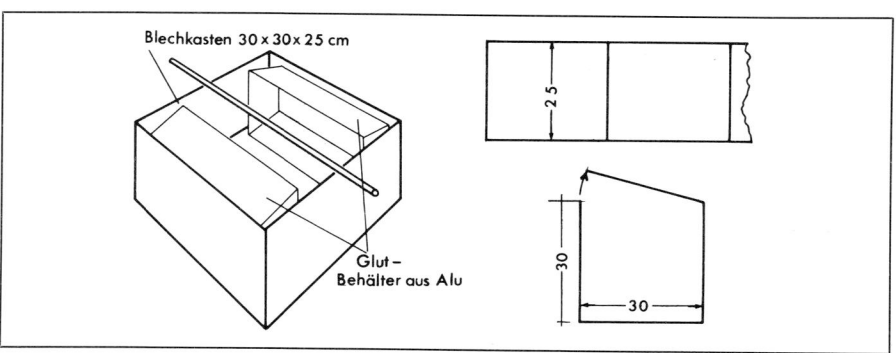

Abb. 18: So wird der Luxusgrill aus Blech gebaut.

Der Steinbackofen der Hobbythek

Vielleicht haben Sie schon gesehen, daß für Brot gern mit dem Hinweis geworben wird, es sei in einem Steinbackofen gebacken worden. Trotz großer Fortschritte der Technik und vieler Kniffe, die man heute beim Brotbacken verwendet, sind die Vorzüge eines Steinbackofens kaum zu übertreffen.

Aber nicht nur Brot gerät in einem solchen Steinbackofen *(Abbildung 2)* besonders gut. In Pizza-Bäckereien findet man hin und wieder noch die alten kuppelförmigen Gewölbe, in denen im Hintergrund ein Feuer brennt. In der Strahlungshitze dieses Feuers liegen auf dem Boden die Pizzableche. Eine Pizzeria mit einem solchen Ofen hat nicht nur eine besondere Atmosphäre, sondern meist besonders gute Pizzen. Die Italiener und ihre Nachahmer in aller Welt backen in diesen Öfen außer Pizza auch *maccheroni gratinati* und viele andere überbackene Speisen.

Das Besondere dieser Öfen liegt nicht nur darin, daß sie eine sehr gute Hitzeführung haben, sondern daß in

ihnen alles ein besonderes Aroma erhält; nämlich den typischen Holzkohlengeschmack, den Produkte aus einem Elektro-Ofen einfach nicht haben. Im Steinofen Gebackenes ist eine Spezialität, die durch nichts, was Sie im Laden kaufen können, zu übertreffen ist.

Das Prinzip des Steinbackofens ist recht einfach und uralt. Es besteht im wesentlichen darin, daß in einer Höhle aus feuerfestem Material die zum Backen nötige Hitze erzeugt wird, wobei die Wandungen der Höhle ein guter Wärmespeicher und – nach außen hin – zugleich ein guter Wärme-Isolator sind.

Die ältesten Steinbacköfen waren aus feuerfesten Lehmziegeln gebaut. Der Werkstoff Lehm erfüllt die eben genannten Forderungen an das Ofenmaterial bereits ideal. Er wird heute vor allem deshalb durch andere Werkstoffe ergänzt, weil Lehm nicht so haltbar wie zum Beispiel der Schamotte-Stein ist.

Auch die Kuppelform der Steinbacköfen hat sich im Laufe der Jahrtau-

Abb. 1: Ein Steinbackofen im Altertum; Ausschnitt aus dem Relief an einem Grabmal.

sende im Prinzip kaum geändert. Sie ist für die Wärme-Isolation günstig, und sie ergibt einen stabilen Bau.

Wenn wir sagen, das Prinzip des Steinbackofens sei sehr alt, dann meinen wir damit, daß es ihn bereits im Neolithikum gab – also im 2. Jahrtausend vor unserer Zeitrechnung. Damals begannen die Menschen mit dem Getreideanbau und der Brotbäckerei, die vielleicht genauer mit Getreidefladen-Bäckerei zu bezeichnen wäre.

Im antiken Römerreich gab es bereits regelrechte Brotfabriken. Rom war damals ja schon eine Millionenstadt mit entsprechend großem Bedarf. Noch heute kann man an der Via Appia in Rom ein Grabmal besichtigen, das einer der größten Brotfabrikanten der damaligen Zeit für sich errichten ließ. Er hieß *Eurysaces,* was auf seine griechische Herkunft deutet. Um dieses Grabmal führt ein Fries, auf

Abb. 2: Ein Schnappschuß aus dem *Hobbythek*-Studio mit dem ersten selbstgebackenen Brot.

dem die Brotfabrikation dargestellt wird. Auch Herr Eurysaces arbeitete mit Steinbacköfen.

Unser Steinbackofen vereinigt in sich verschiedene Konstruktionsprinzipien, die man sowohl aus den alten Steinbacköfen auf den Dorfplätzen kennt, dann aber auch aus den Pizzabacköfen in Italien. Bei unserem Modell hat vor allem eine Form Pate gestanden, die man in der Gegend von Neapel findet.

In den alten Dorfbacköfen kam die Hitze von einem Feuer in der Höhlung des Ofens, das das möglichst dicke Mauer- und Lehmwerk des Ofens aufheizte. Zum eigentlichen Backen wurde dann die Glut aus dem Ofen herausgenommen. Große Backöfen hielten die Hitze dann über viele Stunden, was ausreichte, um für ein ganzes Dorf frisches Brot zu backen.

In den Pizza-Backöfen dagegen – die keine Tür haben – wird häufig im Hintergrund ein Feuer belassen, das den Ofen nicht nur ständig auf einer bestimmten Temperatur hält, sondern zugleich auch beleuchtet. Das ist für den Pizzabäcker nicht ganz unwichtig, denn er will ja sehen, wann seine Pizza gut ist. Überdies hat der Ofen den Vorteil, ständig heiß zu bleiben, also nicht immer wieder stundenlang aufgeheizt werden zu müssen.

Auf unserer Schemazeichnung in *Abbildung 3* ist zu sehen, daß die Kuppel des Ofens, die im Querschnitt auf dem Boden kreisrund ist, höher ragt als der Zugangsschacht und der Kamin. Diese Form ist besonders günstig für eine gute Wärmeströmung. Durch den Schacht saugt das Feuer (im Hintergrund des Ofens) die

kühle Außenluft an, die – durch das Feuer erhitzt – in der Kuppel zirkuliert und schließlich durch den Kamin zusammen mit dem Rauch abzieht. Wenn der Ofen erst einmal aufgeheizt ist, was etwa 2 Stunden dauert, kann man die Glut herausnehmen und hat dann noch etwa 2 bis 3 Stunden genügend Hitze, um darin z. B. Brot zu backen. Das ist Zeit genug für beispielsweise zwei Brotbackphasen oder mindestens 6 bis 7 Pizzabackphasen. Da Sie bei der von uns vorgeschlagenen Größe des Ofens jeweils 3 bis 4 Brote oder ebensoviele Pizzen gleichzeitig darin unterbringen können, lassen sich damit schon ganze „Backfeste" für die Nachbarschaft veranstalten.

Bei Steinbacköfen kommt es darauf an, sie aus einem Material herzustel-

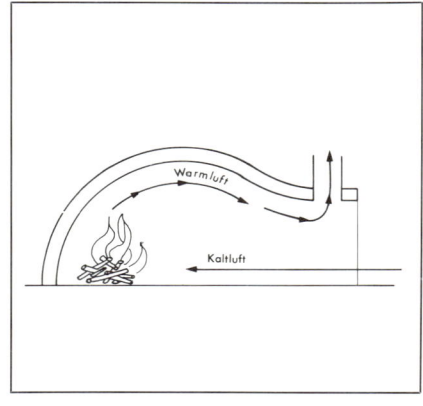

Abb. 3: Das ist das ebenso einfache wie wirkungsvolle Prinzip unseres Steinbackofens in Kuppelform. Durch die beim Anheizen offene Tür wird unten kalte Luft angesaugt und zum Feuer geleitet. Die Warmluft zieht durch die Kuppel und entweicht dann aus dem Kamin.

len, das nicht nur die Hitze gut aushält, sondern sie zugleich möglichst gut speichert. Wie man diesen Effekt durch entsprechendes Material erreichen kann, werden wir Ihnen bei der Beschreibung der Konstruktion im einzelnen erklären.

Zuvor aber noch ein Wort zum Bau des Ofens ganz allgemein.

Sie müssen dafür weder gelernter Maurer noch Ofensetzer sein. Sie brauchen auch keinen Bagger in Ihrem Garten auffahren zu lassen oder einen Kran zu bestellen. Unser Bauvorschlag ist so einfach, daß ihn jeder, der nicht gerade mit notorischer Ungeschicklichkeit geschlagen ist, in die Realität umsetzen kann. Auch die Materialien, die Sie brauchen, sind überall erhältlich. Sie sind auch – gemessen an der Zweckmäßigkeit, Unverwüstlichkeit und vielseitigen Verwendbarkeit des Ofens – vergleichsweise billig. Mit etwa 250 Mark kommen Sie aus. Dafür bekämen Sie gerade den allerbilligsten Elektroherd.

Ein bißchen Zeit müssen Sie sich für den Bau allerdings nehmen. Außerdem erleichtern Sie sich die Arbeit, wenn Sie sie zusammen mit Freunden, Nachbarn oder anderen netten Menschen machen. Sie können sich dabei nicht nur gegenseitig helfen; zu mehreren macht es auch mehr Spaß.

Was man an Material für einen Steinofen braucht

Die Anlage besteht aus einem Unterbau und dem eigentlichen Ofen. Hier zunächst die Materialien für den *Unterbau:*

8 bzw. 16 Hohlblock-Steine entweder Bims-Hohlblocksteine, 49×24,5×24 cm
oder Gasbeton-Steine, 49×24,5×24 cm
oder Schwerbeton-Hohlblock-Steine, 49×24,5×16 cm
(Wenn Sie den Unterbau etwas höher haben wollen, mauern Sie zwei Schichten aufeinander; dann brauchen Sie die doppelte Menge. Die Steine kosten zwischen DM 1,20 und DM 1,50 pro Stück).

1 Baustahlmatte aus 3 bis 5 mm starkem Draht: 5 cm Gitterweite, 90×90 cm

9 etwa 2 cm hohe Abstandhalter aus Plastik (für die Baustahlmatte)

3 Eimer (je 10 l) Portland-Zement

9 Eimer (je 10 l) Kies (Körnung 0–35)

4 Schalbretter, ca. 100×15 cm, 1,5 cm dick

Dies ist das Material für einen normalen Unterbau, bei dem der Ofen – je nach Zahl der Schichten – nur etwa 30 bzw. 60 cm über dem Erdboden steht. Wenn Ihnen das zu niedrig ist, und Sie im übrigen im Mauern etwas versiert sind, dann können Sie auch einen Unterbau hochziehen, wie er auf *Abbildung 4* zu sehen ist. Das ist eine schon sehr komfortable Konstruktion, die den Vorteil hat, daß unter dem Ofen Platz für Holz und die verschiedenen Werkzeuge bleibt, die man zum Bedienen des Ofens braucht. Für diesen Unterbau, der eine Fläche von 1 m × 1 m bedeckt, müßten Sie sich je nach Höhe, die Sie erreichen wollen, zum Aufmauern der drei geschlossenen Seiten eine entsprechende Anzahl von Ziegeln besorgen. Außerdem brauchen Sie für das Gießen der oberen Betonplatte, auf der schließlich recht schwere Ofen errichtet werden soll, entsprechendes Schalmaterial; d. h. Bretter, die die ganze Fläche füllen, und Stempel, die diese Bretter abstützen. Zum Gießen der Betonplatte sagen

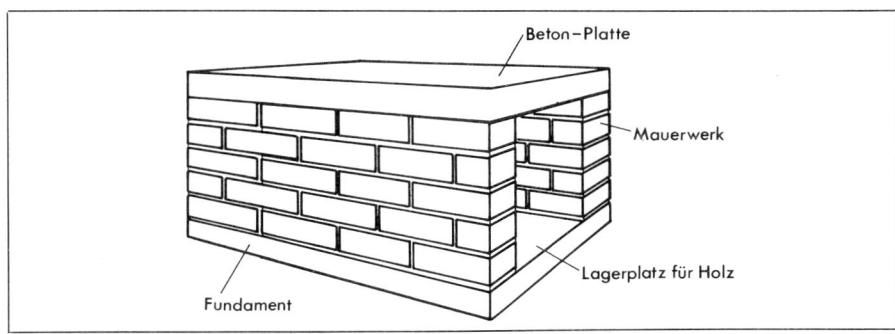

Abb. 4: So sieht das erhöhte, gemauerte Fundament aus.

wir mehr dort, wo es um den eigentlichen Bau des Ofens geht (Seite 57 f.).

Hier nun die Materialien, die Sie für den *Ofen* brauchen:

---

150 kg Feuerbeton-Stampfmasse (gibt es in 50-kg-Säcken, pro Sack zwischen 40 und 50 DM)

ca. 8 kg Schornstein-Dämm-Masse (½ Sack)

3½ Eimer (je 10 l) Zement Z 35

9–10 Eimer (je 10 l) Kies (Körnung 0–16)

30 kg möglichst dünne Natursteine (etwa 4×5 cm groß) zur äußeren Beschichtung des Ofens (Schiefer, Basalt oder ähnliches)

1 Ofenrohrfutter (11 oder 12 cm Durchmesser)

1 passendes Ofenrohr von 1 m Länge mit eingebauter Klappe

1 passende Abdeckhaube für das Ofenrohr

3,5×1 m sogenannten Kaninchen- oder Hühnerdraht (Maschendraht)

1 l Hart-Versiegelungs-Lack

1 Styroporplatte 50×100 cm, 5 cm dick

1 Styroporplatte 50×100 cm, 2 cm dick

2 Bauklammern oder Rohrstücke für die Ofentür

Diese Materialien bekommen Sie in fast allen Baustoffmärkten. Sollten Sie aber Schwierigkeiten mit der Beschaffung haben, dann wenden Sie sich an eine der Firmen, die wir im Anhang nennen.

Wir beginnen mit dem Unterbau des Ofens

Da der Ofen mehr als eine halbe Tonne wiegt, braucht er einen guten Unterbau; und dessen Stabilität hängt bereits davon ab, auf welchen Untergrund Sie ihn setzen. Wenn Sie in Ihrem Garten (oder wo der Ofen sonst aufgebaut werden soll) eine Stelle gefunden haben, die Ihnen von der Lage her richtig erscheint, dann müssen Sie zunächst eine Fläche von gut 1 m × 1 m völlig eben machen. Ist der Boden wellig, dann lieber die zu hohen Stellen vorsichtig abtragen als die Mulden aufzufüllen. Ein aufgefüllter Boden gibt später leicht nach, wenn Sie ihn nicht ganz feststampfen. Ist das Gelände geneigt, dann müssen Sie die ebene Fläche durch Ausheben von entsprechend viel Boden erzeugen. Das läßt sich selbst an einem steileren Hang machen. Hier kann der Einbau eines Steinbackofens sogar besonders reizvoll sein. Allerdings würden wir für den Bau an einem Hang einen Unterbau wie auf *Abbildung 4* empfehlen, durch den verhindert wird, daß Ihnen später die Böschungen – sollten sie einmal ins Rutschen kommen – den Ofen verschütten.

Haben Sie eine geeignete Stelle gefunden und eingeebnet, dann werden auf ihr die 8 *Hohlblocksteine* so aufgeschichtet, wie es auf *Abbildung 5* zu sehen ist. Dabei die Steine so legen, daß die offenen Höhlungen nach unten weisen.

Wenn Sie nur eine Schicht nehmen wollen, brauchen die Steine nicht besonders mit Mörtel verbunden zu werden. Wollen Sie jedoch zwei Schichten übereinanderlegen, damit der Ofen höher steht und später bequemer zu beschicken ist, dann müßten Sie die zweite Steinschicht mit der unteren durch Mörtel verbinden. Sogenannten Fertigmörtel gibt es inzwischen auf jedem Baumarkt. Beim Übereinanderlegen von zwei Schichten bitte die Steine der zweiten Schicht um 90 Grad verdreht gegenüber denen der unteren anordnen, damit nicht Fugen auf Fugen kommen.

Abb. 5: Ein Fundament aus zwei Schichten Hohlblocksteinen. Hier ist gut zu sehen, daß in der zweiten Schicht die Fugen quer zu denen der unteren verlaufen.

Abb. 6: Hier wird die Verschalung für die Betonplatte auf den Fundamentsteinen angebracht.

Wenn die Steine richtig liegen, können Sie sie mit einem Holzstempel leicht anklopfen, damit sie sich mit ihrer körnigen Oberfläche in die oberste weiche Schicht des Bodens eindrücken.

Damit der Oberbau stabiler wird, setzen wir auf die Hohlblocksteine eine *Betonplatte*. Auch ihre Konstruktion setzt keine besonders große Kunstfertigkeit voraus.

Nageln Sie um die Hohlblocksteine, wie auf *Abbildung 6* zu sehen ist, vier *Schalbretter*, die Sie sich vorher in der Länge genau zurechtschneiden müssen. Zwei gegenüberliegende Bretter schließen mit den Außenkanten der Hohlblockplatte bündig ab. Die beiden anderen einander gegenüberliegenden Bretter müssen über die ersten zwei Bretter hinausstehen. Nageln Sie die Schalbretter so an, daß sie 8 cm über die Schicht der Hohlblocksteine hinausragen. So dick wird die Betonplatte. Man kann Nägel in Hohlblocksteine ohne Schwierigkeiten hineinschlagen. Benutzen Sie dafür entsprechende Stahlnägel. Nicht vergessen, in die oberen vier Ecken der Bretter ebenfalls einen Nagel einzuschlagen, damit sich dort kein Spalt öffnet und die Betonkanten konisch nach außen stehen.

Da die Betonplatte ziemlich viel Gewicht aufnehmen und möglichst auf die ganze Fläche verteilen soll, müssen wir sie versteifen, indem wir eine Baustahlmatte mit eingießen. Sie erhalten dann einen ganz professionellen Betonboden für Ihren Ofen. Die Baustahlmatte würde den Beton nicht besonders versteifen, wenn man sie jetzt einfach auf die Hohlblocksteine

legen und den Beton draufschütten würde. Die Matte muß sich möglichst *innerhalb* des Betons befinden; erst dann entwickelt Stahlbeton seine enorme Steifheit. Damit die Matte allseitig von Beton umschlossen werden kann, befestigen Sie unten an ihr Abstandshalter aus Plastik. Sie halten die Matte gewissermaßen schwebend, wenn Sie den Beton in die Form füllen. Ohne Abstandshalter geht es, wenn Sie die Matte nach dem Gießen der ersten Betonschicht etwas anheben. Bitte auch darauf achten, daß die Matte nirgends die Schalbretter berührt. Das würde sonst später häßliche Rostflecken geben.

Wenn Sie zur Verschönerung der Betonplatte ein übriges tun wollen, können Sie in die Holzschalung Winkelleisten nageln. Dadurch werden später die Ecken und Kanten der Betonplatte abgeschrägt. Wie das geht, zeigen wir Ihnen auf *Abbildung 7*. Beim Einpassen dieser Leisten bitte sehr sorgfältig vorgehen. Jede „Pfuscherei" beim Herstellen der Verschalung ist später am fertigen Beton zu

sehen und nur schwer zu beseitigen. Wenn Ihnen die Gehrungen nicht so ganz gelingen, können Sie mit Fensterkitt (oder Knetmasse) korrigieren, den Sie später leicht aus dem Beton entfernen können.

Wenn die Schalung fertig ist und die Matte in der Schalung liegt, können Sie den Beton anmischen. Bei den von uns angegebenen Mengen erhalten Sie ein Mischungsverhältnis von 1:3, d. h. 1 Teil Zement auf 3 Teile Kies. Bei unseren Mengen müßten Sie mit 1 bis 1 ½ Eimern Wasser auskommen.

Wenn Sie zum Mischen des Betons keinen großen Bottich haben, dann sollten Sie auf dem Boden zumindest eine robuste Plastikfolie legen. Abgebundene Betonreste sind nämlich nur noch schwer zu beseitigen, insbesondere bei Steinböden.

Schütten Sie Zement und Kies in den Bottich oder auf die Unterlage und mischen Sie beides zunächst trocken mit einer Schaufel gründlich durch. Das geht am einfachsten, wenn der Zement in den Kies gemischt wird und nicht umgekehrt. Gießen Sie dann

Abb. 7: Die Baustahlarmierung mit Abstandhaltern liegt in der Schalung. Gut zu sehen ist, wie in der Verschalung Leisten angebracht sind, die später die scharfen Kanten der Betonplatte abschrägen.

vorsichtig das Wasser dazu und mischen Sie weiter mit der Schaufel. Anschließend wird der Beton in die Form geschaufelt. Beginnen Sie mit den Ecken und Rändern, in denen sich sonst gern Hohlräume bilden. Das können Sie auch vermeiden, wenn Sie zwischendurch immer einmal mit der Stirnseite eines Brettes nachstampfen. Die kleine Fläche des Brettes hat den Vorteil, daß relativ viel Druck auf den Beton ausgeübt wird. Dann weiter nachfüllen, bis die Schalung bis zum Rand gefüllt ist. Stampfen Sie jetzt noch einmal mit einem Brett alles richtig fest.

In der Form muß sich soviel Beton befinden, daß Sie ihn über den Brettkanten glattstreichen können, ohne daß Mulden übrig bleiben. Dieses Glattstreichen geht ganz einfach, wenn Sie – möglichst zu zweit – mit einem geraden Brett „sägend" über den Beton herüberfahren. Die Ränder der Schalung garantieren dafür, daß Sie eine glatte Oberfläche bekommen. Zum Schluß klopfen Sie mit dem Hammer leicht gegen die Verschalungsbretter, dann schmiegt sich der Zement dort besser an, und die Oberfläche wird glatter.

Es ist ganz normal, wenn sich nach diesem Glattstreichen auf der Oberfläche eine dünne Wasserschicht bildet. Auf diese Schicht können Sie mit der Hand etwas trockenen Zement streuen; der saugt das Wasser wieder auf und glättet gleichzeitig die Oberfläche.

Wenn es sehr trocken und warm ist, würde der Beton zu schnell abbinden und Risse bilden. Sie müssen ihn also zunächst für ein paar Stunden noch leicht feucht halten. Dazu brauchen Sie nach dem ersten Abbinden nur mit einer Gießkanne mit Brause ganz vorsichtig etwas Wasser darüber zu spritzen. Bitte dabei aber so vorgehen, daß das Wasser keine kleinen Krater auf dem Beton hinterläßt. Nach etwa einer Stunde können Sie den Beton mit einer Folie abdecken. Das ist auf jeden Fall auch dann nötig, wenn es zu regnen beginnt. Sichern Sie die Fläche auch so, daß nicht die Katze oder der Bernhardiner Ihres Nachbarn über den noch feuchten Beton stiefelt und dort Fußabdrücke hinterläßt.

Wenn Sie einen Unterbau wie auf *Abbildung 4* haben wollen, dann brauchen Sie für die Mauern an den Seiten und der Rückwand ein stabiles Fundament. Das erreichen Sie, indem Sie entweder auf den Boden eine etwa 10 cm dicke und ebenfalls mit Baustahlmatte verstärkte Platte aufbringen, oder aber ein richtiges Fundament in den Boden einbringen, wie man es auch beim Hausbau macht. Dazu müssen Sie an den Stellen, wo später die drei Mauern stehen, einen 50 bis 70 cm tiefen Graben ausheben, der etwas breiter ist als später die Mauern dick werden. In diesem Graben stampfen Sie ein Betonfundament, das ebenfalls einen Beton mit der Mischung 1:3 hat. Allerdings kann der Kies hier wesentlich gröber sein. Beim Legen dieses Fundaments darauf achten, daß seine obere Kante waagerecht ist und daß z. B. die Grundlage für die linke Mauer nicht höher oder tiefer liegt als die der rechten.

Das Gießen der oberen Betonplatte geschieht ähnlich wie beim Gießen der Platte auf den Hohlblocksteinen. Allerdings muß hier von der Schalung fast das gesamte Gewicht der noch nassen Betonplatte getragen werden. Dazu müssen Sie eine wirklich stabile Schalung in die drei Mauern hineinbauen, die außerdem so dicht ist, daß durch die Ritzen der Bretter der Beton nicht hindurchläuft. Wenn Sie da nicht ganz sicher sind, sollten Sie jemand um Hilfe bitten, der so etwas schon einmal gemacht hat. Wir sind überzeugt, daß Ihnen bei dieser interessanten Konstruktion jeder gern helfen wird. Diese Platte darf später unter dem Gewicht des Ofens keinesfalls zusammenbrechen.

Wenn Sie auf diese Weise sich Ihre ersten Sporen als Maurer verdient haben, können Sie sich jetzt gewissermaßen zur Erholung an eine Arbeit machen, die im wahrsten Sinne des Wortes leicht ist. Herzustellen ist jetzt nämlich eine Form für die spätere *Ofentür;* und diese Form wird aus dem leichten Styropor geschnitten.

Wir bauen eine Form für die Ofentür

Der Ofen bekommt später eine Tür, die aus dem selben Material wie der Ofen gefertigt ist. Sie ist wichtig, weil durch sie erst der Ofen so dicht geschlossen werden kann, daß die in ihm erzeugte Hitze nicht nutzlos durch den Eingang entweicht.

Die Form, die wir jetzt herstellen, hat den Vorteil, daß in einem Arbeitsgang sowohl die Form für die Tür selbst wie auch für die passende Öffnung im Ofen – das sogenannte Türfutter – entsteht. Beim Schneiden der Form müssen Sie also etwas sorgfältig vorgehen. Wir brauchen nämlich nicht nur die beiden Teile, die wie die Tür aussehen (vgl. dazu *Abbildung 8*), sondern auch den Restteil der Styroporplatten, aus denen die Türform herausgeschnitten worden ist.

Zeichnen Sie jetzt auf die *5 cm dicke* Styroporplatte nach den Maßangaben von *Abbildung 8* mit Filzstift die Form der Tür auf. Die Kreisform erhalten Sie, wenn Sie folgenden Trick anwenden. Markieren Sie zunächst den Punkt M, der 13 cm oberhalb des unteren Randes der Tür liegt. Schneiden Sie sich dann einen stabilen Pappstreifen von ungefähr 30 cm Länge aus. In den Streifen werden mit 25 cm Abstand voneinander an beide Enden mit einem Nagel Löcher gestochen. Durch das eine Loch stecken Sie mit einem Nagel den Pappstreifen beweglich am Punkt M in die Styroporplatte. Durch das Loch am anderen Ende des Pappstreifens stecken Sie die Spitze eines Filzschreibers, mit dem Sie jetzt einen Halbkreis auf dem Styropor anreißen. Sie können das Ganze natürlich auch mit einer Kordel machen – das ist das Verfahren, nach dem die Gärtner arbeiten –, aber da hat man unter Umständen Schwierigkeiten, die 25 cm genau einzuhalten.

Im Abstand von 18 cm von der unteren Kante der Tür wird nun ein Längsstrich gezogen. Unterhalb dieses Striches hat die Tür gerade Kanten.

Schneiden Sie jetzt mit einem sehr scharfen und nicht zu kleinen Küchen-

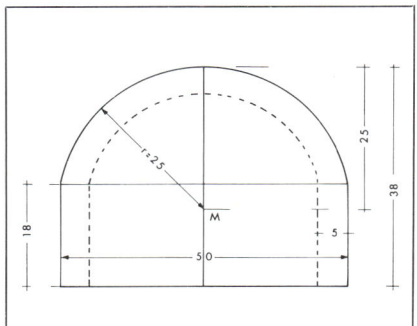

Abb. 8: So müssen Sie die Form der Ofentür auf den Styroporplatten aufzeichnen (Angaben in cm).

Abb. 9: Hinten die ausgeschnittene Form aus zwei verschieden dicken Styroporplatten; vorn die provisorische Styroportür, zur Vergrößerung des Umfangs an den Kanten mit Klebeband versehen.

messer ohne Sägeschliff die Form an der eingezeichneten Linie aus. Dabei müssen Sie mit dem Messer sägende Bewegungen machen (nicht nur eindrücken), damit das Styropor nicht zu Klümpchen zusammengeschoben wird. Die Schnittkante sollte möglichst glatt und auch senkrecht durch die Platte führen. Dabei bitte aufpassen, daß das äußere Teil der Form nicht knickt. Bei einer Styroporplatte von 50 × 100 cm ist das Stück am oberen Bogen der Tür nach außen hin nur noch 12 cm breit.

Jetzt wird auf der *2 cm* dicken Styroporplatte dasselbe Verfahren wiederholt. Allerdings wird diesmal die Tür an den Seiten und dem halbrunden Teil 5 cm kleiner (vgl. dazu noch einmal *Abbildung 8*). Auch hier wird das äußere Formteil noch einmal benötigt.

Kleben Sie nun die beiden Formteile so aufeinander *(Abbildung 9)*, daß die Unterkante der „Tür" bündig abschließt (in Wahrheit ist dieses Teil nicht die Tür, sondern das Formstück für die Türfüllung). Beim Kleben geeigneten Styroporkleber verwenden. UHU-Alleskleber eignet sich z. B. nicht, weil das darin enthaltene Lösungsmittel die Styroporplatten auflösen würde.

Vorbereitung des Ofenbaus

Unser Ofen hat eine *Kuppelform,* und die wäre z. B. nicht einfach zu erzielen, wenn man den Ofen mauern würde. Der Kuppelbau ist auch für Fachleute eine ganz besondere Kunst, auf die sich ein Laie – der wir ja alle sind – nicht einlassen sollte. Da der Ofen andererseits nicht nur Hitze aushalten

muß, sondern sie auch noch möglichst lange speichern soll, muß ein Material verwendet werden, das man normalerweise unter der Bezeichnung *Schamottesteine* kennt. Da die Freunde der Hobbythek wißbegierig sind, werden Sie wissen wollen, woraus solche Steine eigentlich bestehen.

Sie setzen sich in der Hauptsache aus sogenannter Tonerde (Al_2O_3) und Kieselsäure (SiO_2) zusammen. Diese Schamottesteine, die früher in jedem normalen Ofen zu finden waren, gibt es nicht nur in Form von verschiedenen Ziegelsorten, sondern auch als Sand. Man kann dieses Material wie Zement oder Mörtel mit Wasser anrühren und mit dieser Masse praktisch jede gewünschte Form erzielen. Diese Mischung aus Schamottepulver und Wasser nennt man *Feuerbeton-Stampfmasse.* Einige Hersteller nennen sie auch *Feuer-Leichtbeton.* Nach dem Durchtrocknen hat diese Masse dieselben technischen Eigenschaften wie ganz normale Schamottesteine. Sie ist also feuerfest und ein guter Speicher für die Hitze. Man bekommt die Feuer-Stampfmasse in Säcken zu 50 kg, die pro Sack 40 bis 50 Mark kosten (vgl. dazu den Bezugsquellennachweis im Anhang).

Die Verarbeitung dieser Masse setzt allerdings voraus, daß man eine *Form* hat. Auf die Herstellung dieser Form sollten Sie alle Sorgfalt verwenden. Denn wenn der Ofen später einmal über diese Form aufgebaut ist, läßt er sich nicht mehr verändern. Wie also stellt man eine Form für die Kuppel her?

Für den Laien ist der Bau einer exakt geformten Verschalung für ein Gewölbe nicht zumutbar. Die Lösung dieses größten Problems beim Bau unseres Ofens fiel uns in mehreren Schritten ein: Zunächst dachten wir daran, eine Grube in die Erde zu schaufeln (mit der Form des späteren Gewölbes) und den Schamottemörtel auf der Grubenfläche zu verteilen. Nun, dies scheiterte schon bei näherer Überlegung, denn das Gewicht der dabei entstehenden Form wäre einfach zu groß.

Das Ei des Kolumbus fanden wir dann in der Lösung, die wir im folgenden beschreiben. Wir gestalten auf der unteren Betonschale eine Form aus feuchtem, feinem Sand (oder Erde). Der große Vorteil dabei ist: Man kann mit den Händen den Sand ausmodellieren und dabei schon die Form des Gewölbes erkennen und notfalls verbessern.

Herstellen der Sandform für den Steinofen

Die Grundform für den Ofen ist – von oben gesehen – ein Kreis, an den sich der Schacht mit der Ofentür und dem Schornstein anschließt. Auf diesem kreisförmigen Grundriß baut sich die Kuppel auf.

Als Vorbereitung für die Herstellung der Sandformen zeichnen wir auf die Betonplatte des Unterbaus mit einem möglichst großen Filzstift (Kreide verwischt zu leicht) die Grundform des Ofens auf. In *Abbildung 10* sehen Sie, wie sie aussehen soll.

Markieren Sie zunächst durch die beiden Diagonalen den Mittelpunkt M. In diesen Mittelpunkt schlagen Sie einen Stahlnagel, um den Sie – nach dem oben schon beschriebenen „Gärtnerprinzip" – mit einer Schnur vier Kreise nach den Maßen von *Abbildung 10* auf den Beton zeichnen. Der *äußerste Kreis* soll etwa mit den Kanten der Betonplatte abschließen. Der *zweite Kreis* liegt 6 cm weiter innen. Der Ring zwischen diesen beiden Kreisen markiert die Standfläche der späteren äußeren Schale des Ofens aus Beton. Der *dritte Kreis* sitzt 3 cm weiter innen; auf ihm sitzt die

Isolierschicht auf. Der *vierte Kreis* hat wieder 6 cm Abstand vom vorhergehenden. Auf diesem Ring sitzt das Herz des Steinofens, die innere Schicht aus Feuerbeton-Stampfmasse.

Wenn Sie Ihren Steinofen auch in der kalten Jahreszeit und bei Schnee und Eis verwenden wollen, dann sollten Sie die einzelnen Schichten zur Verbesserung der Wärmespeicher-Fähigkeit und der Wärme-Isolation verstärken. Dadurch verkleinert sich allerdings der nutzbare Innenraum

des Ofens, und Sie brauchen mehr Material. Bei einer Wandverstärkung um 50% auf etwa 9 + 4,5 + 9 cm erhöhen sich der Materialbedarf und damit auch die Kosten ebenfalls um rund 50%. Der eigentliche Bau des Ofens verändert sich dadurch nicht.

Nach diesen Vorzeichnungen befestigen Sie jetzt die innere Styroporform, die aussieht wie die spätere Ofentür, an derjenigen Seite des Unterbaus, an der später die Ofenöffnung liegen soll. Diese Form muß genau in der Mitte

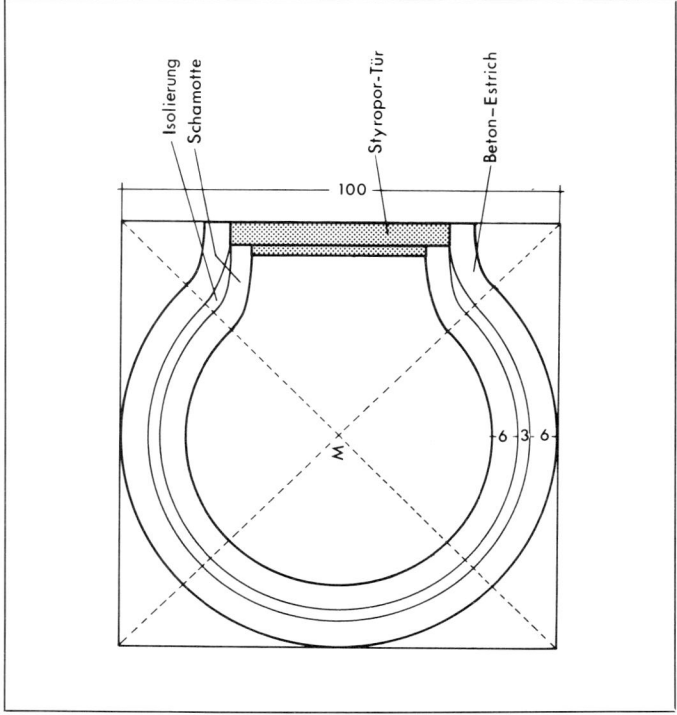

Abb. 10: Links: Der Grundriß des Ofens auf der Fundamentplatte; im Hintergrund die provisorische Styroportür. Rechts: Hier noch einmal der Grundriß mit Maßen in cm.

Abb. 11: Mit Hilfe einer Schnur lassen sich sehr leicht exakte Kreise ziehen.

teile des Styropors hineingießen. Ohne diesen Trick mit dem Klebeband, das die Öffnung ein wenig erweitert, würden Futter und Tür so stramm sitzen, daß sich die Tür wahrscheinlich später gar nicht in den Ofen einsetzen läße. Das Klebeband hat also nur die Aufgabe, die äußeren Ränder der Form um etwa 2 mm zu erhöhen.

Jetzt kommt sozusagen der künstlerische Teil des Ofenbaus. Mit dem Aufschichten und Formen der *Sandform* legen Sie nämlich die spätere Gestalt des Ofens fest.

Diese Sandform kann man aus erdfeuchtem, *feinen* Maurersand oder auch aus *feiner* Gartenerde (aber keine Einheitserde aus der Plastiktüte) aufschichten. Der Sand sollte so feucht sein, daß er sich gut modellieren läßt. Da der spätere Innenraum des Ofens, den Sie jetzt formen werden, etwa 40 bis 45 cm Höhe und immerhin 70 cm Durchmesser hat, brauchen Sie doch schon eine ganze Menge Sand oder Erde. Wenn Sie die Form aufgeschichtet haben, sollten

der betreffenden Seite der Betonplatte angebracht werden, und muß exakt senkrecht stehen. Sie können sie stützen, indem Sie ein Schalbrett senkrecht am Unterbau festnageln.

Den äußeren 5 cm breiten Rand und den inneren 2 cm breiten Rand der Styroporform müssen Sie jetzt mit einigen Lagen wasserfestem Klebeband überziehen. Das ist nötig, damit später der Türausschnitt des Ofens etwas größer wird als die Tür, die wir in die beiden übriggebliebenen Form-

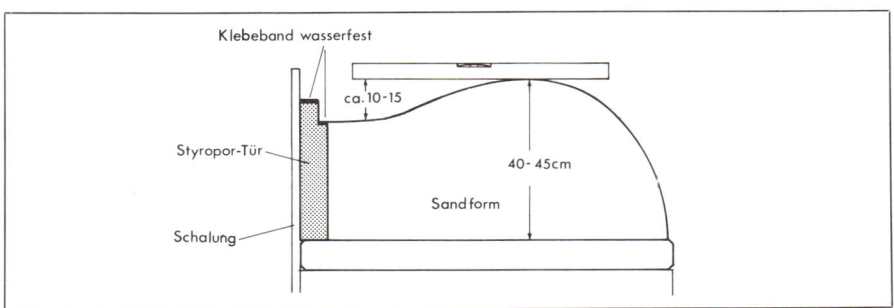

Abb. 12: Wichtig ist, daß der höchste Punkt des Innenraums 10 bis 15 cm höher ist als die spätere Türöffnung des Ofens.

Sie nicht allzu lange mit dem Aufbau der ersten Ofenschicht warten, die aus Feuerbeton-Stampfmasse besteht.

Schichten Sie jetzt den Sand oder die Erde auf der Betonplatte auf. Sie darf über den inneren Kreis nicht hinausragen und schließt an der Türseite so ab, wie es auf *Abbildung 12* zu sehen ist. Sie können jetzt vorgehen wie die Kinder in der Sandkiste. Drücken Sie also den feuchten Sand mit den Händen immer wieder fest und legen Sie Schicht über Schicht. Die Kuppel des Ofens soll möglichst kugelförmig sein. Das heißt, sie steigt zunächst senkrecht an und geht in einem sanften Bogen bis auf die Höhe von 40 bis 45 cm. Wichtig ist, daß – wie auf *Abbildung 12* zu sehen ist – der Ofen an seiner höchsten Stelle 10 bis 15 cm höher wird als am *inneren* Falz der späteren Türöffnung. Die Sandform läßt sich ja leicht verändern, so daß irgendwelche Beulen oder Ungleichmäßigkeiten immer noch durch Abnehmen oder Hinzutun von Sand auszugleichen sind. Treten Sie beim Formen ab und zu ein Stück von Ihrem Werk zurück und betrachten Sie es kritisch. Auch hier wieder macht es am meisten Spaß, wenn man zu mehreren bei der Arbeit ist.

Als Anhaltspunkt für die höchste Stelle des Ofen-Inneren läßt sich die Türfüllung nehmen, wobei Sie als Hilfsinstrument eine Wasserwaage verwenden sollten.

Wenn dieser Höhenunterschied nicht eingehalten wird, klappt es später nicht mit der Wärmeströmung. Die Übergänge zwischen dem eigentlichen Backraum und dem Eingangs-schacht müssen fließend sein, also ohne Kanten oder Ecken.

Wenn Sie die Sandform in ihre endgültige Gestalt gebracht haben, klopfen Sie sie noch einmal schön fest und glatt. Sie kann jetzt auf ihrer Oberfläche ein wenig antrocknen.

Während dieser Zeit können Sie das *Ofenrohrfutter* anbringen, das in die Schichten der *Ofenhülle* später mit eingearbeitet wird. Dieses Ofenrohrfutter wird 2 bis 3 cm hinter der Styroporform für die Türfüllung auf die Sandform aufgesetzt. Nun sind freilich die Ofenrohrfutter kürzer als später die endgültige Wandstärke des Ofens sein wird. Sie mißt etwa 12 cm (6 cm Schamotteschicht und 6 cm Betonschicht; die Isolierschicht endet – wie auf *Abbildung 14* zu sehen ist – *vor* dem eigentlichen Türfutter). Sie müssen also das Ofenrohrfutter durch entsprechende Styroporscheiben soweit erhöhen, daß es etwa 12 cm über der Sandform endet. Diese Styroporscheiben, die nur wenig größer sein

Abb. 13: Der Formkern des Ofens wird aus feuchtem Sand hergestellt.

sollen als der Durchmesser des Ofenrohrfutters, werden später mit der Sandform aus dem Ofen ausgeräumt, so daß der Kamin frei wird.

Bitte darauf achten, daß das Futter – von allen Richtungen betrachtet – genau senkrecht auf der Sandform sitzt, sonst haben Sie später einen schiefstehenden Schornstein auf Ihrem Ofen.

Aufbau der Innenschale des Ofens

Diese Innenschale ist das wichtigste Stück des ganzen Ofens. Von ihr hängt es ab, wie gut der Ofen die Wärme speichert und wie effektiv die Wärmeströmung ist. Diese innere Schale hat eine Wandstärke von 6 cm (bei der verstärkten Version 9 cm, s. oben) und wird auf der Betonplatte des Unterbaus auf dem inneren 6 cm (9 cm) breiten Ring aufgebaut. Bei den von uns angegebenen Maßen benötigen Sie für diese Innenschale etwa 100 kg Feuerbetonstampfmasse, also zwei Säcke.

Schütten Sie die Masse entweder in den Bottich oder auf die Plastikfolie, auf der Sie bereits den Beton für den Unterbau gemischt haben. Stellen Sie zwei 10-l-Eimer voll Wasser daneben, denn etwa 10 l Wasser werden Sie für das Anmischen dieser Masse brauchen.

Das Anmischen geht so vor sich: Schieben Sie mit der Schaufel in die Mitte der Masse eine kreisförmige Mulde. Dort hinein gießen Sie vorsichtig Wasser, das Sie mit der Masse gut mischen. Auch diese Arbeit geht am besten zu zweit. Damit die Masse gut formbar bleibt, muß sie zum einen

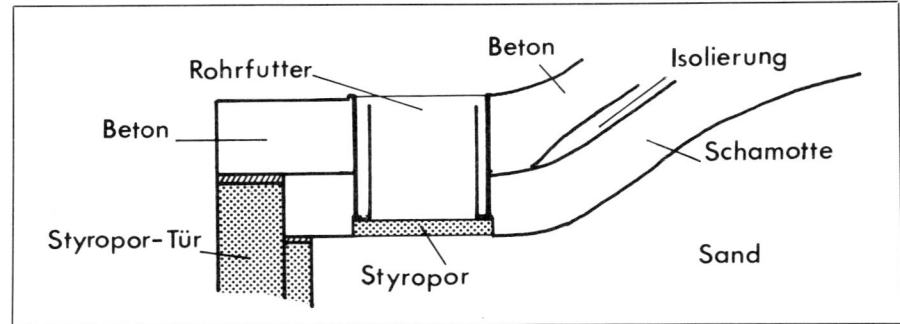

Abb. 14: So sieht im Längsschnitt die Konstruktion um das Rohrfutter aus.

sehr gut durchgemischt sein und zum anderen darf sie nicht „schwimmen". Deshalb zunächst lieber etwas weniger als zuviel Wasser nehmen; nachgießen kann man immer noch. Die Masse ist fertig zur Verarbeitung, wenn sie mit der Hand gut formbar ist und anschließend die Form auch behält. Sie darf also weder zerfließen noch trocken auseinanderbröckeln.

Tragen Sie nun mit der Hand oder einer Maurerkelle die Masse vorsichtig so auf die Sandform auf, daß

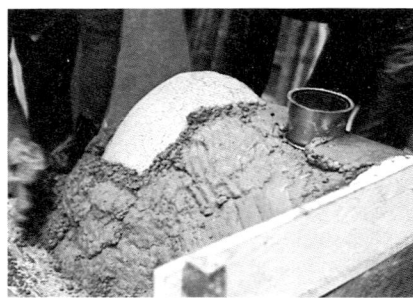

Abb. 15: Die erste Schicht (die Feuerbetonstampfmasse) wird auf den Formkern aufgebracht.

zunächst entsprechend der Kreis-Schablone, die Sie auf die Betonplatte gezeichnet haben, der untere Teil des Ofens entsteht. In Abbildung 15 ist die zu etwa zwei Dritteln fertiggestellte Schicht dargestellt. Arbeiten Sie ohne Hast, aber auch ohne zu trödeln; Sie haben etwa eine Stunde Zeit; so lange bleibt die Masse formbar.

An der Seite des Ofens, an der später die Tür sitzt, legen Sie die Schicht so hoch, wie der Rand der größeren Styroporplatte herausragt (vgl. dazu noch einmal Abbildung 14). Beim Umgeben des Ofenrohrfutters mit der Stampfmasse bitte schön vorsichtig sein, damit das Rohr auch wirklich senkrecht stehenbleibt.

Sollte beim Aufschichten die Stampfmasse nicht ganz ausreichen, dann können Sie innerhalb von 1 bis 2 Stunden weitere Stampfmasse mit Wasser anmischen und noch nacharbeiten.

Seien Sie übrigens nicht allzu ängstlich mit der Sandform, die das Innere des Ofens ausfüllt; sie behält erstaunlich gut ihre Gestalt. Natürlich sollten

64

Sie die Stampfmasse nicht mit großer Kraft gegen die Sandform drücken, weil das sonst Vertiefungen gibt, die im Ofeninneren später als Beulen zutage treten.

Wichtig ist auch, daß der Schamottemantel an allen Stellen möglichst gleichmäßig dick ist. Das läßt sich relativ leicht kontrollieren, wenn Sie nicht zunächst eine dünne Schicht auf den Sandkern auftragen, die Sie später verdicken, sondern von unten bis schließlich zur Kuppel gleich die endgültige Wandstärke aufschichten (vgl. dazu noch einmal *Abbildung 15* mit der teilweise aufgetragenen Innenschicht).

Ist die Schicht aufgetragen, dann streichen Sie die Oberfläche nicht glatt, sondern rauhen Sie sie auf. Dadurch wird später die Verbindung mit der darüberliegenden Isolierschicht umso fester. Kratzen Sie also in den leicht angezogenen Schamotte mit einer groben Gabel oder Kelle oder auch einem Holzstück unregelmäßige Rillen ein, die auch einen Grat bilden dürfen.

Schließlich stechen Sie mit einem etwa 10 bis 12 cm langen Nagel im Abstand von ungefähr 10 cm Löcher in die Schicht. Diese Löcher sollen bis in den Sandkern hindurchführen; durch sie trocknet die Masse besser, und die Bildung von Rissen wird verhindert. Beim Trocknen schließen sich diese Löcher wieder.

Wie beim Beton soll aber auch diese Stampfmasse nicht zu schnell trocknen. Deshalb müssen Sie sie mit einer Gießkanne mit aufgesteckter Dusche noch einmal leicht besprengen. Decken Sie dann den gesamten Ofen mit feuchten Tüchern ab (Sackleinwand

oder etwas Ähnliches) und lassen Sie das Werk etwa 1 bis 2 Tage unberührt stehen.

Nach dieser Zeit ist die Feuerbetonstampfmasse fest geworden, und die Kuppel ist jetzt schon recht haltbar.

Auftragen der Isolierschicht

Die Feuerbetonstampfmasse hat zwar die Fähigkeit, viel Wärme zu *speichern* und große Hitze auszuhalten, sie ist aber kein besonders guter *Isolier*stoff. Da es aber darauf ankommt, möglichst wenig von der Hitze durch die Ofenwand nach außen abstrahlen zu lassen, müssen wir auf die Stampfmasse eine Isolierschicht auftragen. Entsprechend der Schablone auf der Grundplatte des Ofens wird sie nur etwa 3 cm dick sein (zwischen dem 2. und dem 3. Kreis) und auch nicht bis ganz an die Türfüllung reichen.

Zur Isolierung nehmen wir eine besondere *Schornstein-Dämmasse*, die Sie ebenfalls im Baustoffhandel oder über eine der im Anhang genannten Adressen beziehen können. Auch dieses Material wird einfach mit Wasser angerührt.

Mischen Sie die Isoliermasse auf die gleiche Weise an wie die Stampfmasse. Auch hier wieder muß die Mischung zum Schluß plastisch sein, d.h. sie darf weder nach unten fließen noch bröckeln. Sie wird dann in einer etwa 3 cm dicken Schicht ebenso aufgetragen wie die Stampfmasse, allerdings haben Sie jetzt den Vorteil, auf einem wirklich harten Untergrund zu arbeiten.

Bevor Sie aber mit dem Anrühren und dem Aufbringen dieser Schicht beginnen, sollten Sie sich den zurechtgeschnittenen *Hühner-* oder *Kaninchendraht* bereitlegen, der auf die noch feuchte Schicht aus Dämmasse leicht aufgedrückt wird, die dadurch etwas fester wird, denn schließlich kommt noch eine dicke Betonschicht darüber.

Legen Sie diesen Hühnerdraht zunächst provisorisch um den Ofen und messen Sie die Länge ab; der Draht muß knapp von linker zu rechter Türkante reichen. Die Breite dieses Streifens können Sie dadurch feststellen, daß Sie ihn an einer Stelle von der Grundplatte aus Beton bis zum höchsten Punkt der Kuppel biegen und dort markieren. Wenn Länge und Breite des Drahtgitters festliegen, dann schneiden Sie auf einer Seite etwa so wie auf *Abbildung 16* gezeigt, keilförmige Abschnitte aus dem Draht heraus. Das erleichtert später das Zusammenbiegen zu einer Kuppelform. Nach dieser Vorbereitung können Sie den Draht über der harten Kuppel schon vorbiegen; dann geht es später auf der feuchten Isolierschicht

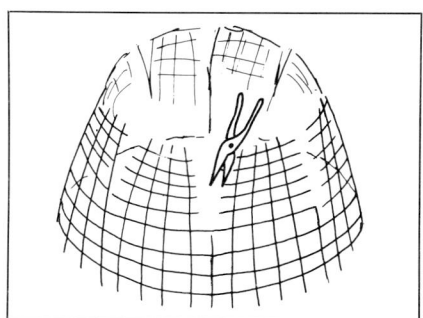

Abb. 16: Das Drahtgitter zur Verstärkung der Kuppel wird vorbereitet.

schneller. Jetzt geht es also an das Auftragen der Isolierschicht, das Ihnen sicher keine besonderen Probleme mehr bereiten wird. Diese Isolierschicht soll nur bis kurz vor das Ofenrohrfutter reichen.

Ist alles aufgetragen, dann kommt das Hühnergitter darüber, das Sie leicht andrücken. Wenn es da noch Falten geben sollte, können Sie mit einer Drahtschere noch während des Auftragens das Gitter korrigieren.

Prinzipiell gibt es auch die Möglichkeit, statt dieser Isoliermasse eine Schicht aus *Basalt-Wollen-Schutzmatte* aufzubringen. Sie bekommen dieses Material ebenfalls im Baustoffhandel. Allerdings verbinden sich die Schichten bei unserem Vorschlag besser miteinander, weshalb wir von dieser Alternative eher abraten würden.

Zum Schluß braucht die Isolierschicht wieder einen Tag zum Trocknen.

Die äußere Betonschicht des Ofens

Die beiden bisher aufgebauten Schichten dienen der Wärme*speicherung* und dann der Wärme*isolierung*. Sie sind jedoch noch nicht wetterfest und außerdem empfindlich gegen mechanische Beschädigungen. Wirklich robust und dauerhaft wird der Ofen also erst, wenn die äußere Beton- oder Estrichschicht aufgebracht ist.

Hier brauchen wir uns mit langen Erklärungen sicher nicht mehr aufzuhalten. Auch beim Auftragen dieser Schicht geht es im Prinzip genauso zu wie bei den beiden anderen.

Diese Schicht wird – entsprechend der Schablone auf der Grundplatte – wieder etwa 6 cm dick. Sie stellt als äußerste Hülle die größte Masse des Ofens dar. Schon aufgrund dieser Masse schützt sie den Ofen nicht nur, sondern unterstützt zusätzlich noch die Wärmespeicherung.

Wie schon bei der Grundplatte stellen wir wieder eine Betonmischung im Verhältnis aus 1 Teil Zement zu 3 Teilen Kies her. Mischen Sie zunächst die beiden Betonbestandteile wieder trocken und fügen Sie dann Wasser hinzu, bis eine gut plastische Masse entsteht.

Anschließend wird genauso aufgetragen wie bei den beiden vorhergehenden Schichten.

Unser Steinofen erhält eine Verkleidung

Nun sieht eine solche graue Betonkuppel nicht gerade besonders lustig aus. Wir haben uns deshalb eine Verkleidung des Ofens ausgedacht,

Abb. 17: Eine Möglichkeit, die Betonkuppel mit Natursteinen ansprechend zu verkleiden.

die nicht nur gut aussieht, sondern ihn zusätzlich unempfindlich gegen mechanische Beschädigungen macht. Wir haben unseren Ofen nämlich, noch bevor der Beton abgebunden hat, mit flachen *Natursteinen* bedeckt, die in den Beton eingedrückt wurden. Gut eignen sich dafür Basalt oder Schiefer, und wenn Sie es ganz vornehm haben wollen, auch Marmorbruch. Auch diese Steine kann man im Baustoffhandel bekommen.

Da der Ofen überall gewölbt ist, können Sie keine großen Stücke verwenden. Suchen Sie sich also Steine von höchstens 10 cm Durchmesser aus, die auch flach sein sollen, damit Sie sie in der ja nur 6 cm dicken Betonschicht auch unterbringen können.

Diese Steine werden nun auf den vorher glattgestrichenen und noch feuchten Beton gelegt und soweit eingedrückt, daß der Ofen später aussieht, als sei er aus Steinen errichtet. Da die Steine durch ihr Eigengewicht in dem Beton rutschen können, ist es am besten, wenn Sie am unteren Rand anfangen und allmählich nach oben gehen. Es macht gar nichts, wenn die Steine dicht aneinander stoßen; durch ihre Unregelmäßigkeit bleibt immer noch genügend Raum für effektvolle Fugen. Bitte aber aufpassen, daß Sie die Steine nicht bis zur Isolierschicht durchdrücken.

Zum Schluß müssen Sie die Fugen noch einmal mit einem Spachtel oder einer speziellen Fugenkelle nacharbeiten, damit zwischen Beton und Steinen keine Öffnungen bleiben. In sie könnte im Winter Wasser dringen und gefrieren, wodurch eine nicht unbe-

trächtliche Sprengwirkung entsteht, durch die der Ofen beschädigt werden kann.

Zum Schluß alles noch einmal mit einer Gießkanne vorsichtig abbrausen und von den Steinen Betonreste abspülen, die später schwer zu entfernen sind. Zum Schluß alles wieder mit feuchten Tüchern abdecken und je nach Witterung 3 bis 5 Tage stehen lassen.

Im Prinzip ist Ihr Ofen jetzt fertig. Allerdings müssen wir uns jetzt der Ofentür zuwenden.

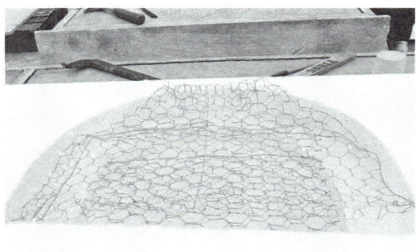

Abb. 18: Die Styroporform für die Tür (vgl. *Abb. 9*) wird mit Hühnerdraht ausgelegt.

Abb. 19: Als Griffe werden zwei Rohrstücke in die Tür miteingegossen. Vorher werden die Enden aufgespreizt, damit die Griffe fester sitzen.

Da die Tür nicht so stark der Hitze ausgesetzt ist wie das Gewölbe, kann man sie ganz aus Beton gießen, muß also keine Feuerbetonstampfmasse verwenden. Die Form für die Tür ist leicht aus dem Rest der Form für die Türfüllung herzustellen. Die äußeren Styroporteile werden, wie auf *Abbildung 18* gezeigt, übereinandergeklebt. Sie erleichtern sich die Arbeit, wenn Sie den unteren offenen Teil der Form mit einem glatten Brett schließen.

Damit die Tür später bei einem etwas harten Aufsetzen nicht springt, versteifen wir sie mit etwas Hühnerdraht, der ein wenig kleiner als die noch nicht ausgegossene Form der Tür zurechtgeschnitten wird.

Auf den unteren Teil der Betonschicht folgt eine etwa 5 cm starke Schicht, in die der Hühnerdraht eingegossen wird. Außerdem stecken Sie in den noch frischen Beton die beiden in *Abbildung 19* gezeigten Rohrstücke so hinein, daß Sie später zwei bequem plazierte Handgriffe in der Tür haben. Die Enden der Rohrstücke *(Abb. 19)*

Abb. 20: Der fertige Ofen mit Tür. Deutlich sieht man im Ofeninneren die Schamotte-Schicht auf der Bodenfläche.

sind leicht aufgespalten, so daß sie nach dem Abbinden des Betons auch fest sitzen. Zum Schluß wird die Form bis zum oberen Rand aufgefüllt und mit Hilfe einer Kelle oder eines Brettes möglichst glatt gestrichen. Die Tür kann jetzt gleichzeitig mit dem Ofen abbinden.

Wer seinen Ofen weder in Beton noch mit Natursteinen verziert haben möchte, kann ihn auch noch fachgerecht *verputzen*. Das setzt freilich voraus, daß Sie die Betonschicht vor dem Abbinden ebenso wie die Schamotteschicht außen aufrauhen.

Putz gibt es heute in verschiedenen Farben fertig zu kaufen. Rühren Sie ihn nach Gebrauchsanweisung an und tragen Sie ihn dann, wenn die Betonschicht völlig durchgetrocknet ist, mit einer Kelle auf. Sie können diese Putzschicht glattstreichen oder auch effektvoll mit der Kelle ein Muster einarbeiten. Da lassen Sie Ihrer Phantasie ruhig freien Lauf.

Wenn Sie den Ofen dann noch absolut wetterfest machen wollen, können Sie ihn noch mit einem farblosen Hartversiegelungslack überziehen, den Sie ebenfalls im Baustoffhandel bekommen. Sie benötigen etwa 1 Liter. Dieser Lack wird gleichmäßig mit einem breiten Pinsel auf den Ofen aufgetragen, wo er relativ schnell trocknet. Aber es geht – wie gesagt – auch ohne diesen Lack. Das Versiegeln darf erst nach dem völligen Trocknen durchgeführt werden. Nach dem Einbrennen (s. u.) kann der Ofen auch noch mit Wasserglas versiegelt werden.

Unser Ofen braucht noch einen Boden

Wenn alles durchgetrocknet ist, können Sie die Styroporform von der Türöffnung entfernen und den Sandkern aus dem Ofen herausräumen. Dann kommt der spannende Moment, in dem Sie mit einer Taschenlampe feststellen können, wie sorgfältig Sie gearbeitet haben. Es ist nicht sehr wahrscheinlich, daß sich an der Innenwand des Ofens Hohlstellen gebildet haben, weil sich die Stampfmasse vielleicht nicht ganz verdichtet hat. Sollten Sie allerdings solche Stellen finden, dann müssen Sie die mit derselben Masse nacharbeiten. Feuchten Sie die betreffenden Stellen vor dem Ausbessern gut an, damit sich die neue Masse mit der alten fest verbindet.

Ist alles in Ordnung, dann können Sie die Reste des Formkerns mit einer Sisal- oder Drahtbürste von der Innenwand entfernen. Sie können dann sicher sein, daß Ihnen später kein Sand in die Pizza rieselt.

Zum Schluß säubern Sie auch den Boden des Ofens sorgfältig von allem Staub; denn darauf ist jetzt noch eine Platte aufzubringen. Der Ofen muß ja rundherum ein guter Wärmespeicher sein. Das wäre er nicht, wenn er unten lediglich mit der Betonplatte des Unterbaus abschließen würde. Außerdem würde diese Platte den hohen Temperaturen des Ofens in jedem Falle nicht standhalten. Deshalb erhält unser Ofen auch noch einen Boden aus Feuerbetonstampfmasse, von der wir ja noch etwas übrig haben. Das müßten noch etwa zwei 10-l-Eimer voll sein, die Sie jetzt wie

gehabt mit Wasser anmischen. Ist die Masse gut durchgefeuchtet und plastisch, dann streichen Sie sie gleichmäßig auf den Boden des Ofens. Dabei bitte darauf achten, daß Sie an allen Stellen gleichmäßig und gut abschließend mit der Ofenwand eine Verbindung eingeht. In das Türfutter können Sie ein etwa 8 cm hohes Brett stellen, das als Abschluß nach vorn dient. Bei dem Brett darauf achten, daß es den etwa 8 cm hohen Boden genau an der Stelle enden läßt, bis zu der die Tür in den Ofen hineinragt. Schauen Sie zur Sicherheit noch einmal auf *Abbildung 10* nach, wo der Grundriß des Ofens in Draufsicht zu sehen ist. Fatal wäre es, wenn der Boden zu weit herausragt; dann ginge nämlich die Tür nicht ganz in das Türfutter hinein, und der Ofen wäre nicht dicht abgeschlossen.

Wenn der Boden schön glattgestrichen ist, stechen Sie in ihn wieder in 10 cm Abstand Löcher mit einem Nagel hinein, damit alles besser trocknen kann. Nach etwa einem Tag Trockzeit können Sie das vordere Schalbrett entfernen und die Ofentür einsetzen.

Als Finish: der Kamin

Zum Schluß brauchen Sie nur noch das Ofenrohr mit eingebauter Klappe und einer Abdeckhaube einzusetzen, und der Ofen ist fertig. Wenn das Ofenrohr nicht bereits durch irgendeinen Anstrich geschützt ist, dann können Sie das entweder mit einer hitzebeständigen schwarzen Farbe oder auch mit Silberbronze nachholen. Das Rosten des Ofenrohres können Sie aber nur durch Verwendung von (teurerem) verzinktem Blech oder auch von Kupferrohr umgehen.

Sollten Sie kein Ofenrohr mit eingebauter Klappe bekommen, dann können Sie sich auch selbst einen Schieber bauen, der die gleiche Wirkung hat, den Ofen nach dem Heizen hermetisch zu schließen. Wie er konstruiert ist, können Sie auf *Abbildung 21* sehen.

Sägen Sie dazu in das Ofenrohr etwa 5 cm oberhalb der Stelle, wo es aus dem Futter ragt, mit einer Eisensäge einen Schlitz, der genau halb durch das Rohr führt. Aus einem Stück 1 mm starken Eisenblechs von etwa 12 × 15 cm Größe schneiden Sie sich einen Schieber, wie er auf der Abbildung zu sehen ist. Das Maß der Rundung erhalten Sie, wenn Sie auf das Blech das Ofenrohr stellen und einen Halbkreis nachzeichnen. Er muß 2 bis 3 mm kleiner geschnitten werden, damit der Schieber später in das Innere des Ofenrohrs paßt. Dann eine Lasche wie auf der Abbildung 90° nach oben biegen, an die später ein Griff aus einem Stück Rundholz ge-

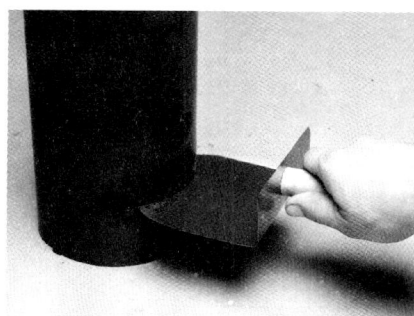

Abb. 21: Ein einfacher Schieber aus Blech zum Verschließen des Kamins.

schraubt wird. Das geht ganz einfach, wenn Sie eine Holzschraube durch ein vorgebohrtes Loch von der Schieberseite her in den Holzgriff schrauben.

Jetzt ist der Ofen fertig, und es kann nun sozusagen ans „Einfahren" gehen.

Ein Steinbackofen muß sorgfältig eingebrannt werden

Ist der Ofen erst einmal so weit gediehen, dann reizt es natürlich, ihn auch gleich zu benutzen. Leider müssen wir davor warnen; denn wenn Sie jetzt zu hastig vorgehen, könnten Sie das ganze schöne Werk schnell zerstören. Steinbacköfen – ganz gleich, welcher Konstruktion – müssen zunächst einmal völlig *durchtrocknen,* und sie müssen *dann allmählich eingebrannt* werden, bevor sie ein völliges Aufheizen gestatten. Dieser ganze Prozeß dauert etwa 3 Wochen.

Die ersten beiden Wochen stellen nur Anforderungen an Ihre Geduld. Sie können den Ofen jetzt nämlich sich selbst überlassen. Je nach Wetter wird er in spätestens 2 Wochen völlig durchgetrocknet sein.

Nach dem völligen Durchtrocknen des Ofens muß er ganz allmählich eingebrannt werden. Das geht so:

1. Tag:

Zünden Sie zunächst nur etwas zusammengeknülltes Papier und einige kleine Holzspäne in der Mitte des Ofenraums an. Die Tür und die Klappe des Schornsteins lassen Sie offen. Nach etwa einer halben Stunde sollte dieses erste Anheizen beendet sein.

2. und 3. Tag:

Am nächsten und übernächsten Tag wiederholen Sie den gleichen Vorgang, verlängern die Zeit aber um jeweils 10 bis 15 Minuten.

4. Tag:

Am vierten Tag können Sie schon über 2 bis 3 Stunden ein nicht zu großes Feuer mit dünnen Birken-, Buchen- oder anderen Laubholzscheiten anzünden und die restliche Glut im Ofen lassen. Schließen Sie dazu die Tür und die Schornsteinklappe, damit sich die Wärme länger hält. Bitte kein Nadelholz verwenden, weil es wegen seines starken Harzgehaltes rußt.

Nach dem 5. Tag:

Nach 6 bis 7 Tagen können Sie den Ofen zum ersten Mal richtig durchheizen. Lassen Sie etwa 7 Scheite Holz bis zur Glut niederbrennen und legen Sie innerhalb von einer halben bis einer Stunde immer wieder etwas Holz nach. Wenn nach etwa 2 Stunden das Holz niedergebrannt ist, hat der Ofen seine richtige Temperatur. Nehmen Sie die Glut heraus; jetzt könnten Sie mit dem ersten Backen beginnen.

Dazu brauchen Sie freilich das richtige Werkzeug, mit dem wir uns jetzt befassen wollen.

Nützliches Zubehör für unseren Steinbackofen

Zu einem Backofen gehört auch Werkzeug nach Art unserer Vorväter, das robust sein sollte und auch ein bißchen altmodisch sein kann.

Zum Herausziehen der Glut aus dem Ofen brauchen wir einen *Schaber.* Er läßt sich nach *Abbildung 22* aus einem Stück Eisenblech und einem Besenstiel leicht selbst herstellen.

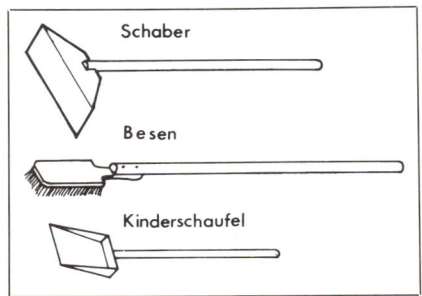

Abb. 22: Die wichtigsten Handwerkszeuge für den Steinbackofen zum Herausnehmen der Asche: Schaber, Besen und Schaufel.

Abb. 23: Ein einfacher Brotschieber aus einem Käsebrett (vorn abgeschrägt!) und einem Besenstiel.

Für das Säubern des Bodens im Ofen vom Aschenstaub ist ein *Besen* wichtig, der sich aus einem Handfeger und ebenfalls einem Besenstiel schnell zusammenbauen läßt. Nehmen Sie aber bitte einen Handbesen mit Sisalborsten, weil Kunststoff- oder Nylonborsten im heißen Ofen ganz schnell verschmoren würden. Die Verbindung zwischen Handfegerstiel und Besenstiel sollten Sie nicht durch Schrauben oder Nägel herstellen, sondern durch festes Umwickeln, entweder mit Blumendraht oder einem guten Bindfaden. Schrauben würden den Stiel nur platzen lassen.

Und schließlich ist noch eine *Kinderschaufel* mit langem Stiel ganz nützlich. Was Sie nicht mit dem Schaber aus dem Ofen bekommen, können Sie dann immer noch mit der Schaufel herausnehmen.

Das nächste Zubehör ist schon ein Handwerkszeug, das Sie für das Einschieben und Herausnehmen all der guten Dinge brauchen, die Sie in dem Ofen backen wollen. Sicher kennen Sie von Abbildungen den

guten alten *Holzschieber* der Bäcker, wie er heute noch verwendet wird. Man kann ihn sich ganz einfach aus einem hölzernen Küchenbrett und einem Besenstiel selbst herstellen. Dazu müssen Sie das Küchenbrett, wie auf *Abbildung 23* gezeigt, an der Vorderkante möglichst flach abschrägen, was mit einer Raspel oder auch einem Fuchsschwanz und Sandpapier leicht zu bewerkstelligen ist. Den Stiel müssen Sie in einer Länge, die dem Griff des Holzbrettes entspricht,

zur Hälfte aufsägen, damit Sie eine glatte Auflagefläche bekommen. Hier dann zwei Löcher vorbohren und mit zwei Holzschrauben festschrauben. Es kann nicht schaden, vorher etwas Leim dazwischen zu tun.

Während sich dieser Schieber gut für Brot eignet, braucht man zum Herausnehmen einer Pizza doch einen Schieber, der flacher ist. Sonst kann es Ihnen passieren, daß die Pizza zu Bruch geht. Die italienischen Pizzabäcker haben da zum Teil sehr schön

Abb. 24: Ein sehr schön aussehender Schieber (für Pizza) aus Messingblech und einem Besenstiel.

aussehende Schieber, die meist aus einem runden Messingblech mit Holzstiel gefertigt sind. Auch ein solches Gerät können Sie sich selbst bauen. Das nicht ganz billige Messingblech, das dafür aber sehr schön aussieht, finden Sie heute in den meisten Bastelgeschäften.

Der Schieber, der etwa so aussehen soll wie auf *Abbildung 24*, braucht keinen größeren Durchmesser zu haben als etwa ein Suppenteller. Beim Übergang zum rundgebogenen Rohr, in das später der Stiel kommt, müssen Sie schon ein bißchen Kunstfertigkeit mitbringen. Das ist ja die Stelle, die besonders leicht knickt. Mit Hilfe einer Kombizange können Sie das nicht sehr steife Blech aber leicht vorbiegen. Stecken Sie dann in die vorgebogene Hülle den Stiel und klopfen Sie mit einem Hammer nach, wobei Sie das Ganze auf einen Holzklotz legen. Zum Schluß wird der Stiel mit zwei Schrauben gesichert.

Bei allen Schiebern darauf achten, daß die Stiele so angebracht sind, daß die eigentliche Schieberfläche flach auf dem Boden liegt. Nur so können Sie unter die Pizza oder unter ein Brot kommen, ohne es zu beschädigen.

Und was braucht man noch?

Es genügt eigentlich, sich ein paar Pizzableche zu besorgen, und wenn Sie die nicht bekommen, ein paar Böden aus Springformen. Darauf läßt sich eine Pizza genausogut backen. Alles andere – wie z.B. Brot – wird auf dem „nackten" Boden des Ofens gebacken.

Und hier noch ein paar Tips zum Aufheizen und Backen:

Im Prinzip macht man das so, wie wir es schon bei der letzten Stufe des Einbrennens beschrieben haben. Wie gesagt: kein Nadelholz, sondern nur Laubholz nehmen.

Nach etwa 1 bis 1½ Stunden, wenn das Feuer zur Glut geworden ist, können Sie die Tür bis auf einen kleinen Luftspalt vor die Öffnung setzen; dadurch wird der Ofen besser durchgewärmt. Nach 1½ Stunden können Sie die Glut bzw. Asche im Prinzip ganz herausnehmen, denn Ofenkuppel und -boden speichern ja die Wärme. Sicherer ist es aber, einen kleinen Teil der Glut im Ofen zu belassen und in eine Ecke zu schieben. Das Backgut darf aber nicht zu nahe an die Glut kommen – vielleicht stellen Sie einen Ziegelstein dazwischen.

Beim Backen muß natürlich sowohl die Tür wie auch der Kaminschieber völlig geschlossen sein, sonst entstehen zu große Wärmeverluste. Das gilt auch dann, wenn Sie noch Glut im Ofen gelassen haben; sie braucht ja nur noch wenig Sauerstoff.

Was kann man alles backen?

Nun könnten wir Ihnen ein ganzes Buch voll Rezepte geben, nach denen Sie die herrlichsten Dinge für einen Steinbackofen zubereiten können. Ein besonderer Tip befindet sich im *Hobbythek-Buch 2*: ein selbstgemachtes *Roggenbrot mit Sauerteig*. Inzwischen haben dieses Rezept schon Tausende von Leuten ausprobiert, und wir haben bisher noch kaum gehört, daß es irgend jemandem mißlungen ist. Dieses Brot schmeckt natürlich in einem Steinbackofen gebacken besonders kräftig und gut.

Natürlich kann man in diesem Ofen auch ganz normalen *Kuchen* backen. Außerdem könnten wir Ihnen jetzt auch noch verschiedene Pizza-Rezepte aufschreiben; aber das würde hier wirklich zu weit führen. Außerdem gibt es eine große Zahl von Rezeptbüchern, in denen genau beschrieben wird, wie man eine Pizza zubereitet und welche verschiedenen Arten es gibt.

Wir wollen deshalb hier nur zur Anregung und als Ergänzung zum Bauplan des Steinbackofens ein Rezept anfügen, das ganz einfach ist und gerade in dieser Einfachheit gut zu diesem Ofen paßt.

Ein Steinbackofen hat ja den Vorteil, daß man in ihm sehr knusprig backen kann. Das geht mit einem simplen Trick, den schon unsere Ahnen in grauer Vorzeit kannten. Bei unserem Brotbackrezept im *Hobbythek-Buch 2* haben wir schon beschrieben, daß die braune Kruste des Brotes erst dann entsteht, wenn beim Backen genügend Feuchtigkeit vorhanden ist. Und die kann man in einem Steinofen ganz einfach erzeugen. Nach dem Herausnehmen der Glut braucht man den Boden des Ofens nur mit einem nassen Lappen abzuwischen, den man um den Schieber wickelt. Nach dem Auswischen sollten dann aber die Tür und die Schornsteinklappe geschlossen werden, damit sich die feuchte Atmosphäre möglichst lange hält.

Dieses Schließen von Tür und Klappe ist ohnehin wichtig und Voraussetzung dafür, daß in unserem Ofen nach dem Aufheizen 2 bis 3 Stunden gebacken werden kann. Das ist immerhin so lange, daß Sie das Backen zu einem Fest für die ganze Nachbarschaft machen können.

Aber nun zu unserem Rezept, das *Schalett* genannt wird und bei dem es sich um ein altes jüdisches Gericht handelt. Es wird noch heute im Breidenbacher Grund im nördlichen Hessen gebacken. Es handelt sich dabei um eine besondere Art eines Kartoffelauflaufs.

Hier die Zutaten:

```
1 kg Kartoffeln
125 g Rindswurst
125 g Schinkenspeck in Scheiben
1 Stange Lauch
2–3 Brötchen (es können auch
    alte sein)
1–2 Eier
Salz und Pfeffer zum Abschmekken.
```

Zunächst müssen wir einen Kartoffelteig herstellen. Dazu werden die rohen Kartoffeln fein gerieben, der Lauch in Ringe geschnitten, die Rindswurst gewürfelt und alles zusammen mit den vorher eingeweichten Brötchen und den Eiern zu einem Teig verarbeitet. Schmecken Sie ihn mit Salz und Pfeffer ab.

Dieser Teig kommt nun in eine eingefettete, nicht zu kleine Auflaufform. Selbstverständlich muß diese Form durch die Öffnung des Ofens passen. Auf den Teig legen Sie oben die Schinkenspeckscheiben auf. Wenn Sie mögen, können Sie schließlich auf alles noch ein wenig grob gestoßenen schwarzen Pfeffer streuen. Das schmeckt nicht nur recht würzig, sondern sieht auch noch gut aus.

Schieben Sie dann die Form in den Ofen und lassen Sie den Schalett bei geschlossener Tür und Schornsteinklappe etwa 70 Minuten lang backen. Auch hier empfiehlt es sich, vorher den Boden des Ofens feucht abzuwischen oder vielleicht sogar eine kleine feuerfeste Schale mit Wasser in die Ecke des Ofens zu stellen.

Sie werden erstaunt sein, wie gut dieses einfache Gericht schmeckt. Natürlich ist nichts so gut, daß man es nicht noch verbessern könnte; hier z.B. durch eine Beilage. Und da empfehlen wir Ihnen *Bratäpfel*, die nicht nur in der Weihnachtszeit gut schmecken.

Bratäpfel à la *Hobbythek* werden so zubereitet:

Pro Person braucht man einen großen Apfel (möglichst Boskop). Es gibt spezielle Geräte, mit denen man auf ganz einfache Weise einen Apfel in der Mitte aushöhlen kann. Dasselbe geht auch mit einem Küchenmesser. Achten Sie beim Aushöhlen aber darauf, daß Sie auf der anderen Seite nicht ganz durchstecken, weil sonst die Füllung unten herausläuft. Es empfiehlt sich als Unterseite die Stielseite, weil sie dichter ist als die Blütenseite.

In diese Höhlung, die Sie je nach Geschmack größer oder kleiner machen können, füllen Sie nun ein Gemisch aus gehackten Hasel- und Walnüssen, Korinthen, Zucker, Zimt und Honig. Das Mischungsverhältnis dieser Zutaten möchten wir ganz Ihrem Geschmack überlassen. Oben auf diese Mischung kommt noch ein Stich Butter, die mit gestoßenem braunem Kandiszucker bestreut wird. Es empfiehlt sich, die Äpfel auf einem Tortenboden oder einem ähnlichen kleinen Blech zu braten, weil doch immer etwas Saft herausläuft, der den Ofen verkrusten würde. Abgesehen davon schmeckt dieser Saft besonders gut.

Die Äpfel brauchen im Ofen nur etwa 15 bis 30 Minuten. Man ißt sie mit einem kleinen Löffel aus der Schale heraus.

Und nun guten Appetit!

Stuck und Reliefs aus Gips selbst gemacht

Es ist noch gar nicht so lange her, da waren Stuck und Gips Dinge, die man geradezu mit Abscheu betrachtete. Da wurden Häuser und Wohnungen „modernisiert", indem man von den Fassaden alle Gesimse und Verzierungen abschlug und alles mit glattem, phantasielosem Putz überzog. Damals merkte man noch nicht, was inzwischen sogar der Laie sieht: die Proportionen der Häuserfassaden stimmten plötzlich nicht mehr. Die Fenster sahen zu klein aus, der Übergang zu Erkern und Balkonen war gestört usw. Nicht anders war es in den Wohnungen. Stuckleisten und Rosetten, die den Decken in diesen ja meist großen Häusern eine bestimmte Struktur gaben, bewirkten zugleich, daß für das Auge das Verhältnis zwischen Länge, Breite und Höhe der Zimmer stimmte.

Es ist nicht nur Nostalgie, daß wir heute in unserer Welt doch etwas sorgsamer mit dem umgehen, was aus der Vergangenheit erhalten geblieben ist. Nicht nur durch den Krieg, sondern fast mehr noch durch die Nachkriegszeit ist viel zu viel kaputt gegangen, als daß wir es uns leisten könnten, dieses Zerstörungswerk fortzusetzen. Das allgemeine Gefühl, daß vieles unwiederbringlich dahin sein wird, bringt uns heute dazu, an den Überbleibseln der Vergangenheit Gefallen zu finden.

Viele Leute bringen heute viel Zeit damit zu, etwas wieder instandzusetzen, was vor zehn oder fünfzehn Jahren aus vorschneller Modernisierungssucht zerstört wurde. Man braucht nur in Bastelgeschäfte zu gehen und sich anzusehen, was dort angeboten wird. Da gibt es zahllose Formteile aus Styropor, mit denen man sich eine komplette Stuckdecke bauen kann. Aber Styropor ist eben kein Gips; es läßt sich nicht in ganz so feine Formen bringen. Und letzten Endes sieht man es doch, daß der „Stuck" kein Stuck ist. Und da wir in der *Hobbythek* immer darauf bedacht sind, aktiven Leuten Vorschläge zu machen, und zugleich die Kreativität zu fördern, meinten wir, daß man es besser machen kann als einfach in einen Laden zu gehen und Styroporteile zu kaufen.

Bei der Abgußmethode, die wir Ihnen gleich vorschlagen wollen, erhalten Sie nicht nur Abgüsse, die in der Form vom Original so gut wie nicht zu unterscheiden sind; Sie können auch selbst bestimmen, was Sie als Verzierung in der Wohnung oder vielleicht im Garten haben wollen.

Es gibt ja bei Freunden und Bekannten, bei Nachbarn, auf Flohmärkten, bei Trödlern, in abgelegenen Dörfchen und an vielen anderen Orten tausend Dinge, die in ihrer Form so schön sind, daß man sie gern selbst haben möchte. Wenn Sie dieses Kapitel erst einmal durchgelesen haben, werden Sie vielleicht mit noch viel offeneren Augen durch die Welt gehen und plötzlich Dinge sehen, die Sie früher gar nicht bemerkt haben, die sich aber sehr gut zum Abgießen eignen.

Unsere Abgußmethode hat nämlich außer der Originaltreue noch zwei weitere Vorteile:

1. Beim Abnehmen der Form für einen Abguß wird das Original – auch wenn es sehr empfindlich ist – nicht beschädigt (es sei denn, Sie lassen es aus Versehen fallen).

2. Sie brauchen das Original nicht von seinem Platz zu nehmen. Sie können die Form für den Abguß an Ort und Stelle herstellen.

Nun ist zwar das Herstellen einer Abgußform mit Hilfe von Silikon-Kautschuk, um das es hier geht, gar nichts so Neues. Neu an unserem Verfahren ist allerdings ein ganz wesentlicher Punkt. Silikon-Kautschuk ist kein billiges Material. Ein Kilogramm kostet zwischen 30 und 50 Mark, und das ist schon viel Geld. Nach dem herkömmlichen Verfahren geht bei einem mittelgroßen Original ganz schnell ein Kilo drauf. Wir werden Ihnen nachher zeigen, wie man mit einem zehntel oder sogar fünfzehntel der Masse auskommt und dadurch eine Menge Geld spart.

Zuvor aber noch einmal zurück zu der plötzlich wieder wachgewordenen Liebe zu Schnörkeln, Leisten, Gesimsen und Figuren.

Stuck, das vom italienischen *stucco* herkommt, wurde bereits in der altorientalischen Kunst und dann auch bei den Römern zur Herstellung von Figuren und anderen Plastiken verwendet. Zur Innen- und Außendekoration von Gebäuden, auf die sich die Bezeichnung Stuck heute vor allem bezieht, verwendet man Gips erst seit der Renaissance und dann vor allem im Barock. Im 17. Jahrhundert also erreicht die Kunst der Stukkateure die höchste Blüte. Eine zweite Blüte erlebte der Stuck in der Zeit des Jugendstils um die Wende zu unserem Jahrhundert.

In der Barockzeit formte man aus *Gips*, der oft noch durch Zugabe von Fasern haltbar gemacht wurde, nicht nur die zierlichen Schnörkel und Verzierungen, die man heute noch in Barockkirchen und Schlössern bewundern kann. Man benutzte ihn auch zur Marmorimitation. Dieser sogenannte Stuckmarmor an Säulen und Tafeln an den Wänden hatte den Vorteil, daß er sich zu einer glänzenden Oberfläche verarbeiten ließ und daß man ihn in feinsten Schattierungen färben konnte.

Der Gips ist zwar nicht so edel wie Marmor, kommt dafür aber in enormen Mengen auf der Erde vor. Außerdem läßt er sich besonders gut formen. Mehr zum Gips aber dort, wo wir uns unmittelbar mit ihm beschäftigen wollen.

Abb. 1: Unser Flohmarkt im Studio.

In den Blütezeiten der Stuckkunst ließen diejenigen, die es sich leisten konnten, die Verzierungen an Decken und Wänden nicht gießen, sondern an Ort und Stelle formen. Das war eine besondere Kunst, für die es nicht sehr viele Meister gab. Da sich aber Gips besonders gut zum Gießen eignet und er beim Erstarren weder seine Form verändert noch kleiner wird und „einschrumpelt", hat man schon sehr früh die Kunst des Abgießens weit entwickelt.

Zum Abgießen braucht man Formen. Und unter den Formen unterscheidet man die sogenannten *verlorenen Formen*, die man nur einmal verwenden kann, weil sie beim Herausnehmen des Abgusses beschädigt werden, von den *wiederverwendbaren Formen*, in denen man mehrere Abgüsse hintereinander herstellen kann. Da es in früheren Zeiten weder Gummi noch Plastik und ähnliche Errungenschaften der Neuzeit gab, tat man sich bei der Herstellung von wiederverwendbaren Formen sehr schwer. Aber schon in der Barockzeit hatte man ein Material gefunden, aus dem sich sogenannte Leimformen herstellen ließen, die immerhin 10 bis 15 Abgüsse aus einer Form möglich machten. Aber diese Leimformen waren weder robust noch wasserfest, im Gegensatz zum heutigen Silikon-Kautschuk, aus dem man praktisch unbegrenzt Abgüsse herstellen kann.

Was man alles abgießen kann

Grundsätzlich kann man alles abgießen, es sei denn, es handelt sich um Gegenstände, die keine geschlossene Oberfläche haben und wie Filigran gearbeitet sind. Grundsätzlich gibt es aber zwei Arten von Gegenständen, denen zwei Techniken des Abgießens entsprechen:

Erstens:
Reliefs, also Flächen mit erhabenen Bildern oder Verzierungen, lassen sich in einem Arbeitsgang mit einer Form abgießen. Voraussetzung für diese Technik ist allerdings, daß es nicht zu sogenannten Hinterschneidungen kommt. Was man damit meint, möchten wir an einem Beispiel erklären. Wenn Sie z.B. einen Pilz abgießen wollten, der aus einer Platte herauswächst, würden Sie die Form vom Original des Pilzes nicht abziehen können, weil der hochstehende Hut breiter ist als der darunter stehende Stiel des Pilzes. Der Stiel ist also gewissermaßen die Hinterschneidung (vgl. *Abbildung 2*).

Allerdings läßt die Elastizität des Silikon-Kautschuks gewisse Hinterschneidungen zu; darauf kommen wir aber später noch.

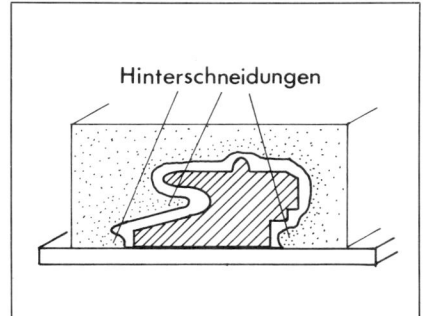

Abb. 2: Hier ist deutlich zu sehen, was „Hinterschneidungen" sind, die beim Abgießen Probleme bereiten können. (Vgl. dazu auch *Abb. 6*)

Zweitens:
Es gibt vollplastische Originale, wie z.B. der Kopf der Nofretete, von denen man eine Form in einem Stück nicht herstellen kann. Man bekäme nämlich weder die Form vom Original des Kopfes noch später den Abguß aus der Form wieder heraus. Bei solchen vollplastischen Formen behilft man sich beim Herstellen der Abgußform damit, daß man sie in zwei oder auch mehreren Teilen herstellt. Das erfordert schon ein wenig Geduld und Sorgfalt; es ist aber trotzdem ein Verfahren, das auch ein Laie anwenden kann. Wir werden später ein Beispiel dafür geben (ab Seite 95).

Die Eigenschaften des Silikon-Kautschuks, die bis zu bestimmten Grenzen Hinterschneidungen erlauben, sind so vielseitig, daß Sie auch bei einteiligen Formen schon eine Menge schöner Dinge abgießen können. Versuchen Sie es aber zu Beginn auf jeden Fall erst einmal mit einteiligen Formen; d.h. mit Abgüssen von Reliefkacheln, Stuckverzierungen, usw.

Zuvor einige Informationen zu den Materialien, die wir verwenden

Der Silikon-Kautschuk

Diesem Silikon-Kautschuk und einigen verwandten Arten begegnet man jetzt immer häufiger. Nach der Verarbeitung bildet er eine klare oder milchige Masse, die elastisch ist und trotzdem ganz hervorragende Haltbarkeit entwickelt. Vielleicht haben

Sie eine Variante dieses Materials bereits als Dichtmasse zwischen Badewanne und Kachelwand, an den Rändern von Schaufenstern oder anderswo gesehen. Man kann sogar Aquarien damit zusammenkleben.

Der Silikon-Kautschuk, den wir hier verwenden, ist flüssig und in Pastenform in Hobbygeschäften, Malerbedarfsgeschäften und inzwischen auch auf Baufachmärkten zu bekommen. Ähnlich wie bei Zweikomponentenklebern wird dieser Silikon-Kautschuk in Form von zwei Substanzen geliefert, die erst kurz vor der Verarbeitung gemischt werden. In diesem Fall wird der eigentliche Silikon-Kautschuk mit einem Härter bzw. einem sogenannten Vernetzer vermischt. Dieser Zusatz bewirkt, daß der Silikon-Kautschuk bei normaler Zimmertemperatur vulkanisiert. Nach dem Erstarren hat diese Verbindung folgende Eigenschaften, die für das Herstellen einer Abgußform geradezu ideal sind:

1. Der Silikon-Kautschuk wird zwar fest, bleibt aber elastisch wie Gummi.
2. Er behält genau die Form, die er beim Erstarren angenommen hat; d.h. er bleibt maßhaltig und in der Oberfläche glatt und ohne Runzeln.
3. Silikon-Kautschuk, der für den Formenbau verwendet wird, hat – wie die Fachleute sagen – eine sehr geringe Adhäsion, d.h., er klebt nicht. Das ist für unsere Zwecke besonders wichtig, weil so die Form weder mit dem Original noch später mit dem Abguß verklebt. Man kann die Form wie eine Gummimaske vom Original und vom Abguß abziehen, ohne deren Oberflächen zu beschädigen.

Bei dem materialsparenden Verfahren, das wir gleich vorstellen werden, ist die eigentliche Silikon-Kautschuk-Schicht relativ dünn. Deshalb muß man beim Abziehen der Form vom Original und später auch vom Abguß etwas vorsichtig vorgehen, wenn man die Form wiederverwenden will. Sollten sich aber doch einmal kleine Risse ergeben, dann kann man sie leicht mit einem Silikon-Kleber wieder reparieren. Auch das ist ein Vorteil des Silikon-Kautschuks.

Allerdings hat dieses Wundermaterial einen Haken: es ist nämlich nicht ganz billig. Ein Kilogramm kostet, wie schon erwähnt, über 30 Mark, wobei billigere Sorten nicht unbedingt die preiswerteren sein müssen. Der niedrige Preis kommt nicht selten dadurch zustande, daß einfach nur mehr Füllmaterial in ihm enthalten ist, das jedoch die Elastizität und Festigkeit des Kautschuks vermindert. Aber wir haben ja ein Verfahren entwickelt, das es Ihnen gestattet, sparsam mit diesem teuren Zeug umzugehen und trotzdem zu guten Ergebnissen zu kommen.

Bei der Suche nach billigeren Materialien, die ähnlich gute Eigenschaften haben, stößt man mitunter auf Substanzen, die nicht ungefährlich sein können. Da wir in dieser Hinsicht Erfahrungen gemacht haben, die zumindest zur Vorsicht mahnen, möchten wir sie Ihnen nicht vorenthalten. Es kann ja sein, daß Sie beim Einkauf von Silikon-Kautschuk ebenfalls billigeres Material angeboten bekommen. Das muß nicht unbedingt schlechter sein, aber es kann ...

So haben wir z.B. auf der Münchener Handwerksmesse einen Händler gefunden, der ein – angeblich neues – Material anbot. Zunächst schien es lediglich den Nachteil zu haben, daß man es bei 160°C auf dem Herd aufschmelzen mußte, um es dann, ähnlich wie Silikon-Kautschuk, als Form über das Original zu gießen. Abgesehen davon, daß 160°C für manches Original einfach zu heiß sind, hatte dieses Material noch einen erheblichen anderen Nachteil. Es war zwar nur rund 1/3 so teuer wie Silikon-Kautschuk, entwickelte aber beim Aufschmelzen stechende Dämpfe. Wir haben daraufhin das Material im Laboratorium prüfen lassen, wo festgestellt wurde, daß es sich um eine Masse auf PVC-Basis handelt. Eine solche Masse entwickelt beim Erhitzen Dämpfe, die Vinylchlorid enthalten, das nachgewiesenermaßen hochgradig krebserregend ist. Selbst Fachleute geraten mitunter durch solche und ähnliche Materialien in Gefahr. So berichtet uns z.B. der Bildhauer Theo Gaffé aus Mainz, daß sich in einem Atelier dieser Stadt ein Unfall ereignet hätte, bei dem drei Arbeiter schwere Vergiftungen davongetragen hätten.

Sie brauchen jetzt aber keine Befürchtungen zu haben. Die Materialien, die wir Ihnen empfehlen, sind in jeder Hinsicht durchgetestet, und ihre Ungefährlichkeit ist erwiesen. Auf Gefahren verweisen wir ja nur deshalb, damit Sie sich auch bei möglichen Preisvorteilen nicht aus Gutgläubigkeit in Gefahr begeben.

Aber bevor es jetzt ans eigentliche Formenherstellen geht, noch ein paar Worte zu unserem zweiten Werkstoff bei dieser Arbeit: dem Gips.

Ein paar Informationen zum Thema Gips

Gips ist ein reines Naturprodukt und es kommt – im Gegensatz zu manchen anderen Rohstoffen, wie Öl, aber auch Eisenerz – in großen Mengen vor. Es gibt nicht nur ganze Sediment-Schichten aus Gips, sondern richtige Gebirge.

Die chemische Formel von Gips lautet: $CaSO_4 \cdot 2\,H_2O$. Aus dieser Formel der Chemiker übersetzt heißt das, daß Gips ein Calciumsulfat mit Wasseranteil ist.

Die besonderen Eigenschaften des Gipses haben zum nicht geringen Teil mit seinem Wassergehalt (H_2O) zu tun. Dieses Wasser, daß in der Kristall-Struktur aufgehoben ist, kann man durch Brennen relativ leicht aus dem Gips heraustreiben, ohne im übrigen seine sonstige Zusammensetzung zu verändern. Den gebrannten Gips kann man zu feinem Pulver vermahlen, und in dieser Form kommt er auch in den Handel.

Wenn man nun dieses Gipspulver mit Wasser vermischt, dann nimmt es bereitwillig das Wasser, das ihm beim Brennen entzogen wurde, wieder auf; es „bindet ab". Dabei bildet der pulverisierte Gips wie das ursprüngliche Material wieder eine feste Struktur. Was man mit dem bloßen Auge dabei nicht sieht: Der Gips kristallisiert aus, wobei feinste Kriställchen miteinander verwachsen, gewissermaßen verfilzen. Unter geeigneten Bedingungen – z.B. im Labor-Experiment oder in der Natur im Laufe von Millionen Jahren – entstehen große Gips-Kristalle. Auf *Abbildung 3* sehen Sie solche Gipskristalle, bei denen es

schwerfällt zu glauben, daß sie chemisch exakt dasselbe sind wie ein Gipsstuck an der Decke.

Wenn man gebrannten Gips mit Wasser anrührt, erwärmt er sich etwas. Beim Abbinden des Gipses findet eine Energieabgabe an die Umgebung statt. Der Fachmann sagt: Beim Einbinden der Wasser-Moleküle in die Gips-Struktur läuft ein „exothermer Prozeß" ab. Übrigens: Beim Brennen wurde diese Energie dem Gips zugefügt. Der Prozeß ist also umkehrbar („reversibel"): wenn abgebundener Gips gebrannt wird, kann er wieder verwendet werden; er ist also sehr umweltfreundlich.

Gips ist nicht nur deshalb für Abgüsse ein für unsere Zwecke besonders guter Werkstoff, weil er sehr schnell härtet und auch nach dem Abbinden seine Form völlig unverändert behält. Und obwohl Gips in seiner Kristallstruktur bereits eine ganze Menge Wasser gespeichert hat, ist er immer noch in der Lage, erhebliche Mengen an Feuchtigkeit aufzunehmen und auch wieder abzugeben. Dadurch ist er besonders gut für Wandverkleidungen geeignet, denn er verbessert das Raumklima, weil er extreme Feuchtigkeitsunterschiede ausgleichen kann. Deshalb benutzt man vor allem bei der Altbaurenovierung gern Platten, die aus Gips mit einer Kartonverkleidung bestehen. Sie lassen sich wie Bretter sägen und annageln.

In der Verbindung mit Styropor sind diese Gipskarton-Platten ein geradezu ideales Isolationsmaterial. Eine Platte mit einer 1 cm starken Gipsschicht und einer 2 cm starken Styroporschicht erzielt eine Wärmedämmung,

die einer 25 bis 30 cm dicken Ziegelsteinwand entspricht. Inzwischen gibt es solche Platten sogar für die Isolation des Fußbodens. Sie lassen sich wie Dielen mit Nut und Feder verlegen, und sie dämmen nicht nur den Wärmeübergang, sondern dämpfen auch Schall. Die untenliegende Styroporschicht wirkt nämlich wie ein schwimmender Estrich, der die Übertragung von Schallwellen auf darunter oder an den Seiten liegende Schichten verhindert.

In unserer Zeit zunehmender Umweltprobleme ist Gips auch in dieser Hinsicht ein geradezu idealer Werkstoff. Seine Gewinnung und spätere Verarbeitung belastet die Natur nicht. Er ist ungiftig und außerdem sehr billig.

Für unsere Zwecke – das Herstellen von Abgüssen also – sollte man nicht den gröberen Baugips, sondern doch einen besseren und damit auch etwas teureren Gips nehmen. Da gibt es beispielsweise den sogenannten *Stuck-Gips* und den *Modell-Gips*, die beide kaum voneinander zu unterscheiden sind. Die beste Qualität hat der sogenannte *Alabaster-Gips*, der am feinsten von allen Sorten gemahlen ist und darüber hinaus eine blütenweiße Farbe hat. Man bekommt ihn freilich nicht überall. Für unsere Zwecke reicht aber durchaus Stuck- oder Modell-Gips.

Noch ein Wort zum „Anrühren" von Gips

Wohl jeder von uns hat schon einmal Gips angerührt. Und mehr oder weniger hat es ja auch immer geklappt. Trotzdem empfiehlt es sich,

Abb. 3: In der Natur gewachsene Gipskristalle.

ein paar Regeln zu beachten; besonders wenn es um das Ausgießen von Formen geht.

Schon wenn wir beim Gips von „Anrühren" sprechen, dann ist das eigentlich der falsche Ausdruck. Gips sollte nämlich nicht wie ein Kuchenteig angerührt werden, denn er wird dann noch schneller hart. Die alten Handwerker hatten einen Spruch, der lautete:

„Wenn man Gips zu lange rührt, wird er faul", und sie meinten damit, er verfestigt sich schnell. Deshalb sollten Sie z.B. auch flüssige Gipsreste niemals in den Ausguß schütten, weil das nämlich die beste Methode ist, einen Abfluß wasserdicht zu verschließen. Es ist dann unter Umständen sehr teuer und aufwendig, einen Gipspfropf wieder zu beseitigen. Gips braucht ja zum Abbinden keine Luft; er verschließt einen Ausguß also auch unter Wasser.

Reden wir also nicht vom Anrühren, sondern vom Anmachen des Gipses.

Wichtigste Regel: Der Gips muß stets *in Wasser hinein* und niemals umgekehrt, denn sonst verklumpt er hoffnungslos.

Zweite Regel: Machen Sie den Gips möglichst in einem flexiblen Gefäß an; dann haben Sie später keine Probleme, die Reste wieder aus dem Gefäß zu entfernen. Wenn der Gips nämlich hart geworden ist, dann brauchen Sie das Gefäß nur leicht einzudrücken, und er platzt von Wänden und Boden. Es gibt spezielle Gipsbehälter, die wie schwarze Gummihüte aussehen und nicht viel kosten. Bei größeren Mengen tut es auch eine Kunststoffschüssel oder ein Kunststoffeimer, wie man ihn für Binderfarbe erhält.

Für den Anfänger ist es nicht ganz einfach, die richtigen Mengen abzuschätzen. Dafür hier ein ganz nützlicher Tip: Gießen Sie in die Silikonkautschukform (die wir später beschreiben) bis zum Rand Wasser. Das ist genau die richtige Menge, die Sie für das Anmachen des Gipses benötigen. Das eingestreute Gipsmehl vergrößert das Volumen des Gipsbreis nämlich nur unerheblich.

Wenn Sie auf diese Weise die richtige Wassermenge abgemessen und in Ihr Gefäß geschüttet haben, dann streuen Sie langsam, gleichmäßig und über die ganze Oberfläche des Wassers verteilt den Gips ein. Verkneifen Sie es sich jetzt, mit einem Löffel oder Holzstück in der Masse herumzurühren. Der Gips sinkt von selbst auf den Boden. Streuen Sie langsam so lange Gips in das Wasser, bis an der Oberfläche einige kleine Gipsinseln herauskommen (*Abbildung 4*). Stoßen Sie dann das Gefäß leicht auf, damit die kleinen Gipsberge

unter der Wasseroberfläche verschwinden und völlig durchnässen. Dann einige Sekunden warten. Jetzt können Sie unter der Wasseroberfläche vorsichtig anfangen zu rühren, was am besten mit einem Löffel, einem Spachtel oder – bei größeren Mengen – mit der Hand geht. Dazu sollten Sie sich allerdings einen Gummihandschuh anziehen, weil Gips die Haut stark austrocknet. Aber bitte nicht zu stark rühren, damit keine Luftblasen in die Masse geraten, die

Abb. 4: Den Gips in das Wasser einstreuen und erst dann ganz vorsichtig umrühren, wenn die gesamte Gipsmenge zugegeben ist.

später unschöne Löcher im Abguß bilden. Und auch nicht lange rühren, damit der Gips nicht „faul" wird und erstarrt. Kurz und gründlich soll es sein, bis Sie einen Brei erhalten, der etwa die Konsistenz von durchgerührtem Joghurt hat. Jetzt ist der Gips in der richtigen Verfassung, in die Form gegossen zu werden.

Aber diese Form müssen wir ja erst noch herstellen.

Herstellen einer Silikon-Kautschukform

Die Hobbythek empfiehlt: Nehmen Sie streichbaren Silikon-Kautschuk

Wir sagten vorhin schon, daß Silikon-Kautschuk recht teuer ist. Wenn man das herkömmliche Abformverfahren verwendet, bei dem über das Original ein recht massiver Kautschuk-Klotz gegossen wird, dann kommen Sie auf ganz erhebliche Materialpreise. Wir haben in unserer Fernsehsendung ein Kruzifix gezeigt, für dessen Form wir 4,5 kg flüssigen Silikon-Kautschuk gebraucht haben. Das ergab einen Preis von 150 bis 200 Mark allein für das Material der Form. Solche Preise stehen in keinem annehmbaren Verhältnis mehr zum Ergebnis; da kann man sich oft schon ein Original kaufen. Wir haben deshalb nach einem Verfahren gesucht – und es schließlich auch gefunden –, bei dem man z.B. bei demselben Kruzifix statt 4,5 kg Silikon-Masse nur noch 300 g brauchte. Da können Sie sich selbst schnell ausrechnen, wieviel Geld gespart werden kann.

Bei unserer Suche nach einem rentableren Verfahren sind wir auf ein Material gestoßen, bei dem es sich ebenfalls um ein Silikon-Kautschuk mit allen bereits beschriebenen Vorteilen handelt, von dem man aber wesentlich weniger braucht. Dieser Kautschuk ist *pastenförmig* und sogar etwa 10% teurer als der flüssige Silikon-Kautschuk. Dieser geringfügig höhere Preis wird aber dadurch, daß man wesentlich weniger davon benötigt, bei weitem ausgeglichen.

Ein pastenförmiger Kautschuk hat im Gegensatz zum flüssigen den Vorteil, daß man ihn mit einem Pinsel auftragen kann. Eine 2 bis 4 mm starke Schicht reicht bereits aus, wenn man an den Stellen, wo ein Relief starke Ausbuchtungen hat, ein bißchen dicker aufträgt. Wo Sie dieses Material bekommen können, verraten wir im Anhang dieses Buches.

Dieser Kautschuk hat den zusätzlichen Vorteil, daß man mit ihm unter Umständen sogar Gegenstände abformen kann, die sich an senkrechten Wänden befinden. Also z.B. Fassadenteile, Ofenplatten, Holzverzierungen an Möbeln usw. Das Material ist nämlich zäh genug, nicht an einer Wand herunterzulaufen.

Natürlich ist eine solche nur wenige Millimeter dicke Form ausgesprochen „lappig": sie würde beim Ausgießen mit Gips ziemlich aus den Fugen gehen und das Original nur verzerrt wiedergeben. Diesen Nachteil vermeiden wir, indem wir die aufgestrichene Silikon-Kautschukform nach dem Erstarren gewissermaßen mit einem tragenden *Stützkorsett aus Gips* überziehen, das der Form den nötigen Halt gibt. Die Kautschukform hält später also im wesentlichen die Feinstruktur des Originals fest, während das darüber gearbeitete stützende Gipskorsett die grobe Form insgesamt stabilisiert.

Herstellen einer Form aus streichbarem Silikon-Kautschuk

Das Handwerkszeug, das Sie dazu brauchen, ist denkbar einfach. Für die

Abb. 5: Links das Auftragen des Streichsilikons; *rechts* wird der stützende Gipsmantel um die Form gelegt.

Kautschukform genügt ein kleiner *Spachtel*, ein billiger, etwa 3 cm breiter *Pinsel* (billig, weil man ihn nur einmal verwenden kann) und ein normaler *Kochlöffel* aus Holz (den man hinterher immer wieder verwenden kann). Für das Anrühren des Gipses benötigen Sie lediglich das bereits erwähnte *elastische Gefäß*.

Zu Beginn sollten Sie sich ein Original aussuchen, das sich auf jeden Fall mit einer *einteiligen* Form abformen läßt, und das möglichst keine oder nur sehr geringe Hinterschneidungen hat. Dazu gehören z. B. Kacheln mit einem Relief, Zierstücke, wie man sie für Stuckdecken braucht, usw. Besonders geeignet sind Kacheln, weil sie sich nicht nur leicht abformen lassen, sondern weil der Zweck des Abgießens meist ja darin besteht, ein Einzelstück zu größerer Stückzahl zu vervielfältigen. Und dafür ist unser Verfahren ganz besonders geeignet.

Ganz gleich, von welchem Original Sie ausgehen, wir reden in Zukunft vom „Original" immer als von dem *Modell*.

Und nun geht es los:

Befestigen Sie das Modell vor der Herstellung der Form am besten auf einer Unterlage aus Styropor (vgl. dazu *Abbildung 5*). Das geht am einfachsten mit Doppelklebeband (sogenanntem Teppichband). Das Modell kann dann beim Aufstreichen der Masse nicht verrutschen.

Rühren Sie dann nach Vorschrift den Silikon-Kautschuk mit dem Vernetzer zusammen. Das geht am einfachsten mit einem Kochlöffel aus Holz, von dem sich später die verfestigte Masse leicht wieder abziehen läßt. Achten Sie darauf, daß Sie von dem teuren

Zeug nicht zu viel anrühren. Denn wenn es erst einmal steif geworden ist, läßt es sich niemals wieder verflüssigen und weiterverarbeiten. Sollte sich beim Überstreichen des Modells mit dieser Masse herausstellen, daß Sie zu wenig angerührt haben, dann können Sie ohne Schwierigkeiten nachrühren. Also besser weniger als zu viel nehmen.

Silikon-Kautschuk ist übrigens ungiftig. Allerdings müssen Sie beim Einrühren des Vernetzers sehr darauf achten, daß auch nicht der kleinste Spritzer ins Auge gerät. Halten Sie also das Gefäß beim Anrühren so, daß Ihnen nichts passieren kann.

In der Regel braucht man auf 1000 g Silikon-Kautschuk etwa 30 g Vernetzer bzw. auf 100 g ca. 3 g Vernetzer. Wenn Sie diese 3% nicht ganz genau eingehalten haben, dann ist das auch nicht weiter tragisch. Haben Sie zu wenig genommen, dann dauert das Abhärten etwas länger, haben Sie zu viel genommen, dann geht es freilich schneller. Wichtig ist jedoch, daß Sie den Vernetzer sehr gut einmischen. Also hier lieber etwas länger rühren.

Nach dem Mischen haben Sie etwa ¼ bis ½ Stunde Zeit, den Kautschuk zu verarbeiten. Soweit ausgehärtet, daß Sie ihn vom Modell lösen können, ist er allerdings erst nach 2 bis 3 Stunden. Es gibt zwar Vernetzer mit schnellerer Reaktionszeit; aber die würden wir für den Anfänger nicht empfehlen. Nichts ist ja blöder, als plötzlich ein noch zur Hälfte unbedecktes Modell zu haben, während im Topf der Kautschuk bereits zu einer schwabbeligen Gummimasse verfestigt ist. Schnell-Vernetzer empfiehlt

sich allenfalls, wenn Sie ein Modell abformen wollen, das sich an einer senkrechten Wand befindet. Da kommt es ja darauf an, daß möglichst nichts an dieser Wand hinunterläuft.

Wenn Sie Ihren Kautschuk angerührt haben, tragen Sie ihn mit Hilfe des Pinsels gleichmäßig auf die gesamte Oberfläche und auch auf die Seiten des Modells auf. Der Pinsel sollte keine zu langen Borsten haben, weil die Masse relativ zähflüssig ist. Sie können die Borsten notfalls mit einer Schere verkürzen.

Beim Aufstreichen dürfen auf keinen Fall Luftblasen entstehen. Sie würden nämlich später in der Form Löcher hinterlassen, die sich schließlich beim Abguß als häßliche Erhebungen auftreten. Im übrigen hat der Silikon-Kautschuk die Eigenschaft, selbst feinste Strukturen abzubilden. Man hat sogar Versuche mit Schallplatten gemacht, die man mit Silikon-Kautschuk abgegossen hat. Die so gefertigten Abdrucke ließen sich auf dem Plattenspieler abspielen und brachten sogar noch eine ganz akzeptable Musikqualität.

Wenn Sie die *erste* Schicht aufgetragen haben, überziehen Sie das Modell mit einer *zweiten* Schicht. Da die Feinstruktur des Modells bereits durch die erste Schicht festgehalten ist, brauchen Sie nun nicht mehr ganz so vorsichtig vorzugehen. Sie können jetzt sogar mit dem Spachtel dort nachhelfen, wo das Relief etwas stärkere Ausbuchtungen hat. An diesen Stellen sollte die Schicht auch dicker sein. Am Spachtel können Sie außerdem den Pinsel ganz gut abstreifen.

Achten Sie beim Auftragen der Silikonmassen vor allem auf die Kanten und Ecken des Modells. An diesen Stellen reißt die Form besonders gern ein. Und sollte das Modell leichte Hinterschneidungen haben, dann füllen Sie die, soweit es geht, mit Silikonmasse aus (vgl. dazu *Abbildung 6*). Damit sich später das darübergestrichene Gipskorsett entfernen läßt, darf nämlich die dünne Silikonmasse an keiner Stelle nach oben breiter werden als der Untergrund ist. Wir erinnern hier noch einmal an unser Pilzbeispiel.

Wenn alles schön eingestrichen ist, sollten Sie Ihr Werk doch noch eine Weile im Auge behalten, weil vor allem an den senkrechten Stellen die Masse nach unten laufen kann. Das können Sie leicht mit dem Spachtel oder Pinsel verhindern, indem Sie noch einmal nachstreichen.

Nach etwa 2 bis 3 Stunden ist die Silikon-Form ausgehärtet, und Sie könnten sie vom Modell abziehen. Da diese Form aber in sich viel zuwenig stabil wäre, muß vor dem Abziehen noch das Gipskorsett hinzukommen, und das wird wie folgt hergestellt:

Das tragende Gipskorsett für die Silikon-Form

Damit die Form aus Silikon-Kautschuk auch wirklich „in Form" bleibt, wenden wir einen Trick an, den wir aus der Zeit wieder hervorgekramt haben, als es noch keinen Silikon-Kautschuk

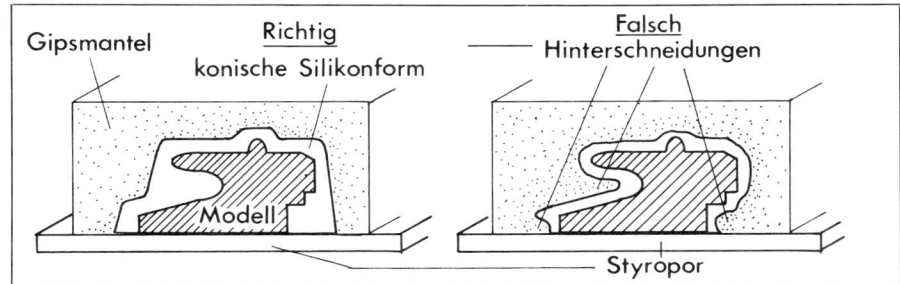

Abb. 6: Wenn das Modell (nicht zu starke) Hinterschneidungen aufweist, muß die Silikonform so gestaltet werden, wie es hier *links* gezeigt ist: die Form darf *keine* Hinterschneidungen haben, sondern muß konisch (oder pyramidenförmig) gestaltet sein.

gab. Damals hat man die sogenannten Leimformen, die ebenfalls in sich nicht sehr steif waren, auch mit Gips verstärkt. Diese Gipsverstärkung brauchte man bei der Leimform, weil sie aus technischen Gründen nicht sehr dick war. Wir brauchen sie hingegen, weil wir das teuere Silikon-Material sparen wollen.

Zum Aufbringen der Gipsverstärkung muß die Silikon-Form auf dem Modell bleiben. Sollten Sie – vielleicht auch nur aus Neugier – die Silikon-Haut vom Modell bereits abgepellt haben, dann müssen Sie sie vorsichtig wieder über das Modell ziehen. Aber bitte darauf achten, daß sich die Form nirgends verzogen hat.

Die Gipsversteifung können Sie jetzt auf zwei Arten anbringen. Wenn Sie einigermaßen geschickt mit dem Spachtel umgehen können, dann genügt das Verfahren, wie wir es auf *Abbildung 5* zeigen. Über die Schicht aus Silikon-Kautschuk wird – je nach Größe des Modells – mit dem Spachtel einfach eine etwa 2 bis 5 cm dicke Gipsschicht gespachtelt. Sie sollte

allerdings auf der Oberfläche schön eben sein; denn später, beim Ausgießen der Form, wird ja das Ganze umgedreht. Wenn Sie jetzt z.B. eine schiefe Ebene gespachtelt haben, steht später auch die Form schief, und Sie müssen sie erst mühsam durch Klötzchen und Ähnliches geradestellen, damit später der in die Form gegossene Gips nicht an einer Seite herausläuft.

Diese Gefahr besteht bei dem Verfahren, das in *Abbildung 7* gezeigt ist, kaum: Sie bauen um das Modell, das ja auf einer Styroporunterlage festgeklebt ist, einen Rahmen herum. Das Einfachste ist, auch dafür Streifen aus Styropor zu nehmen, die man mit Nägeln leicht auf der Styroporunterlage feststecken kann und zur Sicherheit noch mit einem Klebeband an den Ecken dicht macht. Es genügt, wenn dieser Styroporrahmen 1 bis 2 cm höher als das Modell ist. Er muß aber nicht nur höher sein, sondern rund um das Modell auch einen Rand freilassen, der ebenfalls 1 bis 2 cm breit ist.

In diesen Rahmen wird nun Gips, der dünner angerührt sein kann als bei der Auftragsmethode, einfach hineingegossen. Die Gipsschicht umkleidet dann das Modell samt der Silikon-Kautschuk-Schicht, die Sie vorher aufgetragen haben. Der Silikon-Kautschuk verhindert auch, daß der Gips möglicherweise unter das Modell fließt. Und wenn Sie außerdem noch die ganze Angelegenheit auf einem waagerecht stehenden Tisch vorgenommen haben, dann können Sie auch sicher sein, daß die umgekehrte Form später ebenfalls nicht geneigt ist.

Wenn alles gut abgebunden hat, können Sie die Rahmenstücke aus Styropor wegnehmen und das Modell samt Silikon und Gipsform vorsichtig von der Unterlage lösen. Sollte etwas Silikon oder sogar Gips unter das Modell gelaufen sein, dann müssen Sie dies mit einem scharfen Messer vorsichtig entfernen; denn sonst bekommen Sie ja das Modell nicht aus seiner Form heraus.

Lösen Sie jetzt, ohne das Gipskorsett zu zerbrechen, das Modell vorsichtig aus der Silikon-Form heraus. Wenn es keine starken Hinterschneidungen hat bzw. Sie geringe Hinterschneidungen durch ausreichend Silikonmasse ausgeglichen haben, müßte sich das Modell eigentlich ohne große Schwierigkeiten aus der Silikon-Form herausnehmen lassen *(Abbildung 8)*. Notfalls können Sie mit einem Messer oder einem Spachtel ein wenig nachhelfen. Druckstellen, die sich dabei in der Silikonmasse bilden können, gleicht der Kautschuk wegen seiner Elastizität von selbst wieder aus.

Es macht gar nichts, wenn beim Herausnehmen das Modell und die Silikon-Form zusammenbleiben und sich zunächst nur das Gipskorsett löst. Sie können dann die Silikon-Form ganz einfach vom Modell ziehen und sie wieder in das Gipskorsett hineindrücken.

Sollte das Herausnehmen nun gar nicht klappen, weil sich Silikon-Form und Modell im Gipskorsett irgendwie verhakt haben, dann hilft nur noch vorsichtig dosierte Gewalt. Aber bitte wirklich nur vorsichtig vorgehen. Sie müssen dabei nämlich den Gipskorsett mit ein paar gefühlvollen Hammer- oder Meißelschlägen aufbrechen. Das klingt schlimmer, als es wirklich ist. Wir können sogar dieses

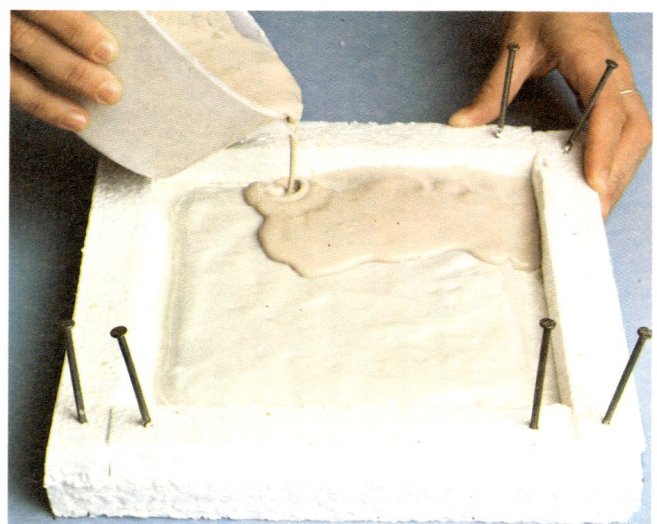

Abb. 7: Der Gipsmantel, der die Silikonform stützt, kann auch gegossen werden.

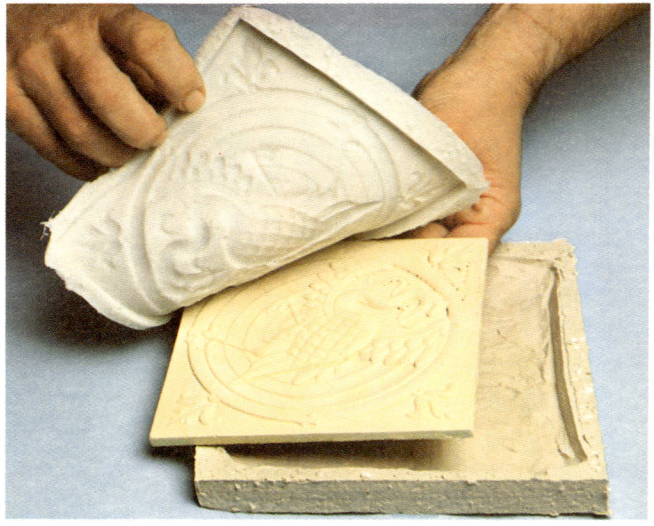

Abb. 8: Das Modell muß ganz vorsichtig aus der Silikonform herausgenommen werden.

so zerteilte Gipskorsett wieder verwenden, denn es hat ja nur Stützfunktion. Legen Sie es also auf eine waagerechte Platte, schieben es wieder zusammen und legen Sie zur Sicherheit noch einen Ring aus Klebeband darum. Dann kommt die Silikon-Form wieder in die entsprechende Höhlung des Gipskorsetts, und alles ist wieder bereit zum Ausgießen.

Zwischendurch ein Tip für den Fall, daß Sie Schwierigkeiten haben, Hinterschneidungen mit Silikon-Kautschuk so stark aufzufüllen, daß die Form – von oben nach unten gesehen – an jeder Stelle konisch oder pyramidenförmig verläuft (vgl. dazu noch einmal *Abbildung 6*). Man kann nämlich diese Hinterschneidungen auch mit ganz normalem Silikon-Kleber ausgleichen, den man in Tuben im Fachhandel bekommt. Das ist dasselbe Material, das man zum Abdichten von Badewannen, Kachelfugen und ähnlichem verwendet. Es hat den Vorteil, daß es ohne Zusatz von irgendwelchen Vernetzern an der Luft aushärtet. Im Kilopreis entspricht es etwa dem Silikon-Kautschuk, ist aber besser zu dosieren und damit sparsamer im Verbrauch.

Mit diesem Silikon-Kleber können Sie aber nicht nur Hinterschneidungen auffüllen, sondern auch zu dünn geratene Stellen an den Kanten verstärken und schließlich sogar eingerissene Formen reparieren.

Wenn Sie solche Nacharbeiten oder auch Reparaturen vorgenommen haben, nachdem Sie das Gipskorsett gegossen haben, müssen Sie – da die Silikon-Form jetzt ja eine veränderte Oberfläche hat – einen neuen Gips-

mantel gießen. Das ist nicht weiter teuer und geht auch relativ schnell.

Für ganz Ängstliche noch dieser Hinweis: Silikon-Kautschuk hat eine Dehnbarkeit von ca. 200%; mit anderen Worten: er läßt sich bis auf das Dreifache der ursprünglichen Länge ziehen, bevor er reißt.

Jetzt geht es an den Abguß

Beim Thema Gips haben wir bereits einiges zum „Anrühren" dieses Werkstoffes gesagt. Vielleicht sind Ihnen diese Hinweise auch bei anderen Arbeiten mit Gips nützlich. Wir knüpfen an diese Ratschläge jetzt wieder an.

Nach dem Anmachen des Gipses dürfen Sie mit dem Gießen nicht lange warten, denn Gips verfestigt sich relativ schnell (nach 5 bis 10 Min.). Der Brei darf auch nicht zu dickflüssig sein, weil er sonst nicht alle Feinheiten der Form füllen würde. Ideal ist es, wenn die Gipsmasse in einem Strahl in die Form läuft, der etwa die Konsistenz von Joghurt oder einer guten Bratensoße hat.

Sie müssen beim Eingießen aufpassen, daß der Gipsbrei nicht zu schnell oder auch ungleichmäßig in die Form hineinpladdert, weil sonst Lufteinschlüsse entstehen. Manchmal schäumt der Gips sogar auf, und das muß auf jeden Fall verhindert werden. Profis haben dafür sogenannte Rütteltische, die Luftblasen aus der Gipsmasse herausrütteln und außerdem dafür sorgen, daß die Masse in alle Ecken, Winkel und sonstigen Feinheiten der Form hineinfließt. Ein solcher Tisch wäre für den Hobbyisten viel zu aufwendig. Ein gleiches Ergebnis

erzielen Sie, wenn Sie die Form mitsamt dem tragenden Gipskorsett vorsichtig anstoßen oder vielleicht auch auf der Unterlage leicht aufklopfen.

Sollte die Oberfläche, die später einmal die Rückseite der Form wird, nicht glatt sein, dann können Sie das kurz vor dem Erstarren mit einem Japanspachtel ausgleichen. Wenn Sie Aufhänger, Haken, Ösen oder andere Dinge in die Form mit eingießen wollen, dann ist dafür ebenfalls der Zeitpunkt kurz vor dem Erstarren der Richtige. Dabei aber bitte darauf achten, daß diese Haken nicht zu tief in den Gips hineingedrückt werden und später an der Oberfläche des Abgusses irgendwo sichtbar werden. Außerdem auf jeden Fall nichtrostendes Material verwenden. Der Gips

Abb. 9: Das Herstellen des Gipsabgusses in der Silikonform: den Gips nicht zu schnell hineingießen, sonst gibt es – wie man hier sieht – Luftblasen, und der Abguß hat nachher fürchterliche Beulen.

83

behält noch lange Feuchtigkeit bzw. nimmt auch Feuchtigkeit aus der umgebenden Luft auf. Sie würden bei rostenden Materialien sonst häßliche braune Flecken bekommen.

Man kann Abgüsse auch verstärken

Bei größeren Abgüssen oder solchen, die dünne und schmale Stellen haben, kurz: die leicht irgendwo zerbrechen können, empfiehlt es sich, eine *Verstärkung* einzubauen. Das geht ganz einfach, wenn man nach dem Ausgießen der Form vorher zurechtgeschnittenen feinen Maschendraht oder auch Jute bzw. Hanfgewebe in den noch nicht abgebundenen Gips eindrückt. Es gibt sogar ein speziell für diesen Zweck entwickeltes Gewebe, das man unter dem Namen „Gitex" im Baustoffhandel bekommen kann. Es handelt sich dabei um ein Gittergeflecht aus Kunststoffasern. Es sinkt leicht in die Gipsoberfläche ein und ist auf jeden Fall frei von der Gefahr, zu korrodieren. Wenn Sie Maschendraht nehmen: darauf achten, daß Sie rostfreies oder verzinktes Material verwenden. Es macht sonst nicht nur unschöne Flecken; es kann – weil es den ganzen Abguß durchzieht – beim Rosten sogar den Gips sprengen.

Wenn Sie das Abbinden des Gipses verzögern wollen

Nach spätestens 20 Minuten ist jeder Gips so fest, daß sich seine Oberfläche nur noch durch Schleifen, Schneiden, Sägen usw. verändern läßt. Aber es gibt Mittel, dieses Abbinden zu verzögern. Die Industrie macht sich das z.B. bei Produkten wie „Moltofill" zunutze.

Die *erste Methode* ist sehr einfach: allerdings verlängert sie den Abbindeprozeß auch nur begrenzt. Diese Methode besteht darin, daß zunächst eine kleine Menge Gips in das Wasser gegeben und darin kurz, aber gründlich, verrührt wird. In dieses Gipswasser streut man nun nach der vorhin beschriebenen Methode die Restmenge Gips ein. Diese Mischung bindet nicht so schnell ab wie eine normal angemachte Mischung, und das kommt auf folgende Weise zustande: Die erste kleine Gipsmenge, die in das Wasser gerührt worden ist, hat bereits mit dem Wasser reagiert, bevor der Rest hinzukommt. Sie verhindert dadurch ein schnelles Einbinden dieses Restes und verzögert damit den Härtungsprozeß insgesamt. Wenn Sie diese Restmenge wie vorhin beschrieben nur in das Gipswasser hineinrieseln lassen und nicht sofort umrühren, dann bleibt das Gemisch etwa eine halbe Stunde in einem verarbeitbaren Zustand. Allerdings müssen Sie kurz vor dem Eingießen in die Form dann doch noch einmal umrühren.

Bei der *zweiten Methode* wird das Abbinden dadurch verzögert, daß in den Gipsbrei ein wenig Tapetenkleister miteingerührt wird, der vorher allerdings ganz normal in Wasser zum Quellen gebracht werden muß. Man kann verschiedene Mischungsverhältnisse nehmen; am besten ist es, wenn Sie das geeignete Mischungsverhältnis vorher selbst ausprobieren, je nach Konzentration des Tapetenkleisters im Wasser.

Gleichgültig, ob Sie nun das Abbinden des Gipses verzögern wollen oder

nicht – der Abbindeprozeß beginnt in jedem Fall dann, wenn das Gips-Wasser-Gemisch warm wird. Er ist abgeschlossen, wenn es wieder erkaltet ist. So lange sollten Sie auch warten, bevor Sie den Abguß aus der Form nehmen.

Der Abguß wird aus der Form genommen

Entfernen Sie zunächst das tragende Gipskorsett von der Silikon-Form. Da die Silikon-Form zwischen Gipskorsett und Abguß gewissermaßen eine elastische Schicht bildet, brauchen Sie keine Angst zu haben, den Abguß zu beschädigen.

Ist das Gipskorsett gelöst, dann ziehen Sie die Form vorsichtig vom Abguß. Vor allem dann, wenn Sie mehrere Abgüsse machen wollen, darf weder das Gipskorsett noch die Silikon-Form beschädigt werden.

Wenn Sie mit dem Herausnehmen des Abgusses nicht allzu lange gewartet haben, sondern wirklich nur bis zu dem Zeitpunkt, zu dem der Gips kalt geworden ist, dann lassen sich irgendwelche kleinen Fehler jetzt am besten beseitigen. Der Fachmann nennt das *Retuschieren*. Da können z.B. kleine Grate stehen geblieben sein oder auch trotz aller Vorsicht die eine oder andere Luftblase.

Solche Retuschen nimmt man mit einem kleinen spitzen und scharfen Messer vor oder – bei komplizierteren Gebilden – auch mit einem Schnitzbesteck. Solche Bestecke enthalten Messer, Stech- und Hohleisen verschiedener Größe, mit denen man grobe und feine Retuschen ausführen kann. Man bekommt sie schon für

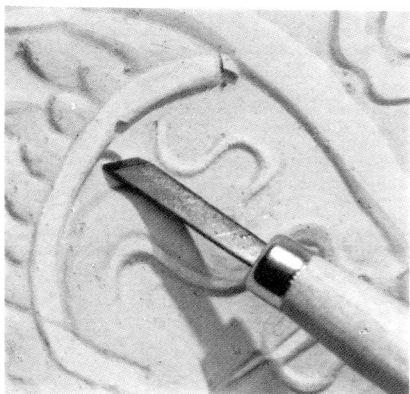

Abb. 10: Kleine Fehler können am Abguß nachträglich beseitigt werden.

relativ wenig Geld in Bastelläden oder auch im Kaufhaus (wir haben schon zwölfteilige Bestecke für rund 7 Mark gesehen). Schaben Sie damit Unebenheiten vorsichtig weg oder spachteln Sie Vertiefungen mit ein wenig frisch angerührtem Gips aus.

Dann lassen Sie den Abguß am besten mehrere Tage liegen, damit er vollständig austrocknen kann. Dabei kann übrigens der Gips bis zur Hälfte seines Gewichtes verlieren. Wundern Sie sich also nicht, wenn Sie nach wenigen Tagen einen Abguß in den Händen halten, der wesentlich leichter ist als beim Herausnehmen aus der Form. Das ist manchmal ganz vorteilhaft, wenn man z.B. mehrfach gegossene Teile einer Verzierung an die Wand kleben möchte.

Wenn Sie Ihren Abguß farbig haben wollen

Grundsätzlich gibt es zwei Verfahren:
1. Das Einfärben der Gipsmasse;
2. Das Bemalen oder Anstreichen des Gipsabgusses.

Wie man Gips einfärbt

Wenn der Gipsabguß eine möglichst gleichmäßige Färbung haben soll, bei der außerdem der matte Glanz einer gegossenen Gipsoberfläche erhalten bleiben soll, empfiehlt sich das Durchfärben der Gipsmasse. Bei diesem Verfahren ist auch sichergestellt, daß feine Reliefs und Oberflächenstrukturen erhalten bleiben und nicht durch einen Anstrich zugestrichen werden. Allerdings erhält man – da Gips ja selbst wie eine weiße Farbe wirkt – keine intensiven Farben, sondern mehr pastellartig wirkende Tönungen. Man mischt in das Wasser, mit dem später Gips angemacht werden soll, wasserlösliche Farbsubstanzen ein, die es in Pulverform oder auch flüssig gibt. Geeignet sind z.B. Abtönfarben, wie man sie für Binderfarben verwendet. Man kann aber auch so intensive Farben wie etwa Batik-Farben nehmen, die es in wunderschönen Tönen inzwischen auch flüssig gibt.

Die Intensität der Färbung in der fertigen Gipsmasse können Sie nur durch Ausprobieren feststellen. Nehmen Sie von dem gefärbten Wasser also eine Probe etwa von der Menge eines Eßlöffels, mischen Sie Gips hinein und lassen Sie das Ganze trocknen. Nach dem Durchtrocknen wird der Farbton heller, aber meist auch intensiver. Diesen Trocknungsprozeß können Sie beschleunigen, indem Sie die Probe leicht erwärmen.

Gips läßt sich auch anstreichen

Manchmal gießt man Formen ab, bei denen später nicht auf den ersten Blick erkannt werden soll, daß es sich um einen Gipsabguß handelt. Als Beispiel nennen wir hier nur die gußeisernen Ofenplatten, die sich ganz hervorragend für einen Abguß eignen. Diese Platten sind im Original in der Regel mattschwarz oder auch anthrazitfarben. Da der Abguß alle Unebenheiten des Originals wiederholt, die dort etwa durch Rost und Beschädigungen entstanden sind und keine ganz gleichmäßige Färbung der Oberfläche verursachen, sollte auch der Abguß etwas Patina haben. Dafür haben wir von Franz Josef Burbach, einem Gast im Studio unserer Fernsehsendung, einen guten Tip bekommen. Herr Burbach ist eigentlich Spezialist für Vergoldungen von Kirchturmhähnen. Er behandelt Abgüsse gern mit ganz normaler *Schuhcreme.*

Mit dieser Technik hat er es erreicht, eine gußeiserne Ofenplatte dem Original so ähnlich zu machen, daß selbst Fachleute erst beim ganz genauen Hinschauen das Original von der Kopie unterscheiden konnten.

Besonders plastisch wirken Reliefs dann, wenn Sie Schuhcreme möglichst satt auftragen, eine Weile einziehen lassen und dann mit einem rauhen Tuch oder auch einer Bürste noch einmal darübergehen. Die herausragenden Stellen werden dann heller, die Rillen und der Hintergrund dunkler.

Natürlich kann man Gips auch mit praktisch jeder anderen Farbe überziehen – sei es nun einfarbig oder auch mehrfarbig. Wenn Sie z.B. ein Blumenrelief farbig ausgestalten möchten, dann empfehlen sich dafür ganz normale Wasserfarben oder auch die besser deckenden sogenannten Plaka-Farben, die überdies eine schöne matte Oberfläche ergeben. Beim Auftragen mit dem Pinsel werden Sie merken, daß der trockene Gips das Wasser aus der Farbe geradezu gierig in sich aufsaugt. Sie müssen also die Farben relativ naß anmischen. Außerdem kann es bei Wasserfarben leicht zu Farbschattierungen kommen, was unter Umständen aber ein ganz willkommener Effekt sein kann. Anschließend kann man zum Schutz noch eine Schicht Klarlack (matt oder glänzend) auftragen.

Wenn Sie den Abguß mit Öl- oder Lackfarben bemalen wollen, empfiehlt es sich, die Oberfläche des völlig ausgetrockneten Gipses vorher mit einem Einlaßgrund oder auch Isoliergrund zuzustreichen, den man in allen Farbengeschäften bekommt. Dieser Grund hat eine matte Oberfläche, die sich sehr gut mit einer Farbschicht überziehen läßt.

Die hohe Kunst der Stuck-verzierung: das Vergolden

Die reichverzierten Rahmen im barokken Stil mit ihren zahllosen Schnörkeln und Girlanden bestehen im Grund auch aus Gips. Allerdings ist hier eine Gipsschicht auf einen festen hölzernen Kern aufgebracht. Die Oberfläche ist in der Regel mit Blattgold überzogen, das diesen Rahmen über Jahrhunderte hinweg ihren schönen dunklen Glanz erhalten hat. Gold oxidiert ja nicht, selbst wenn es so dünn wie Blattgold ist (ein Zehntausendstel Millimeter oder noch weniger). Diese geringe Dicke des Blattgoldes ist auch ein Grund dafür, daß es trotz der Kostbarkeit des Materials und der inzwischen ja enorm angestiegenen Goldpreise immer noch erschwinglich ist. Mit einem Goldstück kann man – wie es eine alte Spruchweisheit sagt – tatsächlich eine Kirchturmspitze vergolden. Das Problem ist viel weniger die Kostbarkeit des Materials als die Arbeitszeit, die in einem solchen Vergoldungsprozeß steckt.

Vergolden ist allerdings auch wieder nicht so kompliziert, wie es zunächst erscheint. Allerdings muß man eine ruhige Hand haben und auch ein wenig Geduld; denn das Blattgold, das in feinen Lagen zwischen Seidenpapier verkauft wird, würde sich im

Abb. 11: Wenn man den Abguß einer alten gußeisernen Ofenplatte mit schwarzer Schuhcreme behandelt und dann poliert, ist er von der Vorlage kaum zu unterscheiden.

Nu in lauter kleine Krümel auflösen, wenn man es lose in die Hand nähme. Vielleicht haben Sie schon einmal Danziger Goldwasser getrunken, in dem ja wirklich echtes Blattgold in kleinen Stücken schwimmt. Wenn Sie sich also Blattgold beschaffen, dann lassen Sie sich sogenanntes *Transfer-* oder *Sturmgold* geben, das in kleinen Seidenpapierheftchen in Bastel- und Malerbedarfsgeschäften zu bekommen ist.

Und wie geht nun das eigentliche Vergolden?

Zunächst muß der Abguß, der vergoldet werden soll (es kann natürlich auch irgendein bereits vorhandener Gegenstand sein), sorgfältig vorbehandelt werden. Die Oberflächen müssen absolut sauber und fettfrei sein. Haben Sie einen frischen Gipsabguß, dann empfiehlt es sich, ihn nach dem völligen Austrocknen mit dem schon erwähnten Isoliergrund zu behandeln.

Im Prinzip wird beim Vergolden das dünne Blattgold auf den Gegenstand geklebt. Das macht man allerdings nicht mit einem normalen Klebstoff, auf dem das Blattgold keine glatte Oberfläche bilden würde, sondern mit Hilfe eines sogenannten *Anlege-Öles.* Ein anderer Fachausdruck dafür ist auch „Mixtion". Dabei handelt es sich um eine Flüssigkeit, die man mit einem Pinsel gleichmäßig auf die Oberfläche des Werkstückes auftragen kann. Je nach Sorte des Anlege-Öles braucht es eine Trockenzeit, die 3, 6, 12 oder auch 24 Stunden betragen kann. Die Trockenzeit ist auf dem Behälter angegeben (man erhält dieses Öl in Bastel- und Malerbedarfs-

geschäften). Für den Anfang empfiehlt es sich, keine zu kurze Trockenzeit des Öles zu nehmen, damit Sie sich beim Auflegen des Blattgoldes wirklich Zeit lassen können.

Mit dem Auflegen des Blattgoldes können Sie erst beginnen, wenn das Öl abgetrocknet ist. Wann es soweit ist, läßt sich leicht feststellen. Fahren Sie mit dem Fingerrücken über die bestrichene Fläche. Entsteht dabei ein schnarrendes oder quietschendes Geräusch, dann kann es losgehen.

Beginnen Sie bitte nicht früher, weil sonst das Blattgold im Anlegeöl versinkt und später keinen Glanz bekommt.

Beim eigentlichen Vergolden gehen Sie folgendermaßen vor:

Nehmen Sie aus dem Heftchen ein Seidenpapier samt dem Blattgold heraus. Fassen Sie das Papier am Rand und drücken Sie es mit der Goldseite nach unten, ohne es seitlich zu verschieben, auf das angetrocknete Anlege-Öl. Reiben Sie mit der

Abb. 12: Das Auflegen von Blattgold.

Fingerkuppe unter leichtem Druck über die Oberfläche des Papiers, ohne es dabei zu verschieben. Sonst würde das Blattgold darunter reißen. Durch dieses Anreiben legt sich das Blattgold dicht an das Anlege-Öl an und bleibt fest darauf haften. Das Trägerpapier läßt sich nun leicht abziehen.

Auf dieselbe Weise drückt man nun Blatt für Blatt nebeneinander auf die zu vergoldende Fläche. Dabei müssen die Goldplättchen einander etwas überlappen, denn sonst würde der Untergrund durchscheinen. Da das Gold so dünn ist, sieht man später den Übergang so gut wie gar nicht mehr.

Sollten trotz aller Vorsicht zwischen den einzelnen Goldblättchen Spalten goldfrei geblieben sein, dann können Sie diese Inseln leicht verdecken, indem Sie Blattgoldreste nach demselben Verfahren darüberdrücken. Auch das wird man später nicht mehr sehen. Werfen Sie also keine Reste weg; man kann sie immer noch gebrauchen.

Wenn die Oberfläche sehr uneben und eingekerbt ist, empfiehlt es sich, das Blattgold samt Trägerpapier in kleine Stücke zu zerschneiden, die sich bequem auftragen lassen. Das dünne Gold ist dehnbar genug, Unebenheiten bis zu einer gewissen Grenze mitzumachen. In den Vertiefungen wird es sich einfalten, was aber wegen der Dünne des Materials auch kein Problem ist. Die Falten werden dann mit dem Papier glattgestrichen.

Wenn alle Flächen mit Gold belegt sind, geht man zum Schluß noch einmal mit einem Feinhaarpinsel darüber. Am besten eignet sich ein sogenannter Feenhaarpinsel, der nicht ganz billig ist, aber auch nur einmal gekauft werden muß. Man nennt dieses Überpinseln das „Einkehren", weil dabei überflüssiges, überlappendes Gold abgelöst und zugleich in die Fugen, Ecken und Rillen „gekehrt" wird, an die man sonst schlecht herankommt. Bei diesem Einkehren aber bitte vorsichtig zu Werke gehen.

Lassen Sie jetzt den vergoldeten Gegenstand einen oder besser noch zwei Tage aushärten. Danach können Sie die Fläche mit ganz normaler Watte nachpolieren. Wenn Sie die Oberfläche möglichst glänzend haben wollen, dann hilft kurzes Anhauchen vor dem Polieren.

Gold ist übrigens nicht gleich Gold. Je hochkarätiger das Gold ist, um so haltbarer ist der Belag. Es gibt Blattgold bis zu 24 Karat, das allerdings auch das teuerste ist. Karat ist die Bezeichnung für den Goldgehalt. 24 Karat bezeichnen z.B. reines Gold ohne Legierung mit anderen Metallen. Aber es muß nicht immer Gold sein. Es gibt dünn ausgewalzt auch Blätter aus Blei, Zinn, Kupfer, Aluminium und Silber. Sie werden wie Gold auf die Oberfläche gebracht, sind aber nicht so haltbar und auch nicht ganz so unkompliziert zu verarbeiten. Aber bei manchen Gegenständen paßt Gold einfach nicht. Dafür aber vielleicht Silber oder ein anderes Metall.

Wenn es nicht so darauf ankommt und Sie zunächst Geld sparen wollen, dann können Sie auch unechtes Blattgold nehmen, das sogenannte *Kompositions-Gold*. Es ist allerdings nicht so beständig gegen Korrosion wie Gold, was aber bei manchen Gegenständen nicht so wichtig ist. Es wird wie das echte Blattgold verarbeitet.

Wir restaurieren einen Bilderrahmen

Im Zusammenhang mit dem Blattgold war schon von Bilderrahmen die Rede. Goldene verzierte Bilderrahmen sind inzwischen wieder in Mode; gute Stücke sind selbst auf Flohmärkten nur noch selten zu bekommen. Wenn Sie einen beschädigten Rahmen finden, dann sind Sie jetzt in der Lage, selbst fehlende Stücke originalgetreu zu ersetzen. Mit anderen Worten, Sie können jetzt das tun, was man sonst nur sehr teuer bei einem Restaurator bekommt.

Wichtig ist bei einem beschädigten Bilderrahmen, daß von allen Teilen des Rahmens wenigstens an einer Stelle noch ein unbeschädigtes Stück vorhanden ist. Das brauchen Sie nämlich, um einen Abguß anzufertigen, den Sie an der beschädigten Stelle dann einsetzen. Sie müssen da ein bißchen systematisch vorgehen. Sehen Sie sich den Rahmen zunächst darauf an, wo was fehlt. Suchen Sie dafür entsprechend ein noch erhaltenes Stück. Dabei ist es wichtig, daß bei komplizierteren und unsymmetrischen Mustern nicht schließlich ein seitenverkehrter Abguß zustande kommt.

Zur Herstellung von Ersatzstücken wird an einer unbeschädigten Stelle des Rahmens auf die vorhin beschrie-

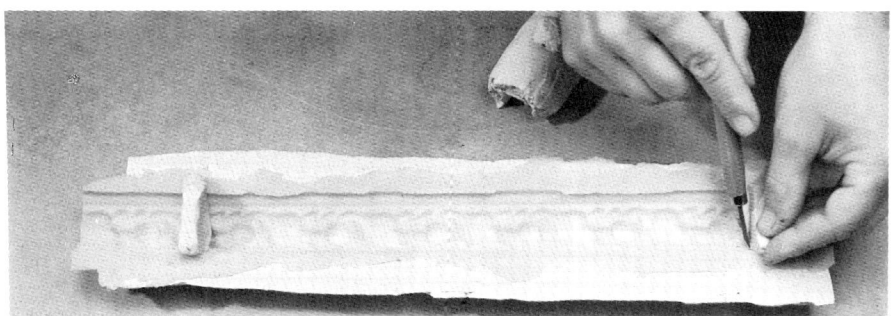

Abb. 13: Ein Stück aus einem Bilderrahmen soll abgegossen werden; dazu muß mit Kitt oder Plastilin die Silikonform an beiden Seiten geschlossen werden.

bene Weise eine Silikonkautschuk-Form hergestellt. Überziehen Sie dieses Stück mit möglichst viel Zugabe links und rechts zunächst mit Silikonkautschuk und anschließend wieder mit einem Stützkorsett aus Gips. Die so entstehende Form ist nun an beiden Enden offen. Damit dort beim Ausgießen nichts ausläuft, wird sie mit Fensterkitt, Plastilin oder einem ähnlichen Material geschlossen (vgl. *Abbildung 13*). Dann Ausgießen der Form wie gehabt.

Vor dem Einsetzen eines neuen Stückes müssen Sie aus dem Rahmen die beschädigten Partien möglichst gerade (rechtwinklig oder schräg) heraussägen. Dabei hilft eine Rahmensäge oder auch eine Laubsäge. Die Sägezähne sollen möglichst fein sein. Beim Herausarbeiten des beschädigten Stückes sollte möglichst so viel vom Rahmen stehen bleiben, daß er in sich Halt behält.

Schneiden Sie nun aus dem Gußstück, das ja aus Gips ohne Holzversteifung besteht, vorsichtig ein ebenso großes und ebenso geformtes Stück heraus, wie das, was Sie an der beschädigten Stelle aus dem Rahmen genommen haben. Kleben Sie es mit einem Kleber wie Ponal oder, bei kleineren Stellen, auch UHU-hart ein.

Die unvermeidbaren Übergänge zwischen altem und neuem Rahmenstück müssen Sie nun sorgfältig retuschieren. Verstreichen Sie zunächst die Stoßkanten mit Gips oder Moltofill und schleifen Sie die Übergänge nach dem Trocknen so, daß sie nicht mehr zu sehen sind.

Zum Schluß wird der ganze Rahmen entweder gestrichen oder vergoldet. Vor dem Vergolden muß er aber sorgfältig gesäubert und eventuell vorhandenes loses Blattgold abgeschliffen werden.

Ein neuer Rahmen nach altem Muster

Auf dieselbe Weise kann man natürlich von alten Bilderrahmen auch Kopien herstellen. Dabei können Sie entweder die gleiche Größe reproduzieren oder auch kleine Rahmen bauen. Das setzt allerdings voraus,

daß es mit den Verzierungen hinkommt.

Gießen Sie also möglichst große Stücke aus dem Rahmen ab; die Formen an den beiden Seiten wieder mit Plastilin oder Kitt schließen. Und nun können Sie je nach Lust und Laune Abgüsse in beliebiger Zahl herstellen. Allerdings muß hier der Abguß *verstärkt* werden, da er ja nicht in einen vorhandenen Rahmen eingepaßt wird. Legen Sie also in den Gips, bevor er abbindet, eine Holzleiste ein, wie wir es auf *Abbildung 14* zeigen.

Die so entstandene Rahmenleiste können Sie nun zurechtschneiden. Zur Herstellung der Eckverbindungen benutzt man eine sogenannte *Gehr-Lade,* die es aus Holz oder Metall in Bastelgeschäften mit passender Säge gibt. Sie garantiert, daß der Schnitt genau 45° hat und senkrecht steht. Beim Zuschneiden auf Gehrung darauf achten, daß das Muster in den Eckverbindungen eine schöne Form bildet.

Nach dem Zuschneiden werden die Rahmenteile mit Holz-Kleber zusammengeleimt und nach dem Trocknen vorsichtig mit dünnen Tapetenstiften (aus Stahl und ohne Kopf) gesichert. Beim Einschlagen dieser Stifte darauf achten, daß sie möglichst in die miteingegossene Holzleiste reichen, da der Gips leicht bricht.

Zum Schluß kann auch ein solcher Rahmen wieder gestrichen, vergoldet oder ganz nach Ihrem Geschmack verziert werden.

Wenn Sie einen Rahmen haben wollen, der einen Falz für das Einsetzen einer Glasscheibe mit Bild oder auch eines Spiegels hat, müßten Sie auf die gegossenen Rahmenteile noch eine Holzschicht auftragen. Bei unserer einfachen Gußmethode entsteht ja oben – d.h. auf der Rückseite – immer eine glatte Fläche. Sie muß ein wenig nachgeschliffen werden, bevor Sie diese Holzschicht aufkleben. Dadurch wird der Rahmen zugleich noch stabiler. Die Gipsrahmenleiste mit eingegossener Holzleiste und aufgeklebter Holzschicht läßt sich in einem Stück in der Gehr-Lade leicht passend sägen.

Abb. 14: Vor dem Aushärten wird in den Gips eine Holzleiste zur Verstärkung eingelegt.

Abb. 15: Die Rahmenteile müssen sorgfältig auf Gehrung geschnitten sein.

Aber es gibt noch andere Abgußmaterialien als Gips

Für manche Zwecke ist Gips als Abgußmaterial nicht der richtige Werkstoff. Das kann verschiedene Gründe haben. Entweder, weil Gips nicht gerade übermäßig fest ist, oder weil er nicht zu den alleredelsten Materialien gehört. Wir haben deshalb noch mit anderen Substanzen experimentiert, die sich ebensogut für Abgüsse eignen und mit denen Sie die Palette Ihrer Möglichkeiten erheblich erweitern können. Hier vier Vorschläge, die Sie selbst sicher noch erweitern können.

Porzelin und Keramin sind wesentlich härter als Gips

Porzelin und *Keramin* sind Handelsnamen von verschiedenen Firmen. Die Substanzen enthalten Kunststoffbinder und sind wesentlich strapazierfähiger als Gips; es gibt auch eine wasserbeständige Version dieses Werkstoffes, die man z.B. an Außenwänden anbringen kann. Allerdings haben sie gegenüber Gips einen Nachteil: Sie sind nämlich 4- bis 5mal teurer. Worum handelt es sich?

Es liegt ein Pulver auf Kunststoff-Basis vor, das man ähnlich wie Gips einfach mit Wasser anrührt. Allerdings wird das Wasser in Porzelin/Keramin nicht nur in die Kristallstruktur eingebaut, sondern in einer echten chemischen Reaktion beim Erhärten gebunden. Dadurch bekommt das Material eine wesentlich größere Festigkeit

und auch Härte. In seinen physikalischen Eigenschaften kann man es etwa mit gebranntem Ton vergleichen. Man bekommt Porzelin z.B. in den Farben Weiß und Braun. Wenn Sie es in Bastelbedarfsgeschäften nicht erhalten, benutzen Sie den im Anhang genannten Bezugsnachweis. Obwohl die braune Version von Porzelin bereits wie gebrannter Ton aussieht, kann man dieses Material genauso wie Gips einfärben und natürlich auch anstreichen.

Beim Anrühren ist lediglich darauf zu achten, daß Porzelin/Keramin wesentlich weniger Wasser aufnimmt als Gips und daß sich durch das Einstreuen des Pulvers das Gesamtvolumen *vergrößert*. Das hat mit der andersartigen chemischen Reaktion zu tun. Genaueres finden Sie aber in der Gebrauchsanleitung.

Für den Anfang ist es vielleicht ganz gut, etwas mehr Wasser zum Anrühren zu nehmen, dann wird die Masse flüssiger und folgt den Formen des

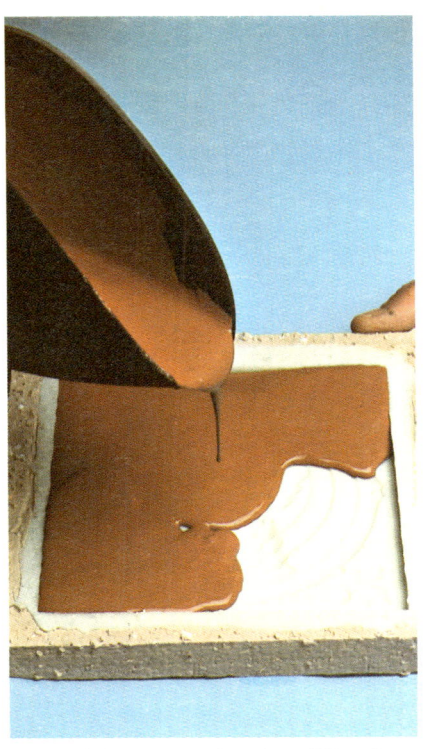

Abb. 16: Das Ausgießen einer Silikonform mit rotbraunem Porzelin.

Abb. 17: Ein Stück aus einer Möbelverzierung wurde abgegossen: neben der Silikonform (im Gipskorsett) erkennt man den hellen Abguß aus Gießholz und einige schon gebeizte Abgüsse.

91

Reliefs in der Form besser. Das überschüssige Wasser setzt sich dann oben auf dem Abguß ab und kann leicht abgegossen werden.

Noch ein anderer Vorteil gegenüber Gips: Porzelin/Keramin wird nicht nur innerhalb einer Stunde fest, sondern es trocknet in dieser Zeit auch fast völlig aus. Einlagen aus rostfestem Draht, Gitex, Holz usw. lassen sich genauso wie beim Gips eingießen.

Gießholz – der ideale Stoff für Holzersatz

Vielleicht haben Sie günstig ein altes Möbelstück bekommen, an dem Schnitzereien oder andere komplizierte Formstücke fehlen und ersetzt werden müssen. Natürlich kann man solche Teile aus Holz wieder nacharbeiten; aber das ist nicht nur mühsam, sondern manchmal auch mit hohen Kosten verbunden. Wenn es die fehlenden Teile an anderer Stelle des Möbelstückes noch als intaktes Element gibt – immer vorausgesetzt, daß es auch seitenrichtig ist –, dann gibt es mit unseren Mitteln eine ganz einfache Methode, Ersatz zu schaffen.

Nehmen Sie von dem intakten Element auf bewährte Weise eine Silikon-Kautschukform ab, die anschließend wieder, vor dem Abnehmen der Silikonform, mit einem Gipskorsett überzogen wird. Wenn Sie den Gips nicht zu naß machen, kann das sogar an Ort und Stelle geschehen: z.B. an einer Schranktür.

In die so gewonnene Form gießen Sie nun sogenanntes Gieß-Holz, das es im Hobbyhandel gibt und das einfach nach Vorschrift angerührt wird. Dabei handelt es sich um eine Kunststoff-

masse, die recht schnell aushärtet, wenn man sie mit dem mitgelieferten Härter versetzt. Sie sieht Holz täuschend ähnlich. Wenn man bestimmte Holzfarben braucht, kann man diese Masse wie echtes Holz mit entsprechenden Beizen behandeln und anschließend mattieren, lackieren oder wie Sie es sonst wünschen. Aufgeklebt werden diese Formteile wie ganz normales Holz.

Abgüsse wie aus Naturstein

Wer Abgüsse von Originalen aus Naturstein machen möchte, die später auch im Material wie das Original aussehen sollen, für den haben wir hier einen Tip, den wir den Museumsleuten und Archäologen abgeschaut haben. Es gibt nämlich eine Art von Gußmaterial, das nach dem Abgießen nur der Fachmann von Naturstein unterscheiden kann. Und der Vorteil: Man kann das Rohmaterial in verschiedenen Versionen beziehen. Da

Abb. 18: Dies ist kein Original-Relief, sondern ein Abguß mit Naturstein-Material.

gibt es Sandstein in den verschiedensten Färbungen und Körnungen. Im Römer-Park in Xanten kann man Beispiele bewundern. Da gibt es etwa eine im Freien stehende Jupiter-Säule von etwa doppelter Mannshöhe, die aussieht, als sei sie das ausgegrabene Original aus ockerfarbenem Sandstein. Es handelt sich aber um einen Abguß, der auf nicht viel andere Weise hergestellt wurde, als wir das hier auch beschrieben haben. (Vergl. auch *Abb. 18*).

Dieses Gußmaterial besteht tatsächlich aus zerriebenem Naturstein, der mit einem Bindemittel gemischt ist. Man kann es fertig beziehen (Bezugsquelle im Anhang), allerdings nur in sogenannten Gebinden von 50 kg. Da man Natursteinabdrücke aber sicher nicht von Schmuckdöschen herstellt, sondern von größeren Gegenständen wie Säulen, Figuren, Brüstungen usw. braucht man schon ein wenig mehr Material als bei unseren Gipsvorschlägen.

Um dem Original möglichst in jeder Hinsicht nahezukommen, kann man das Material sogar nach einem Muster mischen lassen, das man einschickt. Sie können dann sicher sein, daß Farbe und Körnung wirklich stimmen. Oft wird es freilich gar nicht so einfach sein, eine Probe zur Verfügung zu stellen – vor allem dann nicht, wenn einem das Original gar nicht gehört, sondern in irgendeinem Garten oder Park steht, man aber die Erlaubnis hat, eine Form abzunehmen. Dann kann man ja dem Putto nicht einfach ein Ohr abschlagen. In diesem Falle müssen Sie sich auf eine Beschreibung beschränken.

Mit Bernstein-Harz kann man sogar Schmuck gießen

Wenn Sie kleinere Gegenstände abgießen wollen, die für das Ausgießen der Form nur wenig Material erfordern und hinterher besonders schön aussehen sollen, dann empfehlen wir Ihnen das sogenannte künstliche Bernsteinharz. Es ist transparent und hat die goldene Farbe des Bernsteins. Auch hier handelt es sich um einen Kunststoff, der mit Härter vermischt werden muß und dann recht schnell abbindet. Man bekommt ihn im Hobbyhandel. Mit diesem Werkstoff sind Ihrer Phantasie nun wirklich keine Grenzen mehr gesetzt. Da es sich meistens um kleine Gegenstände handelt, genügt es hier auch, eine Silikonkautschukform aus *flüssigem* Material zu gießen (wie das geht, beschreiben wir gleich). Sie ersparen sich damit die Herstellung eines Stützkorsetts aus Gips.

Bei unseren Versuchen haben wir z. B. aus dem geschnitzten Deckel einer kleinen Elfenbeinschmuckdose eine Form gewonnen, aus der man wunderschöne Amulette gießen konnte. Besonders geeignet sind auch Gemmen, die es als Broschen, Steine von Ringen, Ohrclips usw. gibt. Beim Abgießen dieser Gemmen müssen Sie überlegen, ob Sie die Fassung aus Gold oder einem anderen Metall mit abgießen wollen oder aber die Möglichkeit besteht, die Gemme ohne Fassung abzuformen. Wenn Sie die Fassung mitgießen, können Sie sie später sogar mit Blattgold belegen (vgl. dazu *Seite 87*), was allerdings bereits sehr viel Fingerspitzengefühl erfordert.

Schließlich kann man mit diesem künstlichen Bernstein-Harz auch etwas imitieren, was es in der Natur gibt. Sie können vor dem Härten des Materials in der Form sogenannte Einschlüsse einarbeiten. Beim echten Bernstein sind das in der Regel Insekten. Es eignen sich aber auch filigranartige getrocknete Pflanzenteile, die zarten Gerippe eines vermoderten Blattes usw. Dies sind ein paar Tips, mit denen wir Ihre Phantasie auf Wanderschaft schicken wollen.

Abformen mit flüssigem Silikon-Kautschuk

Bei diesem Verfahren sparen Sie das äußere Gipskorsett; Sie verbrauchen allerdings wesentlich mehr Material: unter Umständen das zehn- bis fünfzehnfache (vgl. dazu noch einmal *Seite 74*). Bei kleineren Gegenständen hat diese Methode aber auch ihre Vorteile.

Zur Herstellung der Kautschukform müssen Sie sich einen Gießrahmen bauen, der dem ähnlich ist, den wir oben schon für eine Methode der Herstellung eines Gipskorsetts beschrieben haben *(Seite 81 f)*.

Kleben Sie also zunächst, wie auf *Abbildung 20* zu sehen, das Modell mit Doppelklebeband auf einer Styroporplatte auf. Bauen Sie mit etwa 1 bis 2 cm Abstand um das Modell einen Rahmen, der ebenfalls aus Styropor besteht. Er wird mit Nägeln festgesteckt und mit Klebeband außen gesichert. Dieser Styroporrahmen muß über die höchste Stelle des Modells etwa 2 cm hinausragen.

Bevor Sie mit dem Gießen der Form beginnen, müssen Sie darauf achten,

Abb. 19: Das Ausgießen einer kleinen Silikonform mit Bernstein-Harz.

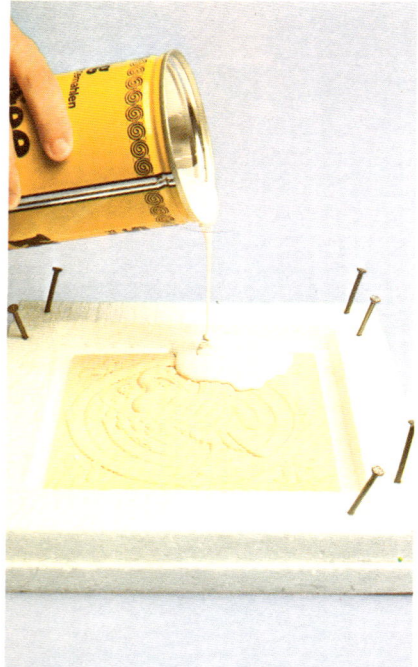

Abb. 20: Bei der Herstellung einer Form aus flüssigem Silikonkautschuk muß um das Modell herum bis zur Gießform etwas Platz freibleiben.

daß das Modell mit seiner Unterlage genau waagerecht liegt. Sonst erhalten Sie später eine schiefstehende Form.

Sollte das Modell nicht völlig plan auf der Unterlage aufliegen, dann müssen Sie die Unebenheiten mit Plastilin oder weichem Ton oder einem ähnlichen Material abdichten. Andernfalls würde der flüssige Silikon-Kautschuk unter das Modell fließen, was nicht nur eine Verschwendung dieses teuren Materials wäre, sondern das Herauslösen des Modells aus der Form erschwert oder unmöglich macht.

Auch dieser flüssige Silikon-Kautschuk muß vor dem Gießen mit Vernetzer vermischt werden. Bei komplizierteren Modellen empfiehlt es sich, vor dem Gießen die Oberfläche des Modells mit dem Silikon-Kautschuk einzupinseln. Dadurch erreichen Sie, daß später beim Gießen wirklich alle Details des Reliefs benetzt werden. Sie können sich übrigens für diese Arbeiten Zeit nehmen, weil – je nach Außentemperatur – dieser Kautschuk erst nach 1 bis 3 Stunden fest wird.

Nach dem Verfestigen nehmen Sie den Rahmen ab und anschließend vorsichtig das Modell aus der Form. Diese Form ist zwar elastisch, durch ihre größeren Maße aber fest genug, um beim Ausgießen nicht aus den Fugen zu gehen.

Das Ausgießen selbst geht dann auf die gleiche Weise vonstatten wie bei der Spar-Form à la *Hobbythek,* die wir auf *Seite 97* beschrieben haben.

Zwischendurch mal ein Wort zu den Vorlagen

Mit dem Abgießen von Formen verfolgt man in der Regel zweierlei.

1. Entweder möchte man sich eine Kopie von einem Gegenstand verschaffen, der einem gefällt, den man aber im Original nicht bekommen kann.

2. Oder man macht Abgüsse, um einen vorhandenen Gegenstand, der im übrigen auch ein selbstgemachter sein kann, zu vervielfältigen.

Zum ersteren würde gehören, daß Sie z.B. eine „gußeiserne" Ofenplatte in Ihrer Wohnung anbringen wollen, die Sie im Original einfach nicht bekommen können. Zum zweiten wäre z.B. die Vervielfältigung einer Kachel zu rechnen, von der Sie zur Verkleidung einer Wand eine größere Anzahl brauchen.

Wenn Sie vervielfältigen wollen und auch nur einigermaßen künstlerisch begabt sind – im Grunde ist das jeder Mensch –, dann sollten Sie sich durchaus an die Herstellung eines eigenen Modells wagen. Vielleicht beginnen Sie tatsächlich mit einer Kachel, die Sie aus Plastilin, Ton oder anderen Materialien formen. Ein solches Modell muß ja nicht besonders robust oder wetterfest sein, damit man davon eine Form gewinnen kann.

Eine andere Möglichkeit wäre, auf den Flohmarkt zu gehen, wo es unendlich viele und zum Teil kuriose Dinge gibt, die man abgießen kann. Auch beschädigte Gegenstände eignen sich, weil man sie mit Fensterkitt, Kunststoffmasse oder anderen Materialien oberflächlich restaurieren kann. Beim Abguß fällt das nämlich gar nicht mehr auf. Wenn Sie sich gut mit einem Trödelhändler stehen, leiht er Ihnen vielleicht sogar ein schönes Stück.

Schließlich kann man – um noch einmal auf das Selbermachen zurückzukommen – sogar plastische Namenschilder herstellen, die aussehen wie die kostbaren Bronzetafeln an irgendwelchen Denkmälern. Kaufen Sie sich dazu Relief-Buchstaben, die es aus Plastik in den Dekorationsgeschäften gibt.

Diese Buchstaben kleben Sie auf eine Unterlage aus Blech oder auch aus dünnem Gips, deren Ecken Sie – je nach Geschmack – abschrägen, geschwungen halten oder auch gerade abschneiden können. Von diesem Modell wird dann wieder eine Form hergestellt, die Sie je nach Verwendungszweck mit Gips oder Porzelin/Keramin ausgießen. Wenn Sie das Material vorher entsprechend färben, sieht die Schriftplatte später aus, als sei sie aus dem Vollen herausgearbeitet.

Abb. 21: Ein Beispiel für die Vervielfältigung eines Namensschildes, das noch auf „Metallglanz" getrimmt werden kann.

Gießen von vollplastischen Formen

Alle Verfahren, die wir bisher beschrieben haben, sind nur für das Abgießen von Modellen geeignet, die nicht rundherum plastisch sind, also für Reliefs und andere einigermaßen flache Gegenstände mit nur geringfügigen Hinterschneidungen. Wollen Sie aber eine Figur, einen Kopf oder einen ähnlichen plastischen Gegenstand so abgießen, daß er rundherum die Form des Originals wiedergibt, dann müssen Sie dazu eine *mehrteilige Form* bauen.

Es würde sicher den Rahmen der *Hobbythek* und auch dieses Buches sprengen, wenn wir uns jetzt an den Abguß von Figuren machen würden, die Formen aus mehr als zwei Teilen brauchen. Das wäre der Fall bei der Plastik eines Menschen mit Armen und Beinen, der einen angewinkelten Arm hat, und dergleichen. Hier kämen wir mit einer zweiteiligen Form (je ein Teil für Rückseite und Vorderseite) nicht zurecht, weil ein nach vorne stehender Arm unweigerlich im vorderen Teil der Form steckenbleiben würde.

In der Sendung haben wir den Abguß des berühmten Nofretete-Kopfes demonstriert, der mit einer zweiteiligen Form durchaus zu schaffen ist. Natürlich haben wir diesen Abguß nicht vom Original gemacht, das in Berlin im Museum steht. Aber einen Abguß vom Abguß dieses berühmten Originals kann man durchaus machen. Die Gipsformerei der Staatlichen Museen in Berlin bietet nämlich Abgüsse an. Man kann sie in der Originalgröße (56

cm hoch) in Weiß für ca. 480 Mark bekommen und nach Art des Originals bemalt für immerhin rund 1250 Mark. Dieser Originalabguß hat bereits ein Format, das für unsere Zwecke im wahrsten Sinne des Wortes eine Nummer zu groß ist. Da eignet sich schon besser die Miniaturausgabe mit 19 cm Höhe, die es weiß für etwa 80 Mark und bemalt für rund 140 Mark gibt.

Falls Sie einen solchen Kopf irgendwo ausleihen können – vielleicht hat auch

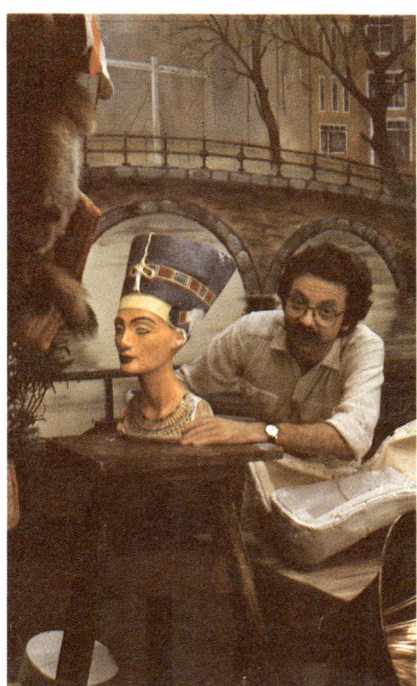

Abb. 22: Eine der berühmtesten Plastiken aus dem Altertum, die Büste der ägyptischen Königin Nofretete, soll uns als Vorlage für einen Abguß dienen.

jemand in der Verwandtschaft oder ein Freund einen – dann läßt sich daran recht gut das Abgießen von plastischen Formen lernen. Das möglichst originalgetreue Bemalen hinterher ist dann noch einmal ein zusätzliches Vergnügen.

Aber wie gesagt: es muß nicht die Nofretete sein . . . Trotzdem möchten wir an dieser Büste einmal die prinzipielle Methode zeigen.

Vorbereitungen für das Herstellen einer zweiteiligen Form

Für diese Methode des Abgusses eignen sich – wie gesagt – nur Modelle, die mit zwei Formhälften einerseits vollkommen umschlossen werden können, bei denen andererseits sich aber jede der beiden Formenhälften mühelos wieder abziehen läßt. In keiner der beiden Formhälften darf es also nennenswerte Überschneidungen geben.

Die Frage ist nun, wie man die beiden Formhälften am besten legt. Wir demonstrieren das am Beispiel der Nofretete.

Theoretisch wäre es möglich, die linke und die rechte Kopfhälfte jeweils mit einer Form zu überziehen. Das würde aber den kleinen Grat zwischen den beiden Formhälften, der nie ganz zu vermeiden ist, mitten durchs Gesicht gehen lassen.

Dieser Kopf eignet sich für eine Art der Aufteilung der beiden Formhälften, bei der das Gesicht die eine Hälfte bildet und der Hinterkopf die andere. Die Trennlinie läuft etwa so, wie Sie es auf *Abbildung 23* sehen. Ein wenig aufpassen muß man eigentlich nur bei den Ohren. Um sich einen ungefähren

Eindruck davon zu machen, wo etwa die Trennlinie für die Form laufen müßte, blicken Sie mit etwas Abstand auf die Vorderseite des Kopfes. Die Trennlinie müßte etwa dort laufen, wo Sie die äußere Kontur der Figur sehen. Markieren Sie diese Linie zunächst vorsichtig, entweder mit Kreide oder einem weichen Bleistift. Wenn Sie das Gesicht von vorn betrachten und z.B. hinter der angezeichneten Trennlinie noch Teile der Figur weit hervorragen sehen, dann liegt die Linie zu weit

Abb. 23: Die Linie muß so geführt werden, daß die beiden Formhälften für den Abguß möglichst geringe Hinterschneidungen aufweisen.

vorn. Sie müßten sie also zurückverlegen. Wenn Sie ein bißchen nach links und rechts gehen und dabei von Teilen der Trennlinie gar nichts sehen, dann ist das ein Zeichen dafür, daß der Strich zu weit hinten liegt.

Nach diesen kleinen Hinweisen können Sie zunächst einmal die Trennlinie festlegen.

Die eine Hälfte der Figur wird zunächst abgedeckt

Bevor Sie beginnen, die erste Hälfte der Form anzufertigen – das soll in unserem Falle die Hälfte mit dem Gesicht werden –, müssen Sie zunächst diejenigen Partien des Modells abdecken, die später die zweite Hälfte der Form füllen.

Für dieses Abdecken, das in *Abbildung 24* im Prinzip dargestellt ist, brauchen Sie Plastilin, Fensterkitt, oder – wenn Ihnen das zu teuer ist – feuchten Töpferton. Sie brauchen so viel von dieser Masse, daß Sie die hintere Hälfte der Form gut wie in einen Block einbetten können. Theoretisch würde es auch genügen, an der Trennlinie einen dicken Falz anzubringen, der drei bis fünf Zentimeter heraussteht; aber das ist doch schon mehr etwas für Fachleute.

Aufgabe dieser Einbettung ist es, für die erste Hälfte der Form ein provisorisches Gegenstück zu schaffen, an das sich diese Formhälfte zunächst einmal anlegen kann. Später wird diese Einbettung weggenommen und durch eine richtige zweite Formhälfte ersetzt.

Beim Einbetten der Figur müssen Sie darauf achten, daß sie später leicht wieder aus dieser Einbettung herausgenommen werden kann. Fetten Sie sie also z.B. vorher mit ein bißchen Vaseline ein. Wenn das Modell ein Einfetten nicht zuläßt (auf Gips würden Flecken entstehen), kann man es auch mit Körperpuder oder Talcum gründlich einpudern.

Beim Einbetten kommt es jetzt darauf an, daß Sie ganz sauber bis zur Trennungslinie gehen und dort einen mindestens 3 bis 5 cm breiten und möglichst gut glattgestrichenen Rand erzeugen. Je sorgfältiger Sie hier

arbeiten, um so weniger Probleme haben Sie später mit dem nie ganz zu vermeidenden Gußgrat.

Unter dem Hals der Figur haben wir in diesem Fall einen Steg hochgezogen, der später die Öffnung in der Form bildet, in die der Gips hineingegossen wird.

Damit die beiden Formhälften später richtig ineinander einrasten und sich nicht gegeneinander verschieben können, empfiehlt es sich, in die glattgestrichene Einbettung entweder

ein paar Holzzapfen oder auch Kugeln bis zur Hälfte einzudrücken, die später in den beiden Formteilen exakt ineinanderpassende Vertiefungen und Zapfen ergeben.

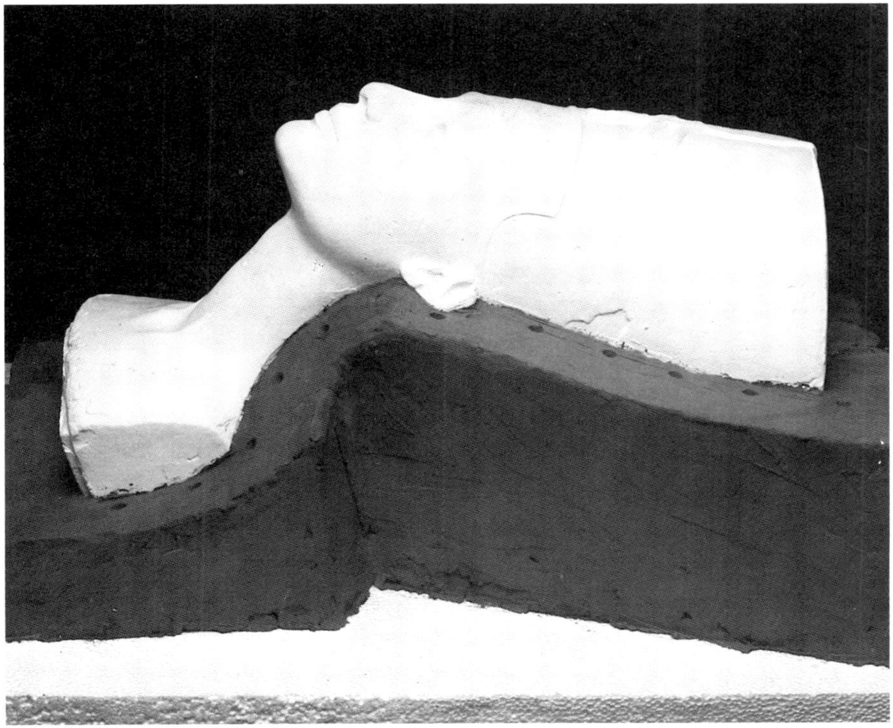

Herstellen der ersten Formhälfte

Wenn Sie mit der Einbettung fertig sind und alles glattgestrichen ist, wird die erste Hälfte der Form auf die gleiche Weise hergestellt wie bei einem Relief. Überstreichen Sie also die freigebliebenen Teile der Figur einschließlich dem 3 bis 5 cm breiten Rand der Einbettung und die Zapfen mit Silikon-Kautschuk. Der überstrichene Rand der Einbettung ergibt später den Teil der ersten Formhälfte, der sich an die zweite Hälfte anschließt und eine dichte Gesamtform ergibt.

Wenn die Kautschukform fest ist, wird wieder ein stützendes Gipskorsett darübergespachtelt. Damit der Gips nicht an dem provisorischen Bett festklebt, in dem die Rückseite der Figur liegt, spachteln Sie nur bis zu dem Rand, an dem der Kautschuk endet. Bei größeren oder „gebrechlicheren" Figuren empfiehlt es sich, in den Gips vielleicht ein paar Mullbinden mit einzuspachteln; dann erhält man ein Korsett von der Festigkeit eines Gipsbeines. Beim Spachteln dieser schützenden Schicht nicht vergessen, daß nachher die Figur umgedreht werden muß; d.h. es sollte schon so etwas wie eine kleine Auflagefläche entstehen.

Nach dem Abbinden des Gipses drehen Sie die Figur um 180°; unsere Nofretete z.B. läge jetzt mit der Nasenspitze nach unten.

Abb. 24: Für die erste Abgußhälfte wird ein Teil des Modells bis zur Markierungslinie (vgl. *Abb. 23*) mit Ton oder Plastilin abgedeckt.

97

Jetzt wird das Bett aus Plastilin oder Tonmasse sorgfältig vom Modell entfernt. Auch die eingesetzten Führungsstifte oder Kugeln müssen herausgenommen werden, was beim Silikon-Kautschuk kein besonderes Problem ist. Die Figur liegt jetzt umgedreht auf sehr ähnliche Weise in der bereits fertigen ersten Gipsformhälfte wie vorher in der provisorischen Ton- oder Plastilinhälfte.

Wenn Sie jetzt einfach über die Rückseite und die Trennflächen der ersten Form Silikon-Kautschuk streichen würden, dann bekämen Sie die beiden Formenhälften später nicht wieder auseinander. Wir müssen also dafür sorgen, daß die Stoßflächen der beiden Formhälften nicht miteinander verkleben. Dafür gibt es *Trennmittel*, die einfach auf den herausstehenden Rand der ersten Formhälfte aufgetragen werden. Geeignet sind z.B. ganz normaler Isoliergrund oder Zaponlack; es geht aber auch mit Schmierseife, Bohnerwachs oder Vaseline. Schließlich gibt es spezielle Silikon-Trennsprays. Aber bei Sprays wollen wir jetzt vielleicht doch ein wenig umweltbewußter werden und davon lassen.

Nach dieser Vorbereitung wird nun die zweite Formhälfte angefertigt. Tragen Sie also auf die übliche Weise Silikon-Kautschuk auf und vergessen Sie dabei nicht, auch eine Schicht über die Trennfläche der ersten Formhälfte zu legen. In die Vertiefungen müssen Sie den Kautschuk hineinlaufen lassen. Aber darauf achten, daß auch diese Vertiefungen sorgfältig mit einem Trennmittel behandelt worden sind, sonst bekom-

men Sie später die Zapfen nicht wieder heraus.

Ist auch diese Kautschukschicht fest geworden, dann wird sie ebenfalls mit einem Stützkorsett aus Gips überzogen. Bitte aufpassen, daß er sich an der Trennlinie nicht mit dem Gips der anderen Formhälfte verbindet. Also auch hier ein Trennmittel anwenden.

Wenn alles hart geworden ist, können Sie die beiden Formhälften auseinanderziehen. Dabei können Sie ruhig mit einem Spachtel, Schraubenzieher oder einem kräftigen Messer vorsichtig nachhelfen. Wahrscheinlich werden sich zunächst einmal die Gipskorsette lösen. Dann vorsichtig den Kautschuk vom Modell ziehen und in das Gipskorsett zurücklegen.

Sie haben jetzt zwei Formhälften, die – wenn alles richtig gegangen ist – exakt aneinander passen müssen, und die gewissermaßen das Negativ des gesamten Kopfes der Nofretete bilden. Fügen Sie also die beiden Formhälften wieder zusammen, umwickeln Sie sie mit Bindfaden und stellen Sie sie so auf, daß die untere Öffnung der Form möglichst waagerecht steht.

Das Gipsgießen geht im Prinzip genauso vor sich wie bei einem Relief. Allerdings ist die Falltiefe für den Gips nun um etliches größer. Dadurch entsteht die Gefahr, daß sich Schaum bildet. Das können Sie aber sehr einfach verhindern, indem Sie einen Holzstab oder einen anderen geeigneten Gegenstand vorsichtig auf dem Boden der Form (also der Oberkante der Kopfbedeckung der Nofretete) aufstützen und an diesen Stab den Gips herunterrinnen lassen. Dadurch

vermeiden Sie, daß der dünne Brei in die Tiefe pladdert.

Stoßen Sie zum Schluß die gefüllte Form noch ein paarmal leicht auf, damit der Gips auch in alle Teile der Form exakt einfließt, und lassen Sie den Abguß härten.

Wenn der Gips kalt geworden ist, kommt der große Moment, in dem Sie die Form öffnen. Nun wünschen wir Ihnen, daß dabei wirklich nichts schiefgegangen ist, daß sich keine Blasen gebildet haben und nicht irgendeine Ecke freigeblieben ist. Sollte aber dieser erste Abguß noch nicht ganz gelungen sein, dann seien Sie nicht traurig – der zweite wird es dann bestimmt.

Es ist ganz natürlich, wenn an der Trennlinie der beiden Formhälften ein Grat stehengeblieben ist, obwohl der elastische Kautschuk durch das Zusammenpressen der beiden Formteile eigentlich nur geringe Spuren hinterlassen dürfte. Diesen Grat können Sie jetzt mit einem Messer vorsichtig abschaben und vor dem völligen Aushärten des Gipses mit einem feuchten Wattebausch oder Pinsel noch einmal überstreichen. Dann sieht man eigentlich kaum noch etwas.

Sie können jetzt diese Form entweder in edlem Weiß lassen oder auch – vielleicht nach einem Foto – die Farben des Originals auftragen. Wir wünschen Ihnen viel Glück!

Kerzen – selbstgemacht

Abb. 1: Eine historische Öllampe und eine zweckentfremdete Teekanne (links).

Seit es elektrisches Licht gibt, sind wir mit Helligkeit auch bei Nacht reichlich verwöhnt. Das war nicht immer so. Man muß ja nicht gleich an die Flutlichtanlage eines Fußballstadions denken, um sich in Erinnerung zu rufen, wie leicht – wenn auch energieverschwendend – es uns heute fällt, die Nacht zum Tag zu machen. Schon eine Kinovorführung wäre mit den technischen Mitteln der Zeit vor der Anwendung des elektrischen Stromes gar nicht möglich gewesen.

Versuchen Sie sich vorzustellen, wie es mit dem Licht in früheren Zeiten war. Da hatte das Ausmaß der Beleuchtung durchaus etwas mit der Zugehörigkeit zu bestimmten sozialen Schichten zu tun. Je nach Geldbeutel konnte man sich nicht nur mehr oder weniger Kerzen, Öllampen usw. leisten, sondern auch die Qualität des Lichtes bestimmen. Die armen Leute waren in der Regel auf Lichtspender angewiesen, die oft alles andere als heimelig und schön waren. Den Duft von Bienenwachskerzen, den wir aus der Weihnachtszeit kennen, konnten sich nur die begüterten Kreise leisten. Die allerdings taten es dann auch gleich recht kräftig. Mit Beginn des 18. Jahrhunderts war tausendfacher Kerzenschimmer geradezu ein Zeichen von Wohlhabenheit. Es gibt Überlieferungen, nach denen z.B. in Dresden für ein einziges Hoffest vierzehntausend Wachslichter verbraucht wurden. Nicht weniger üppig ging es in den Kirchen zu. So weiß man, daß zu Luthers Zeiten allein in einem einzigen Jahr in der Schloßkirche zu Wittenberg 35750 Pfund Wachs verbrannt wurden. Das sind immerhin gut 17 Tonnen.

Dabei war man zu Beginn des 16. Jahrhunderts sonst eher sparsam. Im 14. Jahrhundert – dem ausgehenden Mittelalter also – hätte man diese Mengen an Bienenwachs für die Beleuchtung noch nicht verwendet.

Im wahrsten Sinne des Wortes finster sah es aber für die nicht begüterten Menschen jener Zeit aus. Ihnen blieben nur billige Lichte aus Rindertalg, sogenannte Unschlitt-Kerzen, die alles andere als gut rochen. Außerdem rußten diese Dinger fürchterlich, so daß man sich die engen und wegen der Wärme oft schlecht gelüfteten Behausungen der ärmeren Bevölkerung damals recht rußig und überriechend vorstellen muß.

Im Rahmen der technischen Möglichkeiten war man im Hinblick auf die Lichtspender zwar über tausende von Jahren auf die offene Flamme angewiesen; man hatte aber schon früh Verfahren gefunden, die die Benutzung dieser Flammen einigermaßen bequem machten. Man darf ja nicht vergessen, daß z.B. ein Kienspan oder eine Fackel an der Wand nicht nur sehr stark rußten, sondern auch schnell niedergebrannt waren und erneuert werden mußten. Ganz abgesehen einmal von der Feuersgefahr.

Im antiken Griechenland und Römerreich waren Tonlampen verbreitet, die wie eine niedrige Teekanne konstruiert waren, bei der aus einer Schnute der Docht herausschaute, der innerhalb des Tongefäßes in Olivenöl endete. Solche Lämpchen, die recht billig waren, brannten bereits recht viele Stunden und konnten auch so reguliert werden, daß sie wenig rußten. Sie waren so weit verbreitet, daß heute noch eine Unzahl davon in den Museen zu sehen ist. Sie wurden teilweise sehr schön verziert, manchmal auch mit erotischen Motiven, was Rückschlüsse auf die Gelegenheit der Verwendung zuläßt. Wer es sich leisten konnte, hatte sogar mehrflammige Öllampen aus Metall.

Später hat man dann herausgefunden, daß das Licht einer offenen Flamme heller wird, wenn man es in einem entsprechend belüfteten Gaszylinder brennen läßt. Sie können diesen Effekt heute noch an den Petroleumlampen ausprobieren.

Die elektrische Glühbirne ist im Oktober 1979 gerade ganze hundert Jahre alt geworden. Gemessen an der Kulturgeschichte der Menschheit ist das ein geradezu lächerlich kurzer Zeitraum. Das sollte man sich hin und wieder einmal in Erinnerung rufen.

Kerzenlicht oder das Licht von Petroleumlampen wird – außer in sogenannten schlechten Zeiten – hauptsächlich zur Erzeugung einer ganz bestimmten Stimmung oder auch für kultische Zwecke verwendet, wie etwa in der Kirche. Es ist durch die elektrische Glühbirne nicht ganz verdrängt worden, weil vor allem dann, wenn keine große Helligkeit gebraucht wird, das Kerzenlicht besonders angenehm oder auch gemütlich ist. Und dieser Wunsch nach einer heimeligen Atmosphäre ist es wohl auch, der nach dem zweiten Weltkrieg geradezu einen Kerzenkult entstehen ließ. Erinnern Sie sich an die vielen teils bunten, teils auch riesigen Kerzen, die vor allem aus Skandinavien kommen. In dieser Form ist eine Kerze nicht nur ein Beleuchtungsgegenstand, sondern zugleich ein kunsthandwerkliches Produkt.

Aber damit sind wir schon ganz in der Nähe dessen, was wir in der Hobbythek jetzt vorhaben.

Wir möchten Ihnen nicht nur zeigen, wie man Kerzen ziehen und verzieren kann, sondern was man an kerzenähnlichen „Beleuchtungskörpern" konstruieren kann.

Ein Römerlicht nach Art der Hobbythek

Die Römer benutzten zur Beleuchtung nicht nur die eben beschriebenen Öllampen, sondern z.B. auch Schilfrohrmark, das in festes Fett oder Talg eingebettet war. Diese Lampen haben zwar entsetzlich gestunken, sie waren aber heller als die normalen Öllampen.

Diese Grundidee kann man heute so abwandeln, daß man ein schönes und dazu auch noch geruchloses Licht bekommt. Was dazu gebraucht wird, haben Sie sehr wahrscheinlich bereits alles in Ihrer Küche stehen:

1 dekoratives Glas (Weinglas oder ein Pokal; braucht nicht feuerfest zu sein)
reines Pflanzenfett
1 Baumwollschnürsenkel
Kochsalz

Das Glas braucht nicht feuerfest zu sein, da die Temperaturen bei diesem Licht nicht sehr hoch sind. Allerdings sollten Sie zur Sicherheit kein hauchdünnes und vielleicht besonders kostbares Glas nehmen.

Als Pflanzenfett eignen sich Palmin oder irgend ein anderes Kokosfett. Nehmen Sie nicht das allerbilligste, damit Ihr Zimmer nicht hinterher wie eine Frittenbude duftet.

Wichtig ist, daß der Schnürsenkel auch wirklich aus Baumwolle besteht.

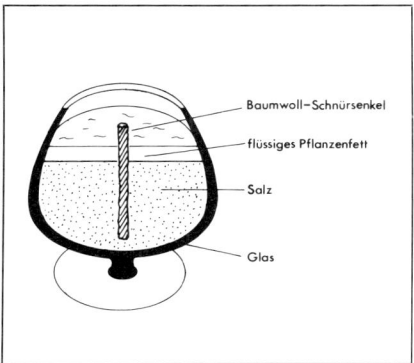

Abb. 2: Der Aufbau eines einfachen Römerlichtes.

Das können Sie ganz einfach mit einer Flammenprobe feststellen. Glimmt der Schnürsenkel in der Flamme, dann ist er aus Baumwolle. Wenn er allerdings schmilzt, sich zu einem Klumpen zusammenrollt und stinkt, dann handelt es sich um irgendein synthetisches Material. Natürlich können Sie auch einen richtigen Kerzendocht verwenden, den es in Hobbyläden zu kaufen gibt. Er darf aber nicht schon in Wachs getränkt sein.

Erhitzen Sie in einem kleinen Gefäß, das sich möglichst gut ausgießen läßt, Pflanzenfett, bis es gerade flüssig ist. Lassen Sie es nicht zu heiß werden, weil sonst das Glas springen könnte.

Während das Fett schmilzt, füllen Sie das Glas zu ¾ mit Salz. Dieses Salz hat lediglich die Funktion, den Schnürsenkel als Docht zu halten. In die Mitte dieses Salzes wird der Schnürsenkel so hineingesteckt, daß er bis zum Boden reicht und oben noch etwa 1 bis 1½ cm herausschaut. Die Plastikumhüllung an den Enden des Schnürsenkels muß natürlich vorher abgeschnitten werden.

Ist das Fett geschmolzen, dann gießen Sie es ganz vorsichtig auf das Salz. Damit es besser bis zum Boden durchsickert, können Sie mit einem Messer oder einer langen Nadel mehrmals in die Salzfettmasse stechen. Zum Schluß soll das Fett etwa einen halben Zentimeter über der Salzschicht stehen.

Damit ist das Römerlicht bereits fertig, und Sie können es anzünden.

Die über dem Salz stehende Schicht brennt – wenn das Glas nicht besonders klein ist – recht lange. Sie können immer wieder geschmolzenes Pflanzenfett nachgießen und haben dadurch gewissermaßen einen Dauerbrenner.

Hier noch ein Tip, der auch für andere Kerzen gilt: Pusten Sie die Flamme möglichst nicht aus, sondern ersticken Sie sie dadurch, daß Sie sie kurz in das flüssige Fett oder Wachs eintauchen. Sie vermeiden dadurch das Nachglimmen, das nicht nur stark riecht, sondern auch den Docht leicht bis auf die Wachsschicht herunterglimmen läßt.

Bei unserem Römerlicht könnte das Untertauchen den Docht im Salz verschieben. Deshalb ist hier die andere Löschmethode am besten: das Glas einfach kurz abdecken und dadurch die Flamme ersticken. Der Docht glimmt dann auch nicht nach. Wenn der Docht etwas zu kurz gebrannt ist, brauchen Sie ihn nur vorsichtig ein Stückchen wieder herauszuziehen.

Das Römerlicht läßt sich noch verschönern

Anstelle des Kochsalzes können Sie natürlich auch andere Dinge in das Glas füllen, die den Docht halten. Wichtig ist nur, daß Sie den Docht nicht verstopfen oder sich mit dem Fett verbinden. Nicht geeignet wäre also z. B. Mehl.

Geeignet ist aber farbiger Glimmer, den Sie in Dekorations- oder Malergeschäften kaufen können, dann Glasperlen und Murmeln und schließlich sogar kleine Kieselsteine, die Sie irgendwo am Meer oder an einem Bach gefunden haben. Zu groß sollten

Abb. 3: Noch hübscher sieht es aus, wenn der Docht nicht von Salz, sondern von Perlen gehalten wird.

diese Steine oder Kugeln allerdings nicht sein, sonst können sie den Docht nicht gut halten. Allerdings kommen diese Gegenstände erst zum Vorschein, wenn das Fett nach einiger Zeit durch die Wärme des Lichts geschmolzen ist. Das ist ein gewisser Nachteil, den aber unser nächster Tip nicht hat, weil dort der Brennstoff flüssig und durchsichtig ist.

Magic Light – das magische grüne Licht der Hobbythek

Dieses Licht ist im eigentlichen Sinne des Wortes eine „Schnapsidee". Verwendet wird nämlich als Brennflüssigkeit eine Art Alkohol; dazu gleich mehr.

Am Anfang stand die Idee, ein Licht zu entwickeln, das nicht die normale Flammenfarbe (gelblich-weiß) hat, sondern bunt leuchtet. Eigentlich wollten wir dieses Kunststück eine ganz normale Kerze vollbringen lassen. Aber da haben uns selbst professionelle Kerzenmacher enttäuschen müssen. Sie sagten zwar, daß man danach seit Jahrhunderten sucht;

allerdings vergeblich. Das ist für uns immer ein Anreiz, und so haben wir zusammen mit einem befreundeten Professor experimentiert. Das Ergebnis ist ein Licht, das wirklich „magisch" leuchtet, und zwar grün.

Was brauchen Sie dazu?

> ¼ l Äthylenglykol
> 10 g Borsäure
> Metallfolie
> Baumwollgarn
> 1 Haushaltsthermometer
> 1 Gefäß, ähnlich wie beim Römerlicht.

Beim Äthylenglykol (auch Glykol genannt) handelt es sich um eine Alkoholart. Man bekommt es in Apotheken oder auch im Chemikalienhandel, wo ¼ Liter etwa 10 bis 15 Mark kostet. Bei größeren Mengen wird es billiger. Da Sie z.B. für ein normales Whiskyglas nur etwa 50 ml brauchen, genügt ¼ Liter (250 ml) schon für eine ganze Reihe von Lichtern.

Mit Glykol haben die meisten von uns auch sonst zu tun. Es dient nämlich als Frostschutzmittel für das Wasser im Autokühler. Allerdings sind Substanzen wie etwa Glysantin für solche Lichte nicht geeignet, weil in sie noch allerhand Zusatzmittel eingemischt sind, die beim Abbrennen unangenehm riechen. Äthylenglykol ist im übrigen zwar nicht gerade zum Trinken geeignet, aber auch nicht giftig. Außerdem verbrennt es völlig rückstandsfrei und ungiftig.

Nun ist Glykol allerdings eine Substanz, die farblos wie etwa Spiritus brennt. Zur Färbung der Flamme braucht man also noch einen Zusatzstoff; und da eignet sich Borsäure. Es ist ein weißes Pulver, das wie Kochsalz aussieht. Die Bor-Atome regen die Flamme zum grünen Leuchten an. Borsäure ist recht billig; man bekommt 100 g für rund 1 Mark.

Und so wird das Magic Light hergestellt

Im Gegensatz zum Römerlicht müssen Sie bei diesem *Magic Light* ein

Abb. 4: Ein zünftiger Kerzenmacher dreht seine Dochte selbst. So wird es gemacht. An den Enden dann abbinden mit dünnem Garn.

paar Vorbereitungen treffen. Man kann das Gefäß mit Steinen, Perlen, Glimmer oder Salz füllen; zusätzlich braucht der Docht noch eine Hülse aus Metallfolie.

Zunächst zum Docht selbst.

Natürlich kann man auch hier wieder einen Baumwollschnürsenkel oder auch einen Docht verwenden, den man in Bastelläden fertig kaufen kann. Wir meinen aber, daß zu einem selbstgemachten Licht auch ein selbstgemachter Docht gehört.

Ein Kerzendocht ist nämlich nicht einfach nur ein Faden, sondern ein kunstvoll zurechtgedrehtes Gebilde. Und das geht so:

Besonders gut geeignet ist 8fach gedrehtes Baumwollgarn, d.h. ein Garn aus 8 dünnen Einzelfäden zusammengedreht. Sie bekommen es in Kurzwarenläden. Man verwendet Baumwollgarn z.B. auch heute noch zum Häkeln von Topflappen.

Für ein *Magic Light* brauchen Sie etwa 30 cm Baumwollfaden. Man legt ihn doppelt und dann noch einmal doppelt. Dann fassen Sie das nur etwa 7 cm lange Stück mit beiden Händen je an einem Ende und drehen es in entgegengesetzter Richtung mit den Fingern, bis die Fäden völlig in sich verdrillt sind. Führen Sie dann die beiden Enden zusammen, wobei Sie sehen müssen, daß das Mittelstück sich nicht vorher zusammenrollt. Der Docht dreht sich jetzt von selbst auf. Streichen Sie ihn glatt, wobei Sie die beiden Enden zwischen zwei Fingern noch festhalten, und binden Sie das offene Ende mit einem Faden ab. Fertig ist der Docht.

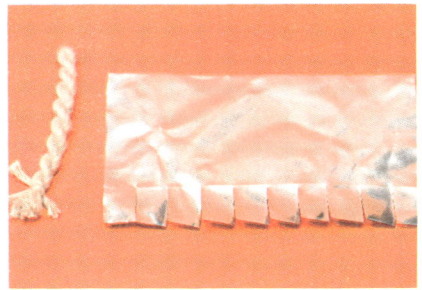

Abb. 5: Damit der Docht im *Magic Light* nicht umfällt, braucht er eine stützende Hülse aus Metallfolie.

Abb. 6: Der Dochthalter mit Docht im Glas.

Abb. 7: Und so sieht das fertige *Magic Light* aus, hier gleich in verschiedenen Ausführungen.

Wenn er dicker sein soll, dann nehmen sie den Baumwollfaden sechsfach oder achtfach.

Wenn Sie ein *Magic Light* in einem sehr tiefen Glas unterbringen wollen, dann müssen Sie den Faden entsprechend länger nehmen. Das abgebundene Stück kommt nach unten.

Das ist noch eine sehr einfache Art des Dochtes. Später, bei den Kerzen, werden wir auf den Docht noch einmal ausführlich eingehen und dort auch etwas zum Verhältnis von Docht- und Kerzendicke sagen.

Dieser Docht muß nun, wie auf *Abbildung 5* gezeigt ist, in eine Hülse aus Metallfolie gebracht werden. Schneiden Sie ein viereckiges Stück Metallfolie auf einer Seite mehrmals ein. Legen Sie dann den Docht darauf und wickeln Sie ihn locker ein. Wichtig ist, daß er in dem Röhrchen ein wenig Spielraum behält, damit er die Brennflüssigkeit ansaugen kann. Oben muß der Docht etwa einen Zentimeter herausschauen, unten je nach Länge des Dochtes.

Für den Fall, daß Sie kein anderes Füllmaterial in das Glas tun, genügen die auseinandergespreizten Einschnitte der Folie als Fuß.

Das Röhrchen gibt dem Docht nicht nur Halt, sondern es hindert die Flamme des Dochtes auch daran, sich über die ganze Oberfläche des Glases auszubreiten. Deshalb muß die Hülse auch immer etwas über die Flüssigkeitsoberfläche hinausragen.

Einfache Alufolie ist übrigens für diese Hülse ein wenig zu weich. Sehen Sie also zu, daß Sie möglichst dicke Alu- oder Kupferfolie bekommen. Bei Folie für Weihnachtssterne aufpassen, daß sie nicht mit einem goldenen Lack überzogen ist, der beim Heißwerden riecht.

Wenn der Docht fertig ist, wird die Borsäure im Glykol aufgelöst. Wichtig ist dabei das Mischungsverhältnis. Es gilt, daß auf 100 ml (0,1 l) Äthylenglykol 4 g Borsäure kommen. Das müssen Sie vielleicht auf einer Briefwaage abwiegen.

Zum Auflösen müssen Sie das Glykol auf etwa 60°C erhitzen. Benutzen Sie dafür zur Sicherheit ein Haushaltsthermometer. Schütten Sie dann die Borsäure hinein und rühren Sie so lange, bis alles völlig aufgelöst ist. Nach dem Abkühlen ist diese Mischung sofort verwendungsfähig. Hier empfiehlt es sich, gleich ein bißchen auf Vorrat zu mischen, weil bei brennendem Licht ab und zu etwas nachgegossen werden muß.

Bevor Sie Ihr grünes Licht anzünden, sollten Sie den Docht kurz in die Flüssigkeit eintauchen. Er brennt dann schneller an. Die grüne Farbe ist übrigens nach dem Anzünden nicht sofort zu sehen, stellt sich aber nach wenigen Sekunden ein. Beim Löschen nicht ausblasen, sondern die Flamme ersticken, indem Sie das Gefäß abdecken. Sie sollten es auch nach dem Abbrennen abgedeckt lassen, weil Äthylenglykol allmählich verdunstet. Außerdem verhindern Sie damit, daß in den Brennstoff Verunreinigungen kommen.

Nach unseren Erfahrungen brennt ein *Magic Light* in einem Glas mit etwa 50 ml Inhalt rund 1½ bis 2 Stunden.

Die hohe Kunst des Kerzenmachens

Der edelste Rohstoff für Kerzen – und einer der ältesten – ist das Bienenwachs. Wegen seiner Seltenheit ist es aber ziemlich teuer, weshalb man sich früher oft mit anderen festen Fetten, wie etwa Talg, behalf. Über die Nachteile haben wir oben bereits gesprochen.

Bienenwachs ist auch heute noch (und im Gegensatz zu dem wesentlich billigeren Stearin oder Paraffin) ein besonders edles Rohmaterial für die Kerzenherstellung. Reines Bienenwachs ist natürlich dasselbe Naturprodukt, wie man es früher hatte; also ein Ausscheidungsprodukt aus der Wachsdrüse der Bienen, das diese zum Aufbau ihrer Waben brauchen. Bienenwachs gibt es gebleicht oder auch in gelber Naturfarbe. Die Fachausdrücke lauten cera alba und cera flava.

Bienenwachs wird nicht nur zur Kerzenherstellung gebraucht, sondern auch als Zugabe bei der Herstellung von Cremes, Salben, wertvollem Bohnerwachs usw. (in der *Hobbythek* zur Kosmetikherstellung haben wir mit Bienenwachs gearbeitet; näheres im *Hobbythek-Buch 3*).

Man muß sich einmal vorstellen, daß Bienenwachs ein Produkt winziger Tiere ist, die in unzähligen Flügen Blütenpollen zusammenholen müssen, bevor auch nur das Rohmaterial für eine einzige Kerze zusammenkommt. Wußten Sie, daß für ein Kilogramm Wachs die Bienen etwa das Vierzehnfache an Pollen sammeln müssen? Im Körper der Bienen wird ein Teil dieser Nahrung in Wachs umgesetzt, das sich in kleinen Schuppen zwischen den Hinterleibsringen anlagert und von dort mit den Füßen abgestreift und zum Wabenbau verwendet wird. Das ist nicht nur ein chemisch interessanter Prozeß, sondern auch ein handwerkliches Kunststück dieser kleinen Tiere.

Hier für die fachlich Interessierten kurz einige Hinweise, woraus Bienenwachs überhaupt besteht: Es ist hauptsächlich ein Ester des Myricyl-Alkohols, einem geradkettigen Paraffin-Alkohol, mit Palmitin-Säure. Außerdem sind in ihm noch Cerothin-Säure (C_{25}), Melissin-Säure und Paraffin-Kohlenwasserstoffe enthalten. Bienenwachs schmilzt zwischen 61 und 68°C.

Es hat übrigens nicht von Anfang an seine typische gelbliche Farbe, sondern ist zunächst weiß; man spricht dann vom sogenannten Jungfernwachs. Erst im Bienenstock bekommt es allmählich seine gelbliche Färbung. Je älter die Waben sind, um so dunkler werden sie. Deshalb kann man im Handel echtes Bienenwachs auch in verschiedenen Farbtönen erhalten.

Den Rohstoff Bienenwachs erhält man, indem die aus dem Bienenstock genommenen Honigwaben geschleudert werden. Dadurch öffnen sich die Deckel der einzelnen sechseckigen Fächer, und der Honig tritt aus. Das übrigbleibende Bienenwachs ist dann allerdings immer noch nicht ganz frei von Honig; das erreicht man erst, indem man das Wachs einschmilzt. Reines Bienenwachs ist chemisch nur sehr schwer angreifbar.

Bienenwachs riecht auch nach dem Ausschmelzen der Honigreste immer noch wunderbar süß. Es hat eigentlich nur einen Nachteil: es ist ziemlich teuer. Ein Kilogramm Bienenwachs kostet rund 25 Mark. Allerdings lassen sich daraus auch schon eine ganze Reihe Kerzen machen.

Man kann aber auch schöne Kerzen aus anderen, billigeren Materialien herstellen.

Zuerst wäre da das *Stearin*, das man fachmännisch eigentlich Stearin-Säure nennen müßte. Es handelt sich um eine weiße, undurchsichtige, ziemlich brüchige und wachsähnliche Masse, die aus tierischen und pflanzlichen Fetten (Palmitinen) hergestellt wird. Das sind im Grunde dieselben Fette, die früher die armen Leute zur Kerzenherstellung verwendeten. Die unangenehmen Eigenschaften dieser Fette, wie schlechter Geruch, schmieriger Griff und unansehnliche Farben werden heute aber durch komplizierte Veredlungsverfahren ausgeschaltet.

Der Schmelzpunkt des Stearins liegt etwas niedriger als beim Bienen-

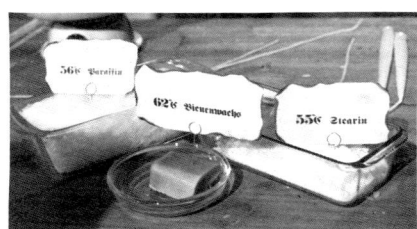

Abb. 8: Zwischen diesen Substanzen können Sie bei der Kerzenherstellung wählen. Bienenwachs ist zwar das teuerste, aber auch das beste Ausgangsmaterial. Auf dem Schild ist jeweils der Schmelzpunkt angegeben.

wachs, nämlich bei 50 bis 60°C. Stearin-Kerzen brennen gut ab und verbiegen sich auch nicht so leicht in der Wärme. Allerdings ist es zum Kerzen*ziehen* nicht geeignet; dazu später aber mehr.

Immerhin kostet Stearin pro Kilogramm immer noch zwischen 10 und 12 Mark. Billiger kommt man da bei *Paraffin* weg, das zwischen 5 und 6 Mark pro Kilogramm kostet. Wir haben es bei unseren Versuchen meistens als Grundsubstanz verwendet. Paraffin wird aus Rohöl gewonnen, d.h. es könnte in Zukunft auch teurer werden.

Man unterscheidet folgende Paraffinarten:

Weich-Paraffin mit einem Schmelzpunkt zwischen 38 und 45°C,
Mittel-Paraffin mit einem Schmelzpunkt zwischen 45 und 50°C,
Hart-Paraffin mit einem Schmelzpunkt zwischen 50 und 65°C.

Wir haben hauptsächlich mit Hart-Paraffin gearbeitet, das einen Schmelzpunkt in der Gegend von 56°C hat, und dessen Ölgehalt relativ gering ist. Es verbrennt also so gut wie geruchlos. Paraffin-Kerzen, die Sie im Handel bekommen, sind in der Regel aus Hart-Paraffin gegossen worden.

Die Seele der Kerze ist der Docht

Vom Docht war schon einmal die Rede und auch davon, daß von seiner Dicke abhängig ist, wie gut oder wie schlecht ein Licht brennt. Bei flüssigen Brennstoffen – wie etwa dem *Magic Light* – kommt es auf die Dicke des Dochtes nicht ganz so sehr an. Anders ist das bei Kerzen.

Als Faustregel gilt: Je dicker die Kerze, um so dicker auch der Docht. Natürlich spielt auch noch das Material eine Rolle und – was man vielleicht nicht immer weiß – auch die Art, in der ein Docht geflochten oder gedreht ist. Aber davon später.

Eine Rolle bei der Dicke des Dochtes spielt auch noch das Kerzenmaterial. Reine Bienenwachskerzen brauchen grundsätzlich einen dickeren Docht als beispielsweise eine Kerze aus einem Paraffin-Stearin-Gemisch.

Fertige Dochte kann man kaufen; sie bestehen, wie auch die selbstgemachten, aus reinen Baumwollfäden, die imprägniert sind, damit sie sauber abbrennen. Gute Hersteller von Dochten geben auf den Packungen an, für welchen Durchmesser einer Kerze bei welcher Wachsart sich der Docht eignet. Wir geben Ihnen hier eine kleine Liste, die fürs erste reichen sollte:

DOCHT-LISTE		
KERZEN-DURCH-MESSER mm:	bei: 90% PARAFFIN 10% STEARIN Fadenzahl:	bei: 100% BIENEN-WACHS Fadenzahl:
8 bis 12	24	28
15 bis 18	32	46
22 bis 26	46	64
32 bis 40	57	92 bis 102
45 bis 52	64	114 bis 125
60 bis 70	80	158 bis 168
80 bis 90	125	191 bis 204

Sie sehen an der Liste, daß die Stärke des Dochtes nicht in Millimeter angegeben wird, sondern durch die Fadenzahl. Wenn Sie also einen Docht haben, von dem Ihnen eine Angabe über seine Stärke fehlt, dann brauchen Sie nur nachzuzählen, aus wieviel Fäden er besteht.

Natürlich sind das nur Annäherungswerte. Einmal ist die Qualität des Wachses nicht immer dieselbe, und außerdem gibt es auch bei den Dochten gewisse Unterschiede in der Fadenstärke. Aber nach ein wenig Übung werden Sie schnell dahinter gekommen sein, welches der richtige Docht für Ihre Kerze ist.

Grundsätzlich ist es so, daß ein im Verhältnis zum Kerzendurchmesser zu *dicker* Docht die Flamme rußen läßt. Eine Flamme rußt, wenn das Wachs nur unvollständig verbrannt ist. Außerdem neigen diese Kerzen zum Tropfen.

Bei einem zu *dünnen* Docht ist nicht nur die Flamme meist recht mickrig; der Docht ertrinkt auch leicht in dem sich bildenden flüssigen Wachs, weil vom Rand der sogenannten Brenn-Schüssel (die flüssig gewordene Mulde oben auf der Kerze) mehr Wachs nachfließt als verbrennt.

Wir sagten schon, daß die Flechtart des Dochtes für seine Brennqualitäten von Bedeutung ist. Es gibt nämlich eine obere und eine untere Seite bei einem Docht. Mit anderen Worten: Er brennt nur in einer Richtung gut ab. Wenn Sie Dochte kaufen, müssen Sie darauf achten, wie die Seiten des Dochtes gekennzeichnet sind. Gute Firmen markieren das obere Ende des Dochtes – die Seite also, an der die

Flamme sitzt – durch eine rote Wachskappe. Wenn Sie in einem Laden Docht vom Meter kaufen, dann macht man Ihnen an dem Ende, wo bei dem Docht „oben" ist, einen Knoten. Wenn Sie später zu Hause passende Stücke von diesem Docht abschneiden, dann vergessen Sie nicht, an das obere Ende immer wieder einen Knoten zu machen.

Dieses „oben" und „unten" ist deshalb wichtig, weil ein Docht für Kerzen nicht gedreht, sondern geflochten ist. Das sind vor allem bei dicken Dochten recht komplizierte Flechtarten, die die Eigenart haben, daß in einer Richtung das flüssige Wachs besser fließt als in der anderen.

Bevor wir jetzt an das eigentliche Herstellen von Kerzen gehen, noch ein paar Regeln, die Sie beachten sollten, damit nichts schief geht und Sie sich nicht verletzen oder gar das Haus in Brand setzen.

Ein paar Regeln zur Vorsicht
Wachs ist ein brennbarer Stoff. Und so harmlos ein festes Stück Bienen-

Abb. 9: Ein richtiger Docht, wie man ihn kaufen kann, ist nicht gedreht, sondern geflochten. Wo beim Docht „oben" ist, wird entweder durch einen Knoten oder (wie hier) durch farbiges Wachs gekennzeichnet.

wachs, Paraffin oder Stearin aussieht, so gefährlich kann es sein, wenn man nicht richtig damit umgeht. Paraffin kann sich beispielsweise bereits bei 150°C von selbst entzünden, ohne mit einer Flamme in Berührung gekommen zu sein. Und 150°C sind, wenn man Wachs in einem Tiegel auf einer Ofenplatte schmelzen würde, ganz schnell erreicht.

Gegen diese Überhitzung und die Gefahr der Selbstentzündung gibt es eine ganz einfache Sicherung. Sie kennen sicher aus anderen Zusammenhängen das sogenannte Wasserbad. Dabei wird ein kleines Gefäß in ein größeres mit Wasser gefülltes Gefäß gestellt. Und erst diese Kombination kommt auf den Ofen. Auf diese Weise kann im inneren Gefäß nie eine höhere Temperatur als 100°C (der Siedepunkt des Wassers) entstehen, die z.B. für das Schmelzen von Wachs völlig ausreicht.

Wachs also immer nur im Wasserbad erhitzen!

Sie werden sicher längst gemerkt haben, daß wir nicht dazu neigen, ständig mit dem erhobenen Zeigefinger durch die Gegend zu gehen. Aber es gibt ein paar Regeln, auf die man eingehen muß, weil viel zu schnell etwas passiert.

Wenn Sie Wachsreste im Topf länger stehen lassen und das Wachs durchhärtet, dann sollten Sie es vor dem nächsten Erhitzen mit einem spitzen Gegenstand (z.B. einem Messer) an der Oberfläche etwas aufbröckeln. Beim Erhitzen im Wasserbad schmelzen nämlich die unteren Schichten des Wachses schneller als die oberen. Dadurch kann ein Druck im Gefäß

entstehen, der das heiße, flüssige Wachs durch die noch festen oberen Schichten preßt, so daß Ihnen heißes Wachs ins Gesicht spritzen kann.

Sollte doch einmal etwas schiefgehen, dann auf jeden Fall ganz ruhig bleiben. Wenn Ihnen heißes Wachs auf die Haut tropft, dann halten Sie diese Stelle *sofort* unter kaltes Wasser. Das lindert nicht nur den Schmerz; man kann das Wachs dann auch ganz leicht von der Haut abziehen.

Sollte trotz aller Vorsicht das geschmolzene Wachs entflammt sein, dann nehmen Sie auf keinen Fall Wasser zum Löschen. Wasser würde das Wachs nämlich nur in die Gegend spritzen lassen, so daß sich das Feuer nur noch weiter ausbreitet. Brennendes Wachs kann man ersticken, indem man eine alte Decke, ein Handtuch oder dergleichen über das brennende Gefäß oder Wachs breitet. Wenn das Wachs innerhalb des Gefäßes brennt, dann genügt es auch, einen Deckel darüber zu stülpen.

Abb. 10: Wachs niemals direkt auf der Herdplatte, sondern immer im Wasserbad erhitzen.

Kerzenziehen – die edelste Art des Kerzenmachens

Immer wenn es sich um besonders gute Kerzen handelt, steht auf der Packung, daß sie gezogen seien. Nun bedeutet dieses „Ziehen" nicht, daß die Kerzen etwa in die Länge gezogen wurden, sondern das Wort deutet auf das Herausziehen des Dochtes aus dem flüssigen Wachs, in das er immer wieder hineingetaucht wird, damit sich allmählich immer dickere Schichten um den Docht bilden. Dies ist die Methode, wie sie bereits im Altertum angewandt wurde. Heute gibt es allerdings Maschinen, die dieses Nacheinander-Aufschichten automatisch in einem Endloskerzenband (bis zu 100 m Umfang) bewerkstelligen. Die Kerzenschlange wird dann über mehrere Umlenkrollen geführt, was möglich ist, weil das Wachs (Paraffin, Stearin, Bienenwachs) bei Temperaturen um 30–40°C sehr geschmeidig ist. Erst später werden die handelsüblichen Kerzenlängen zugeschnitten.

Nun, in der Hobbythek haben wir uns für das altertümliche, rein handwerkliche Verfahren entschieden. Zum Kerzenziehen von Hand braucht man nur wenig Handwerkszeug und Gerät, das auch den Vorteil hat, gar nicht teuer und eigentlich überall verfügbar zu sein.

Das wichtigste Arbeitsmittel ist das Gefäß, in dem das Wachs erhitzt wird. Je länger die Kerzen werden sollen, um so höher muß das Gefäß sein. Damit Sie aber nicht riesige Mengen Wachs verflüssigen müssen, sollte das Gefäß nicht nur hoch, sondern zugleich auch *schmal* sein. Wir haben bei uns selbst einmal Haus, Hof, Garten und Werkstatt durchforstet, um zu sehen, was da normalerweise an brauchbaren Behältern einfach so herumliegt. Sehr geeignet sind z. B. die langen und schmalen Würstchendosen. Aber auch hohe Einmachgläser lassen sich verwenden und sogar Flaschen, denen man vorher mit Hilfe eines Tricks den Hals abgetrennt hat (siehe *Seite 123 f.*)

Wer ein Liebhaber extrem langer Kerzen ist, der kommt ohne besondere Konstruktionen nicht aus. Bei unserer Suche stießen wir auf *Abfluß-rohr* aus Kunststoff, das bis 100°C stabil bleibt (durch Ausgüsse wird ja auch mal kochendes Wasser gegossen). Da unser Ziehwachs nur zwischen 75 und 80°C heiß werden muß, um die geeignete Temperatur zu haben, ist dieses Rohr bestens für unsere Zwecke geeignet. Sie bekommen es im Baustoff- oder Sanitärhan-

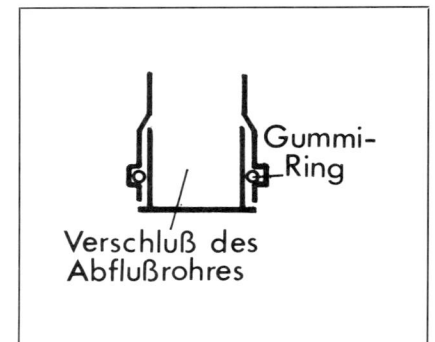

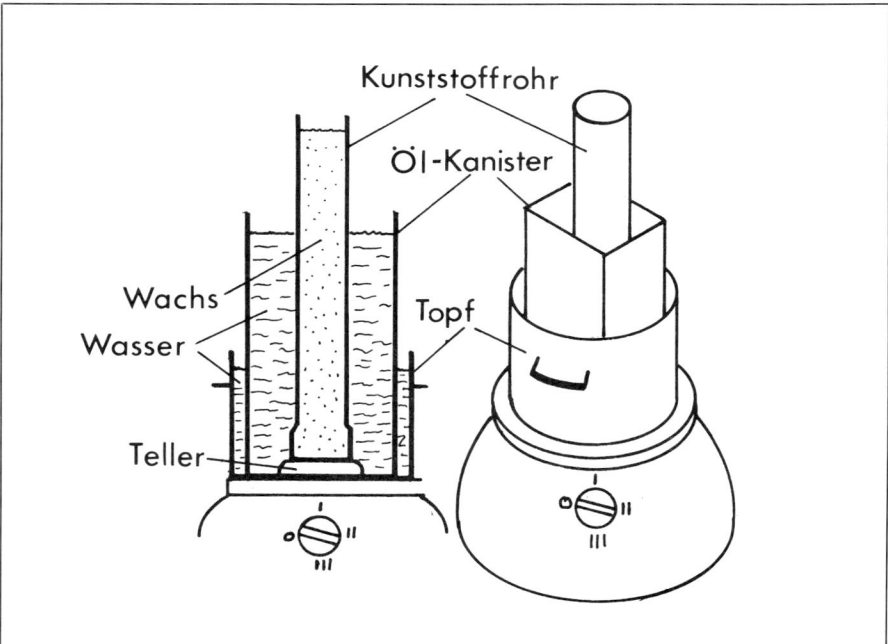

Abb. 11: Für lange Kerzen braucht man hohe Wachsbehälter. Als Wachsbehälter haben wir einfach einen alten Ölkanister verwendet (vgl. Foto links). Außerdem wird ein Stück Abflußrohr aus Plastik verwendet, das unten dicht verschlossen werden muß (vgl. Zeichnung oben rechts). In der Zeichnung unten rechts sehen Sie, daß das Abflußrohr unten auf einem umgestülpten Teller im Wasserbad steht, damit es nicht mit dem heißen Topfboden direkt in Berührung kommt. Bei dem hier dargestellten Verfahren wird das Wasserbad des Topfes erhöht durch das Wasserbad des Ölkanisters, in dem dann das noch höhere Abflußrohr mit dem Wachs steht.

del in Weiten von 40, 70 und 100 mm. Dort gibt es auch passende Kappen für den Boden des Gefäßes.

Als Übergefäß mit dem Wasserbad, in das Sie den eigentlichen Wachsbehälter stellen, eignet sich im Grunde jeder Kochtopf. Bei langen Wachsbehältern z.B. aus Abflußrohr müßten Sie allerdings sehen, daß auch das Wasserbad möglichst weit hinaufreicht, sonst könnte es später sein, daß das Wachs im oberen Teil des Rohres nicht heiß genug wird. Da können Sie sich aber auch mit einem Trick behelfen: Stellen Sie in den Kochtopf mit Wasser einen aufgeschnittenen 5-Liter-Ölkanister, ebenfalls mit Wasser. Und erst dort hinein das Rohr mit dem Wachs. Natürlich können Sie auch einen Ölkanister als Wasserbadgerät direkt auf die Kochplatte stellen; nur müßten Sie dann ganz sicher sein, daß die Öldose nicht gelötet, sondern geschweißt oder gefalzt ist. Eine Lötnaht könnte nämlich schmelzen und undicht werden. Wenn Sie ein Rohr aus Plastik verwenden, dann müssen Sie unter das Rohr noch einen Gegenstand aus Glas oder aus Porzellan (Aschenbecher, kleiner Teller) legen, damit ein direkter Kontakt mit Stellen des Übertopfes vermieden wird, die über 100°C heiß werden.

Erhitzen Sie dann das Wasser im Topf, bis es kocht, und geben Sie dann in das Ziehgefäß Wachs hinein. Das Ziehgefäß kann bis fast an den Rand mit Wachs gefüllt sein, weil beim Ziehen der Kerzen zunächst ja nur ein dünner Docht eingetaucht wird, der den Spiegel des Wachses nicht wesentlich erhöht.

Später beim Ziehen muß dann immer etwas Wachs nachgefüllt werden. Dann allerdings immer nur so viel, daß das Gefäß bei eingetauchter Kerze nicht überläuft.

Das eigentliche Ziehen der Kerze

Nehmen Sie einen Docht, der in der Stärke zu der Kerzenstärke paßt, die Sie später erzielen wollen. Darauf achten, daß die obere Seite des Dochtes auch wirklich nach oben weist. Tauchen Sie den noch weichen Docht in das heiße Wachs, damit er sich gut vollsaugen kann. Ziehen Sie ihn dann mit beiden Händen lang und halten Sie ihn solange straff, bis der Docht erkaltet ist. Der Docht muß nämlich steif und gerade sein, damit in den späteren Tauchvorgängen auch eine ordentliche Kerze zustande kommt.

Ist der Docht gerade und hat er durch Abkühlen eine gewisse Steifigkeit bekommen, dann beginnt das eigentliche Ziehen. Es besteht darin, daß der Docht immer wieder in das Wachs getaucht wird, damit sich eine neue Schicht um den Docht bilden kann. Ein Tauchvorgang dauert etwa 2 Sekunden. Zählen Sie also „21" beim Eintauchen, „22" beim Herausziehen. Wenn nämlich der Docht und das an ihm schon festsitzende Wachs zu lange in dem heißen Wachs bleiben, dann bildet sich keine neue Schicht, sondern die bereits vorhandene schmilzt wieder ab. Wichtig ist auch, daß die Kerze zwischen den einzelnen Tauchgängen abkühlen und härten kann. Sonst besteht die Gefahr, daß das weiche Wachs am Docht nach unten rutscht. Dann würden die

Kerzen länger und länger und hätten im unteren Teil gar keinen Docht mehr. Lassen Sie sich also lieber etwas Zeit; Anhaltspunkt: Eintauchvorgang 2 Sekunden und Abkühlung 5 bis 10 Sekunden.

Es läßt sich nicht vermeiden, daß sich beim Tauchen unten an der Kerze sogenannte Tropfnasen bilden. Die können Sie mit einer Schere oder einem Messer abschneiden.

Eine von Hand gezogene Kerze ist aufgrund ihrer Entstehungsweise oben immer dünner als unten. Das ist aber gar kein Nachteil; im Gegenteil: es sieht sogar sehr schön aus.

Die richtige Wachsmischung

Natürlich können Sie jede der oben genannten Wachsarten rein verwenden. Besonders schöne Kerzen erhalten Sie, wenn Sie reines Bienenwachs verwenden. Das ist aber, wie schon gesagt, recht teuer.

Eine gute und auch duftende Wachsmischung erhalten Sie, wenn Sie nehmen:

80% Paraffin
10% Stearin
10% Bienenwachs

Wenn Ihnen das Bienenwachs zu teuer ist, können Sie auch 90% Paraffin mit 10% Stearin mischen.

Diese Mischung ergibt relativ farblose Kerzen. Das ist aber ein Vorteil, wenn man die Kerzen später färben will. Dazu gehört auch – wie wir später noch zeigen werden – das Überziehen der Kerze mit reinem Bienenwachs. Wenn Sie das vorhaben, empfiehlt sich natürlich eine Mischung, in der nicht schon Bienenwachs enthalten ist.

Abb. 12: So zieht man Kerzen.

Wie man mit wenig Wachs lange Kerzen ziehen kann

Sie werden es sicher schon gemerkt haben, daß wir in der *Hobbythek* immer versuchen, etwas noch besser zu machen oder ein paar Tricks zur Vereinfachung zu finden. So ist es auch beim Kerzenziehen. Wer lange Kerzen liebt, braucht bei der eben beschriebenen Methode immer noch eine ganze Menge Wachs. In einen 5 Liter fassenden Behälter passen immerhin 4 bis 4½ Kilogramm Wachs. Wir haben nun ein Verfahren ausgetüftelt, bei dem Sie dieselben Ergeb-nisse erzielen können, aber mit der Hälfte des Wachses auskommen. Und das geht so:

Erhitzen Sie Wasser bis zum Kochen und füllen Sie damit das Ziehgefäß bis zur Hälfte. Stellen Sie es dann mitsamt dem kochenden Wasser in das heiße Wasserbad. Die andere Hälfte des Ziehgefäßes wird nun mit Wachs gefüllt, das auf dem heißen Wasser schwimmt. Dabei müssen Sie allerdings das Wachs vorher in einem anderen Wasserbad geschmolzen und auf etwa 80°C gebracht haben. Lassen Sie oben noch etwas Platz frei, damit beim Tauchen nichts überläuft. *Achtung:* Niemals Wachs direkt auf der Kochplatte erhitzen! Wenn es heißer als 100°C ist und auf Wasser gegossen wird, spritzt es ganz fürchterlich! Gehen Sie nach unserer Vorschrift vor, dann kann nichts passieren.

Sie haben jetzt also ein Gefäß mit 50% heißem Wasser im unteren Teil und 50% heißem Wachs im oberen Teil.

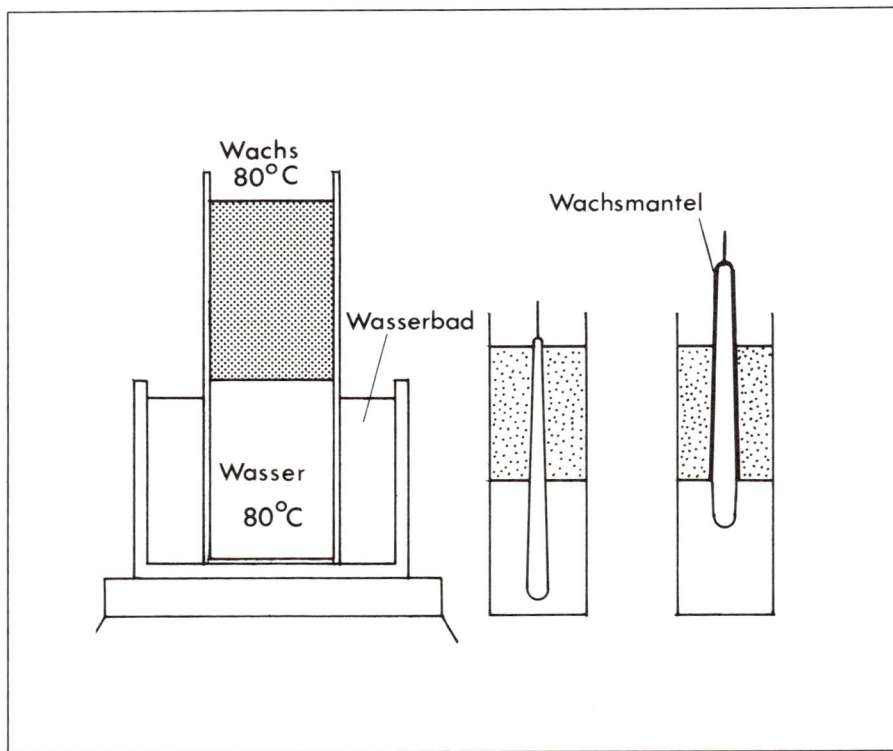

Abb. 13: Unsere „Sparmethode" des Kerzenziehens im Schema.

Wenn Sie das in einem Glasgefäß machen, dann können Sie die Trennungslinie in der Mitte genau sehen.

Das Ziehen der Kerze durch wiederholtes Eintauchen bleibt im Prinzip dasselbe wie beim normalen Tauchen, das wir vorhin beschrieben haben. Allerdings müssen Sie hier bei der Vorbehandlung des Dochtes besonders sorgfältig vorgehen. Es darf nämlich kein Wasser in das Dochtgeflecht eindringen, weil sonst später die Kerze spritzen und ausgehen würde. Tauchen Sie also den Docht vorher mehrmals in reinem Wachs, also z.B. in dem Gefäß unter, in dem Sie das Wachs vorwärmen, und strecken Sie den Docht anschließend wieder. Er ist dann vollständig vom Wachs imprägniert und nimmt kein Wasser mehr auf.

Wenn der Docht jetzt in das Wachsbad getaucht wird, dann reicht er unten tatsächlich in das Wasser hinein. Das macht aber nichts. Die Voraussetzung für das Ziehen einer Kerze, daß nämlich jeder Teil des Dochtes von der Spitze bis zum Fuß das Wachsbad durchlaufen muß, damit sich ein Überzug bildet, gilt auch hier. Das untere Stück des Dochtes geht ja zunächst einmal durch das Wachsbad, bevor es unten in das Wasser hineinkommt; es hat dann seinen (wasserabstoßenden) Überzug bereits erhalten. Das Wasser im unteren Teil des Gefäßes ist nur ein Füllstoff, damit das Wachs höher im Gefäß steht. Wassertröpfchen, die sich am unteren Teil der Kerze festsetzen, werden beim Herausziehen beim Durchgang durch den oberen Wachsteil vollkommen abgestreift.

Sie können den Topf mit dem Wasserbad ruhig zum Ziehen der Kerzen von der Herdplatte nehmen. Das hat auch den Vorteil, das sich der Wasseranteil im Topf nicht höher erhitzt als ebenfalls 75 bis 80°C. Wenn nämlich die Temperatur des Wassers in der unteren Hälfte wesentlich höher steigen würde als die des Wachses im oberen Stück, dann besteht die Gefahr, daß das Wasser den Wachsmantel beim Tauchen abschmilzt. Das läßt sich daran erkennen, daß die Kerze von oben nach unten zunächst dicker und dann wieder dünner wird (vgl. *Abbildung 14*).

Das Ganze klingt hier ein wenig komplizierter als es in Wahrheit ist. Probieren Sie es einmal aus; wir sind sicher, daß Sie schon sehr schnell die nötige Übung haben werden. Natürlich empfiehlt sich dieses Verfahren vor allem dann, wenn Sie das teure Bienenwachs verwenden.

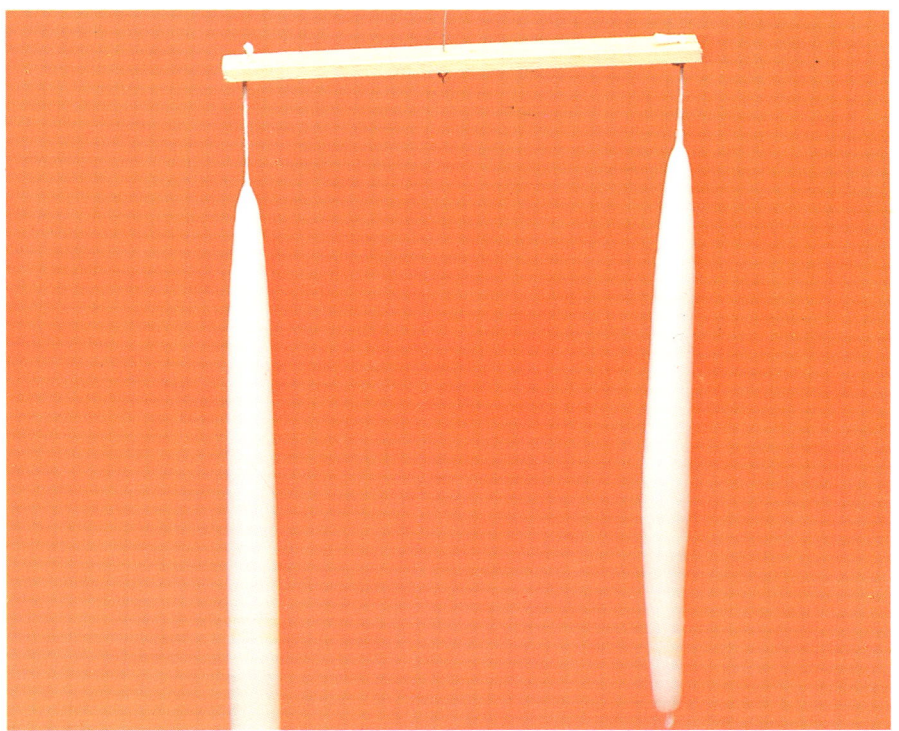

Abb. 14: Wenn bei der „Sparmethode" die Kerzen unten wieder spitzer werden, dann war das Wasser zu heiß oder die Kerze wurde zu lange getaucht.

Kerzenziehen am laufenden Band

Wir erwähnten schon, daß das Kerzenziehen eine langwierige Sache werden kann: Für eine normale Kerze braucht man etwa 10 bis 20 Minuten. Wir haben also den Kerzenmachern noch einmal über die Schulter geschaut und einen Trick herausbekommen, wie man sich die Arbeit wesentlich leichter machen kann. Dazu bedarf es keiner aufwendigen Maschine. Hier unser Vorschlag:

Auf ganz einfache Weise können Sie zwei Kerzen auf einmal ziehen: Sie nehmen eine Holzleiste und spannen an den Enden den Docht in eine vorbereitete Kerbe oder ein Loch. Der Docht muß gut befestigt werden, damit er mit der schwerer werdenden Kerze nicht herausrutschen kann. Dann tauchen Sie die beiden Dochte nacheinander in das flüssige Wachs. Während der eine auskühlt, befindet sich der andere im Wachsgefäß. Am besten stellen Sie die Heizplatte mit dem Wachsgefäß auf den Boden. Legen Sie darunter eine Unterlage, z.B. aus Papier, denn ein leichtes Abtropfen von Wachs ist nicht ganz zu vermeiden.

Übrigens: Wenn Sie unseren Spartrick (halb Wasser – halb Wachs) anwenden, dann gibt es einen zusätzlichen Vorteil. Da das Wasser die höhere Temperatur länger halten kann als das Wachs, können Sie das Kerzenziehgefäß zuerst auf dem Herd auf die richtige Temperatur bringen und es anschließend auf den Boden oder einen Hocker stellen. Erfahrungsgemäß bleibt es ca. 20 Minuten warm genug, um die Kerzen ziehen zu können. Diese Methode bringt, diese Erfahrung haben wir jedenfalls gemacht, erhebliche Vorteile.

Im Prinzip besteht das neue Hilfsmittel aus einem Kreuz mit möglichst vielen Ecken zum Befestigen von Dochten, damit gleichzeitig *mehrere* Kerzen bei *einem* Tauchvorgang gezogen werden können. Wir zeigen Ihnen diese Konstruktion auf *Abbildung 15*. Auf diese Weise kann man gleichzeitig zwei, vier, sechs oder gar 16 Kerzen herstellen.

Bei zwei Kerzen genügt ein kleiner Holzbalken von 30 cm Länge und

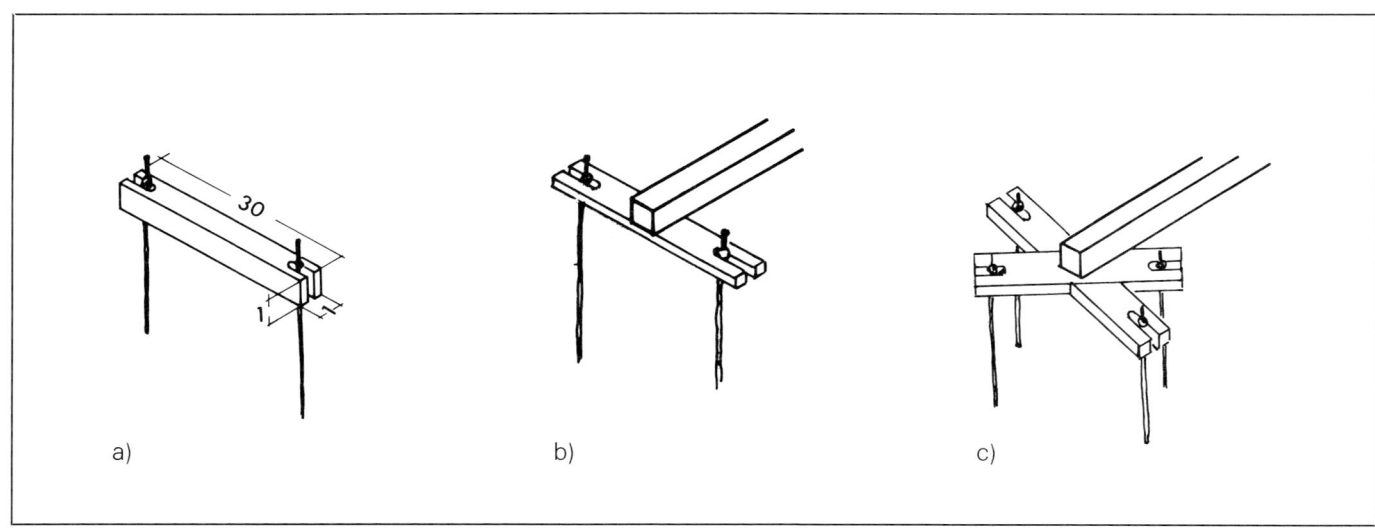

a)   b)   c)

Abb. 15: Hier sind verschiedene Methoden gezeigt, wie man mit einfachen Mitteln mehrere Kerzen gleichzeitig ziehen kann. *Abb. a):* ein einfaches Holz für das abwechselnde Ziehen von zwei Kerzen (mit Maßangaben in cm). In *Abb. b)* ist das Ende des Holzes mit Querbrettchen für jeweils zwei gleichzeitig zu ziehende Kerzen ergänzt. In *Abb. c)* haben wir ein Kreuz gebaut, an dessen vier Enden jeweils weitere vier Kerzen eingehängt werden können. Eines der vier Enden ist hier gezeichnet.

1×1 cm im Querschnitt. An den beiden Enden wird das Holz mit zwei etwa 1 cm tiefen Schlitzen versehen, in die der mit einem Knoten gesicherte Docht eingehängt wird.

Vier Kerzen können Sie einhängen, wenn Sie an jedes Ende des Holzes ein Querbrettchen befestigen, das links und rechts wieder einen Einschnitt erhält. Wenn Sie über dieses Brettchen den Docht herüberlaufen lassen, dann erhalten Sie die heute so beliebten Doppelkerzen, die man bündelweise sehr schön aufhängen kann. Sie haben sie sicher in Läden mit Kunsthandwerk schon gesehen. Auf die gleiche Weise läßt sich das System bis auf 16 Einschnitte für 16 Kerzen erweitern.

Je umfangreicher das Gestell wird, um so schwerer wird es. Aber hier können Sie sich Arbeit durch ein verblüffend einfaches Hilfsmittel erleichtern, das auch die Kerzenmacher verwenden: Der Holzbalken oder das Kreuz wird an einem langen Gummiband aufgehängt. Dieses Band müssen Sie entweder an der Decke, in einem Türrahmen oder sonstwo über dem Wachsbad so befestigen, daß sich jeweils ein Ende des Balkens oder Holzes über dem Topf befindet. Die Spannung des Gummibandes bemessen Sie so, daß ohne großen Druck das Kreuz samt den Dochten und später Kerzen bequem in das Wachsbad getaucht werden kann. Natürlich verändert sich das Gewicht der gesamten Konstruktion durch die immer dicker werdenden Kerzen; das gleichen Sie aber dann mit der Hand aus.

Wenn Sie eine solche Holzkonstruktion haben, geht das Ziehen mit den dazwischenliegenden Abkühlvorgängen außerordentlich rationell vor sich. Während Sie das eine Ende mit den vier Dochten eintauchen, können die drei anderen auskühlen. Bis Sie einmal herum sind, ist das nächste Ende also schon durchgehärtet.

Und wer es ganz perfekt machen will, kann natürlich statt des Gummibandes auch eine Schnur nehmen, die über zwei Rollen an der Decke läuft und zu einem Gegengewicht auf der anderen Seite führt. Das hat den Vorteil, daß Sie das Gegengewicht entsprechend der Dicke der Kerzen allmählich vergrößern können.

Bevor wir uns mit dem zweiten Verfahren der Kerzenherstellung befassen wollen, mit dem *Gießen,* hier ein paar Tips zur Verschönerung der Kerzen.

Das Verschönern von Kerzen – ganz einfach

Durch eine ganz einfache Methode kann man auch die simpelste „Haushaltskerze" in eine „edle" oder geradezu luxuriös aussehende Kerze verwandeln. Das geschieht durch Überziehen mit farbigem Wachs – ein Verfahren, das auch die Industrie anwendet. Wir wollen Ihnen jetzt aber nicht nur zeigen, wie Sie eine einzige Farbschicht über die Kerze bringen können, sondern wie Sie ein und dieselbe Kerze mit mehreren Farben verschönern können.

Hier hilft uns wieder unsere Wasser-Wachs-Sparmethode.

Zunächst brauchen Sie so viele Gefäße, wie Sie Farben vorgesehen haben. Die Gefäße sind so hoch wie die Kerze lang, die Sie überziehen wollen. Hier empfehlen sich Würstchendosen. Diese Dosen werden nun wieder ins Wasserbad gestellt und – wie vorhin beschrieben – mit heißem Wasser gefüllt. Das Neue bei diesem Verfahren ist aber, daß oben auf das heiße Wasser eine nur 3 bis 5 cm dicke heiße Wachsschicht kommt. Da wir jetzt nur eine dünne Schicht über die Kerze ziehen wollen, genügt diese Schicht von 2 bis 3 cm vollkommen. Gefärbtes Wachs ist nämlich nicht ganz billig; Sie sparen auf diese Weise also.

Wenn Sie die Kerze nur mit *einer* Farbschicht oder mit Bienenwachs überziehen wollen, dann genügt *eine* Dose mit dem entsprechenden Wachs. Tauchen Sie die Kerze wie beim Ziehen in das Wachs ein. Sie werden sehen, daß die „Haushaltskerzen" nach dem kurzen Tauchen vollständig mit farbigen Wachs überzogen wieder herauskommen.

Wenn Sie Kerzen mehrere Farbschichten geben wollen, die ringförmig um die Kerze führen, dann müssen Sie folgendermaßen vorgehen: Da die obere Farbschicht nur aufzubringen ist, wenn man die ganze Kerze eintaucht, sind Sie bei den anderen Farben in gewisse Grenzen festgelegt. Das farbige Wachs ist nämlich ein wenig durchsichtig oder – wie der Fachmann sagt – glasierend. Die untenliegende Farbschicht scheint also durch die darüberliegende etwas durch. Wenn Sie also oben einen

Abb. 16: Hier zeigen wir Ihnen, wie man mehrere Kerzen gleichzeitig ziehen kann.

Beim Tauchen von mehreren Schichten hintereinander müssen Sie besonders vorsichtig vorgehen, damit der vorhergehende Farbmantel nicht abschmilzt und dadurch den Ton des Wachsbades insgesamt ändert.

Wenn Sie noch weitere Verzierungen anbringen wollen, dann können Sie z.B. den noch weichen Farbmantel mit Glimmer oder ähnlichen Substanzen versehen. Glimmer, das es ebenfalls in Hobbyläden gibt, können Sie ganz einfach aufbringen, indem Sie ihn vorher gleichmäßig auf einer Resopal- oder Glasplatte verteilen und dann die Kerze darauf abrollen, bevor der Farbmantel ausgehärtet ist.

Ein Mittel gegen das Tropfen der Kerzen

Mit Hilfe desselben Verfahrens, mit dem Sie Wachs sparen oder auch eine Kerze mit einem farbigen Überzug versehen können, läßt sich verhindern, das eine Kerze tropft. Nichts ist ja lästiger als Wachstropfen auf einem Tischtuch oder dem Teppich. Wir verhindern das dadurch, daß wir die Kerze mit einem Überzug aus *Hartwachs* versehen. Hartwachs ist auch unter dem Namen Reliefwachs bekannt, woraus schon hervorgeht, daß man es für plastische Verzierungen oder auch Figuren verwendet. Wir verwenden das Hartwachs hier, weil es in der Regel einen wesentlich höheren Schmelzpunkt als das Normalwachs hat. Die außen aufgebrachte Schicht schmilzt also später, wodurch der Rand eine höhere Wanne bildet, die das Abtropfen verhindert.

blauen Ring haben wollten, müßte die ganze Kerze blau gefärbt werden. Das würde aber ausschließen, z.B. den nächsten Ring (weiter unten) gelb zu machen. Das Blau würde durchschlagen und einen grünen Farbton entstehen lassen.

Wir haben Ihnen auf *Abbildung 17* einmal eine mögliche Reihenfolge der Farben aufgezeichnet. Grundsätzlich gilt, daß die erste (oberste) Farbe die hellste und die letzte die dunkelste sein muß. Daß verschiedene Farben in der Mischung schönere oder auch weniger schöne Töne geben, wissen Sie sicher aus dem Umgang mit dem Tuschkasten. In unserem Beispiel, bei dem mit Gelb begonnen, dann mit Rot, Grün und Blau fortgefahren wird, kann gar nichts passieren. Rot mit Gelb im Untergrund gibt ein leichtes Orange; Grün mit Orange im Hintergrund wird ein tieferes Grün, und Blau mit einem tieferen Grün im Hintergrund sieht immer noch sehr schön blau aus.

114

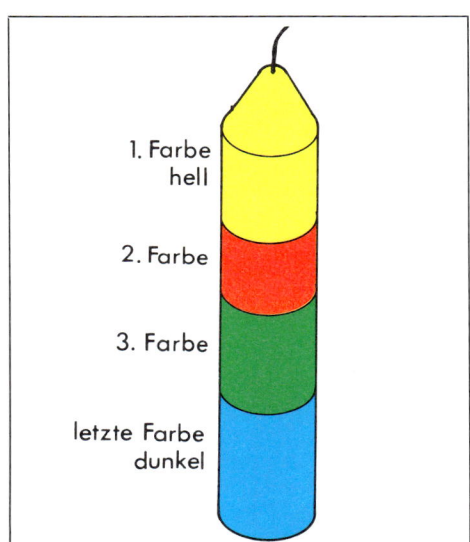

1. Farbe
hell

2. Farbe

3. Farbe

letzte Farbe
dunkel

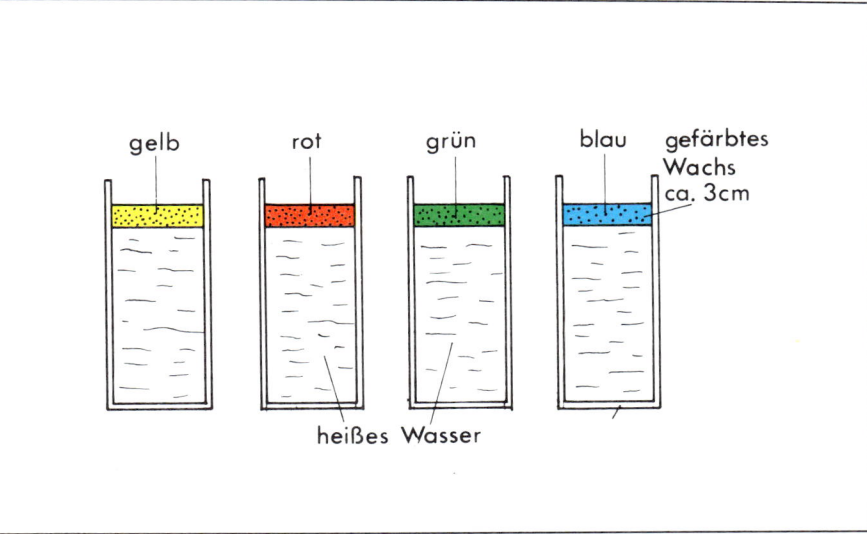

gelb   rot   grün   blau   gefärbtes
Wachs
ca. 3cm

heißes Wasser

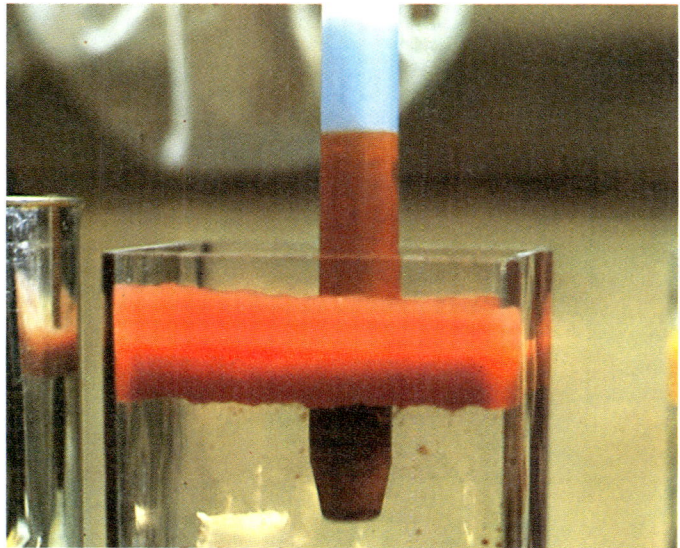

Abb. 17: Auf der Zeichnung links oben sehen Sie, in welcher Reihenfolge man eine Kerze färben kann, ohne daß es zu unschönen Farbmischungen kommt. In der Zeichnung oben rechts ist die Batterie der farbigen Wachsbäder im Prinzip dargestellt. Gelb ist die erste helle Tauchfarbe. Auf dem Foto unten links sehen Sie, wie gerade eine rote Schicht getaucht wird. Und auf Foto unten rechts schließlich einige fertige mehrfarbige Kerzen.

Wenn Sie das Hartwachs in Ihrem Hobbyladen nicht bekommen können, wenden Sie sich an eine der im Anhang genannten Adressen.

Dieses Hartwachs wird nun genauso wie das gefärbte Wachs im geschmolzenen Zustand auf die Wasserfläche in ein Ziehgefäß gegeben. Zwei bis drei Zentimeter genügen durchaus. Die Kerze wird dann wie beim Färben eingetaucht. Es gibt dieses Hartwachs übrigens ebenfalls in allen Farben. Sie schlagen sozusagen zwei Fliegen mit einer Klappe: Sie machen die billigen Haushaltskerzen nicht nur tropffrei, sondern Sie erhalten gleichzeitig farbige Zierkerzen.

Und nun kommen wir zur zweiten Methode der Kerzenherstellung, dem Gießen.

Die Gießkerze

Ein paar technische Informationen vorweg

Für das Kerzengießen brauchen Sie zwar wieder ein Wasserbad zum Aufschmelzen des Wachses; die eigentliche Kerze wird nun aber in einem anderen Gefäß hergestellt. Den verschiedenen Formen der Gießkerzen, die wir gleich beschreiben werden, liegt das gleiche Prinzip zugrunde: Man braucht eine Form, in die das Wachs gegossen wird.

Wir unterscheiden Formen, die nach dem Ausgießen mit Wachs *zerstört* werden können, von Formen, die sich *mehrfach verwenden* lassen.

Wiederverwendbare Formen, die man mit Gewalt natürlich ebenfalls

zerschlagen könnte, bei denen es aber einfach schade wäre wegen ihrer Kostbarkeit, schönen Form, usw. sind z.B.

Puddingformen

Schüsseln

Trinkgläser und Trinkbecher.

Voraussetzung dafür, daß die fertige Kerze ohne Zerstörung des Gefäßes herausgenommen werden kann, ist, daß die Gefäße im Prinzip konisch oder pyramidenförmig sind. Mit anderen Worten: sie dürfen an keiner Stelle oberhalb des Bodens enger als der Bodendurchmesser selbst sein. Es ist ja nicht schwer, sich vorzustellen, daß eine Kerze, die unten dicker ist als oben, aus ihrem Gefäß nicht herauszubekommen ist. Natürlich kann man auch Joghurtbecher und ähnliche Behältnisse unter die wiederverwendbaren Formen einordnen. Da sie billig und in großer Zahl da sind, kommt es bei ihnen aber nicht so genau darauf an. Damit die später erstarrte Wachskerze gut aus der Form herausgeht, muß die Form vor dem Ausgießen gründlich mit Fett oder Pflanzenöl eingestrichen werden. Ganz normales Salatöl tut da gute Dienste. Sollte sich aber trotz all dieser Vorbereitungen später die Kerze nur schwer aus der Form lösen, dann kann man sie einfach kurz von außen mit heißem Wasser übergießen. Dadurch schmilzt die Oberfläche der Kerze noch einmal leicht an. Allerdings verliert sie dann auch ihre schöne glatte Oberfläche.

Ein anderer Trick, die Kerze herauszubekommen, ist, sie mitsamt der Form etwa 15 bis 20 Minuten in den Kühlschrank zu legen. Dann schrumpft das

Wachs und löst sich. Bitte aber nicht in das Gefrierfach tun, weil dann die Kerze Risse bekommen könnte.

Zu den *zerstörbaren Formen* gehört unter Umständen der schon genannte Joghurtbecher; dann aber auch alte Marmeladengläser, Flaschen, Rollen von Toilettenpapier oder Haushaltshandtüchern oder die langen Papprollen, mit denen man Plakate oder Zeichnungen verschickt. Sicher werden Sie selbst noch viele andere mögliche Formen finden. Auch sie sollten vorher gut mit Öl eingefettet werden; dann läßt sich die Form besser von der Kerze abpellen.

Noch etwas muß man bei Gießkerzen beachten:

Vor allem bei dickeren Kerzen schrumpft das Wachs beim Erkalten derart ein, daß sich oben um den Docht herum eine mitunter recht tiefe Delle ergibt. Die können Sie während des Erkaltens ausgießen. Bei einer besonders dicken Kerze kann das sogar mehrmals nötig werden. Sie müssen also nach dem Gießen ein wenig flüssiges Wachs der gleichen Farbe übrigbehalten.

Wie kommt der Docht in die Gießkerze?

Da gibt es grundsätzlich mehrere Möglichkeiten:

Erstens:

Stellen Sie in die Mitte der Gießform eine ganz normale Haushaltskerze und gießen Sie das Wachs darum herum. Der Docht der Haushaltskerze ist dann zugleich der Docht der größeren, neuen Kerze. Die Haushaltskerze selbst schmilzt in dem heißen Wachs weitgehend auf und mischt sich mit ihm. Der Nachteil dieses Verfahrens: Laut unserer Dochttabelle auf *Seite 106,* die das Stärkenverhältnis von Docht und Kerze angibt, ist bei diesem Verfahren der Docht eigentlich zu dünn. Das Ei des Kolumbus ist dieses Verfahren also nicht. Allerdings kann man diesen Nachteil dadurch ausgleichen, daß man eine Kerze mit mehreren Dochten macht. Stellen Sie also z.B. drei Kerzen in das Gefäß und füllen Sie

mit Wachs auf. Solche Kerzen gibt es auch zu kaufen.
Zweitens:
Ein anderes Verfahren ist, den Docht in der passenden Stärke nachträglich einzuziehen. Das setzt voraus, daß beim Gießen der Kerze in der Mitte ein ausreichend dicker Kanal offengehalten wird. Das läßt sich ganz einfach dadurch bewerkstelligen, daß in das schon etwas verfestigte Wachs nach dem Gießen eine eingefettete Stricknadel, ein Nagel, ein Schaschlikspieß

oder auch ein unten geschlossener Strohhalm aus Plastik gesteckt wird. Nach dem Erkalten zieht man diesen Gegenstand wieder heraus und hat das benötigte Loch für den Docht.
Vor dem Einsetzen muß der Docht gut mit Wachs getränkt und versteift werden, wie wir es schon für das Kerzenziehen beschrieben haben. Stecken Sie dann den Docht in die Kerze und verkleben Sie ihn unten mit etwas heißem Wachs oder Wachskitt. Wenn der Docht in dem Loch

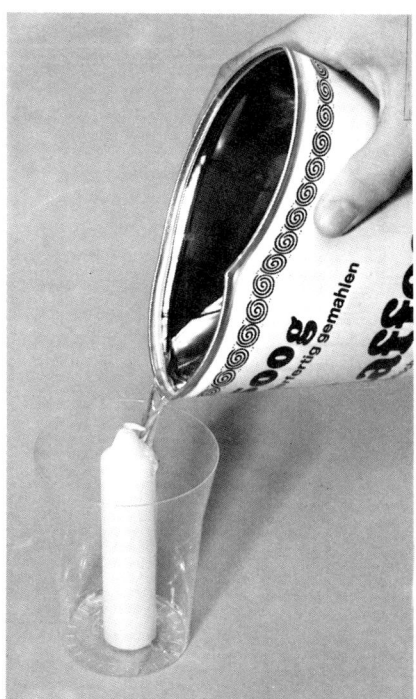

Abb. 18: Das Eingießen einer Haushaltskerze: um die kleine Kerze herum wird flüssiges Wachs gegossen.

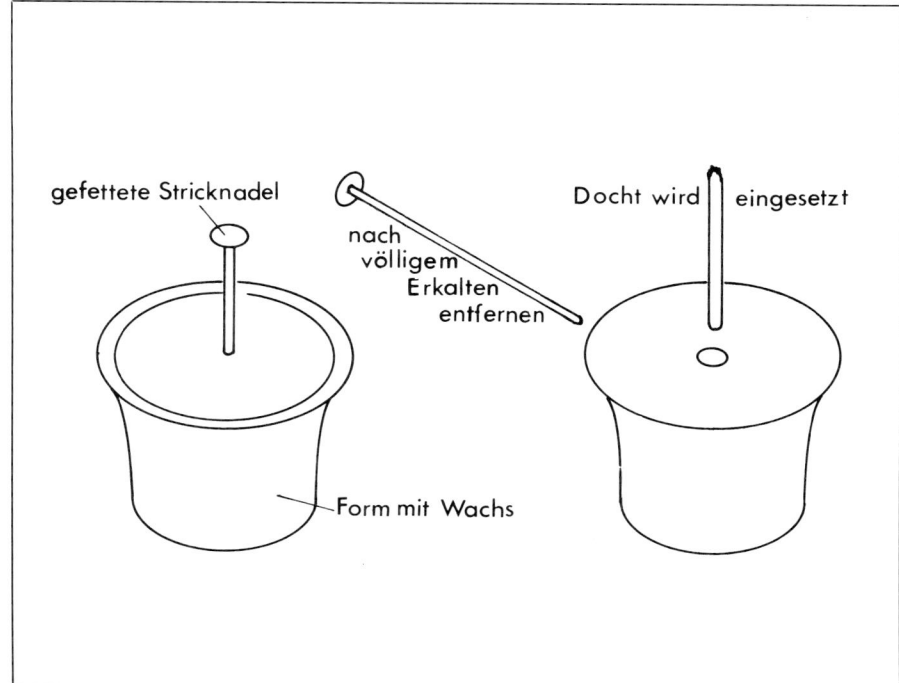

gefettete Stricknadel

nach völligem Erkalten entfernen

Docht wird eingesetzt

Form mit Wachs

Abb. 19: Hier das Verfahren, in der Gießkerze ein Loch freizulassen, in das später der Docht eingesetzt wird.

nicht gerade herumschlackert, sondern einigermaßen gut hineinpaßt, dann hat dieses Verfahren gegenüber dem Eingießen eines Dochtes keinerlei Nachteile. Kurz nach dem Anzünden schmilzt die Flamme nämlich um den Docht herum genügend Wachs auf, das dann in die kleinen, noch freien Stellen um den Docht hineinfließt und das Loch gänzlich füllt.

Dieses Verfahren eignet sich allerdings nicht für die Herstellung von reinen Bienenwachskerzen. Dieses Material ist so klebrig, daß Sie nur mit äußerster Mühe den Docht-Platzhalter wieder herausbekommen können; ganz zu schweigen davon, daß Sie den gewachsten Docht kaum in das Loch hineinbekommen würden. Für Bienenwachskerzen bleibt nur das Verfahren Nummer 3:

Drittens:
Die professionellste Art, einen Docht in die Kerze zu bekommen, ist das *Eingießen* des Dochtes. Da eine Kerze miserabel brennen und mit Sicherheit auslaufen würde, wenn der Docht nicht exakt in der Mitte sitzt, müssen wir hier ein Verfahren finden, das exakten Sitz garantiert. Das geht übrigens nur bei Gießformen, in die man unten ein Loch hineinbohren kann. Der Trick, den Docht in der leeren Form exakt in der Mitte und auch noch straff zu halten, geht folgendermaßen:
Bohren Sie in die Mitte des Bodens Ihres Gießgefäßes ein Loch von der Stärke des Dochtes. Durch dieses Loch wird der Docht mit einem Knoten, der außerhalb bleibt, hindurchgezogen. Das Loch wird mit Wachs oder Kitt abgedichtet.

Oben halten wir den Docht durch zwei Holzstäbchen, die mit zwei Wäscheklammern aneinandergepreßt werden (*Abbildung 20*). Dieses Verfahren hat den Vorteil, daß man nach dem Spannen des Dochtes immer noch korrigieren kann, entweder indem man die Hölzchen hin- und herschiebt oder den Docht straffzieht.

Dieses Verfahren eignet sich auch für die Herstellung von besonders langen Kerzen in Papprollen, wie man sie für den Plakatversand verwendet. Für diese Zeichenrollen gibt es auch passende Verschlußkappen aus Plastik, die später den Boden der Form bilden können.

Auch bei diesem Verfahren sollte der Docht vor dem Einspannen mit Wachs getränkt werden.

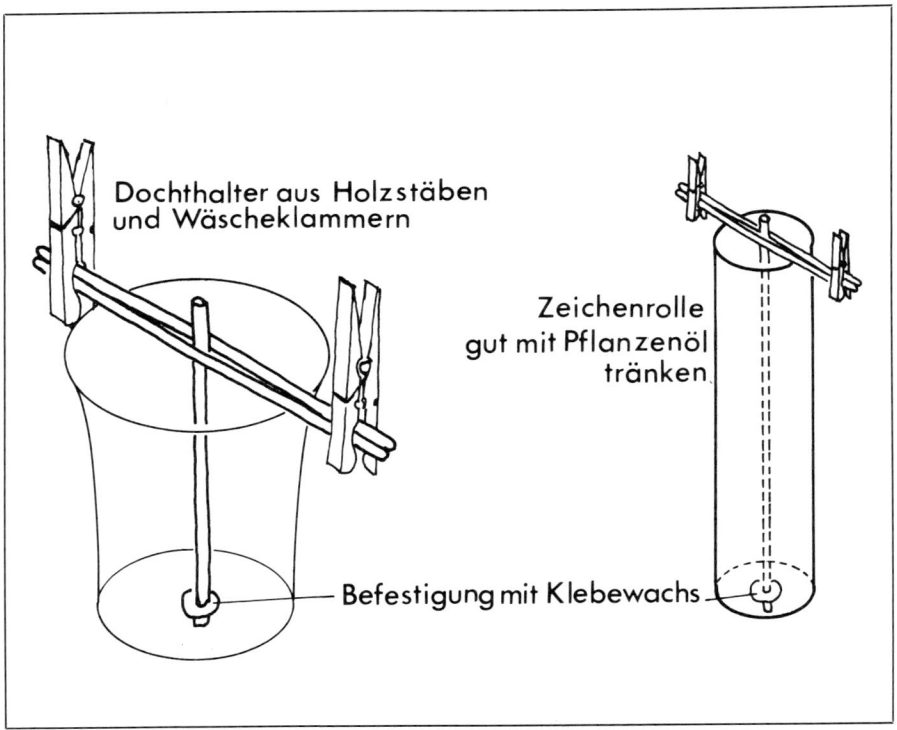

Abb. 20: So müssen Sie den Docht im Gießgefäß befestigen, wenn Sie ihn direkt mit eingießen wollen.

Das Gießen von Kerzen

Es ist so einfach, daß dazu eigentlich nicht viel gesagt werden muß. Deshalb hier nur noch einmal eine Zusammenfassung:

1. Das Gefäß muß – wenn es wiederverwendet werden soll – sich konisch nach oben erweitern.

2. Das Gefäß muß gut eingefettet sein, damit sich die Kerze leicht lösen läßt.

3. Dickere Kerzen bekommen beim Erkalten oben eine Delle, die man mit Wachs vor dem völligen Erstarren ausgießen kann.

4. Bei Plastikgefäßen (wie Joghurtbechern) ist es besonders wichtig, daß das Wachs nicht zu heiß wird, weil sonst das Plastik schmilzt oder zumindest weich wird. Also immer ein Wasserbad verwenden. Temperaturen von höchstens 80°C genügen völlig.

5. Zum Gießen eignen sich alle Wachsmischungen, die wir auch zum Kerzenziehen verwendet haben. Also vom reinen Bienenwachs bis zu Mischungen aus 90% Paraffin und 10% Stearin.

6. Natürlich kann man auch hier alle Möglichkeiten der Abfärbung benutzen. Doch dazu gleich mehr.

Verschiedene Techniken des Kerzengießens:
1. Bunte Schicht-Kerzen

In Läden, die Kerzen aus Skandinavien anbieten, haben Sie sicher schon Kerzen gesehen, die aus mehreren verschiedenfarbigen Schichten bestehen und sehr schön aussehen. Sie lassen sich ganz einfach auf folgende Weise herstellen:

Als Grundlage benutzen wir wieder eine Mischung aus 90% Paraffin und 10% Stearin. Diese Mischung können Sie nun mit Wachsfarben, die es im Handel gibt, beliebig einfärben.

Auch das muß wieder im Wasserbad geschehen. Und da wir hier Wachs in verschiedenen Farben kurz hintereinander brauchen, ist es ganz praktisch, wenn man sie zu gleicher Zeit in einem Wasserbad flüssig halten kann. Dazu haben wir uns eine sehr praktische Lösung ausgedacht: Sie besteht darin, daß in einen großen Topf mit dem Wasserbad mehrere kleinere Gefäße für die verschiedenen Wachsfarben hineingehängt werden. Diese Gefäße bestanden bei uns aus abgeschnittenen Cola-Dosen. Da deren Blech ganz dünn ist, läßt sich der obere, dickere Deckel mit einem scharfen Messer oder auch mit einer Schere leicht abschneiden. Zur Sicherheit werden diese Gefäße mit Klammern am Rand des Topfes festgehalten.

Beim Gießen von Schichtkerzen können Sie die Reihenfolge der Farben beliebig wählen. Bei einem farbigen Wachsüberzug von Kerzen war das ja nicht so ohne weiteres möglich (vgl. dazu noch einmal Seite 114).

Gießen Sie zunächst die erste Schicht in die Form. Warten Sie mit der nächsten Schicht so lange, bis sich auf der ersten nach ca. 30 Minuten eine dicke lederartige Haut gebildet hat. Sie verhindert, daß sich das Wachs der nächsten Schicht mit der ersten vermischt.

Wie dick Sie die einzelnen Schichten wählen, hängt ganz von Ihrem Geschmack ab. Selbstverständlich kann man einzelne Farben wiederholen, ja man kann sogar die Schichten schräg legen. Das geht mit folgendem Trick: Stellen Sie die Form mehr oder weniger geneigt in ein zweites größeres Gefäß, das Sie zur Hälfte mit Sand gefüllt haben (im Schema ist das in Abbildung 21 zu sehen). Bevor Sie die letzte Schicht gießen, müssen Sie die Form allerdings wieder waagerecht stellen, sonst bekommen Sie später eine oben schräg zugeschnittene Kerze, die mit Sicherheit auslaufen würde.

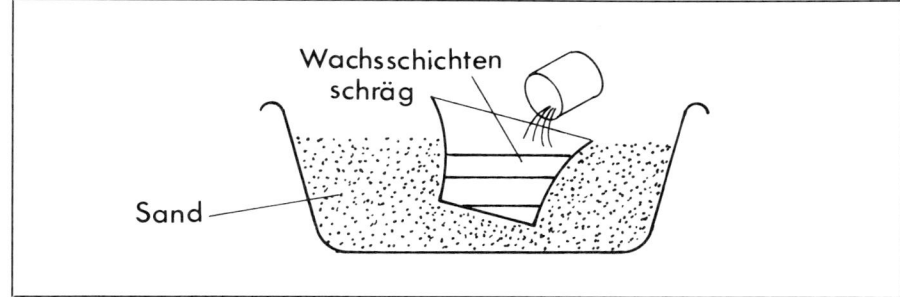

Abb. 21: So müssen Sie die Gießform in Sand einbetten, wenn Sie Kerzen mit schrägen Farbstreifen gießen wollen.

2. Klumpenkerzen

Das Prinzip dieser Kerze könnte man mit einer Sülze vergleichen. Ein relativ durchsichtiges Wachs umschließt undurchsichtiges und – sofern Sie das wollen – mehrfarbiges Wachs in Klumpen, das von dem durchsichtigen Wachs umschlossen wird. Die Herstellung dieser Kerzen wird Ihnen sicher keine Schwierigkeiten bereiten. Und wer von Ihnen ein sparsamer Mensch ist, hat hier die ideale Kerzenart zur Weiterverwendung von Kerzenresten gefunden. Als Klumpen eignen sich solche Reste nämlich hervorragend. Allerdings müssen Sie sie vorher von den Dochten befreien, damit Sie nicht statt einer schönen brennenden Kerze später eine Art mehrflammiges Lagerfeuer erhalten. Gegossen wird die Klumpen-Kerze so: Wenn Sie keine genügend große Zahl von Kerzenresten haben, die Ihre Gießform einigermaßen füllen würde, dann müssen Sie Klumpen gießen. Als Form für die Klumpen eignen sich sehr gut die Einsätze im Kühlschrank, mit denen man Eiswürfel herstellt. Zusammengehalten werden diese Klumpen später von reinem Paraffin, das durchsichtig ist. Nun würden die Klumpen allerdings in dem darübergegossenen heißen Paraffin völlig zusammenschmelzen, wenn man alles auf einmal in die Form tun würde. Man geht deshalb in Etappen zu Werke.
Füllen Sie zunächst eine zwei bis drei Zentimeter dicke Klumpenschicht in die Form und gießen Sie die etwa 75°C warme reine Paraffinschicht darüber. Sobald diese Schicht zu erstarren beginnt, kommt die nächste

Lage Klumpen, über die ebenfalls Paraffin gegossen wird, usw.
Bei dieser Art von Kerzen empfiehlt es sich, den Docht nachträglich einzuziehen, weil sonst die Gefahr bestünde, daß ein gleich miteingegossener Docht durch die verschiedenen Manipulationen nur verrutscht.

3. Sand-Kerzen

Ausgesprochen rustikal und besonders gut für eine Balkon-Party bei Windstille geeignet sind Sandkerzen. Sie bestehen im Inneren aus ganz normalem Wachs und haben außen eine Sandschicht. Solchen Sand bekommt man in verschiedenen Körnungen und Farben in Tierhandlungen; man kann ihn natürlich auch selbst irgendwo draußen suchen.
Hergestellt werden diese Kerzen auf folgende Weise:
Diesmal brauchen Sie *zwei* Gefäße: eine Schüssel, in der die Sandform hergestellt wird, und ein Gefäß, dessen Außenwand die äußere Form der späteren Kerze festlegt. Wenn Sie eine Kerze mit Füßen gießen wollen, wie wir sie auf *Abbildung 22* zeigen, dann brauchen Sie auch noch drei Korken, Filmdosen oder ähnliche Behälterchen, mit denen Sie die Form für die Füße in den Sand eindrücken können.
Füllen Sie in die Schüssel zunächst eine dünnere Lage Sand von etwa 2 cm Stärke, der soweit angefeuchtet sein muß, daß er sich gut formen läßt. Auf diese Sandschicht stellen Sie jetzt das Gefäß, mit dem Sie die äußere Form der späteren Kerze festlegen. Das kann eine Vase oder irgendein anderer schöngeformter Behälter

sein. Allerdings müssen Sie auch hier wieder darauf achten, daß er unten nicht dicker als oben ist, weil Sie ihn sonst aus der Form nicht wieder herausbekommen.
Um dieses Formgefäß füllen Sie jetzt in die äußere Schüssel Sand ein, den Sie mit der Hand oder mit einem Stück Holz gut festdrücken.
Wenn Sie eine besonders schöne Kerze haben wollen, können Sie auch Sand verschiedener Farbe in Schichten einfüllen. Dann hat die Kerze später Ringe aus verschieden gefärbtem Sand. Es bleibt Ihrem Geschmack überlassen, ob Sie die Ringe gerade, gewellt oder nur teilweise um die Kerze herumführen wollen.
Wenn die Schüssel gefüllt und alles gut festgestampft ist, dann ziehen Sie das Formgefäß mit leichter Drehung vorsichtig aus dem Sand heraus. Sollte die Wand irgendwo eingestürzt sein, ist der Sand wahrscheinlich nicht feucht genug gewesen. Wiederholen Sie dann den ganzen Vorgang noch einmal.
Wollen Sie ein Kerze mit Füßen haben, dann müssen Sie jetzt in den Boden der Sandform vorsichtig mit den Korken oder anderen Gegenständen möglichst gleichtiefe Löcher drücken. Das geht übrigens nicht mit einem einzigen Korken, denn mit dem würden Sie beim Eindrücken des zweiten und dritten Loches die vorher eingedrückten Löcher wieder zuschieben. Die Korken also erst herausnehmen, wenn alle Löcher eingedrückt sind. Vielleicht fragen Sie auch, warum drei und nicht vier Füße? Nun: mit drei Füßen wackelt die Kerze nicht.

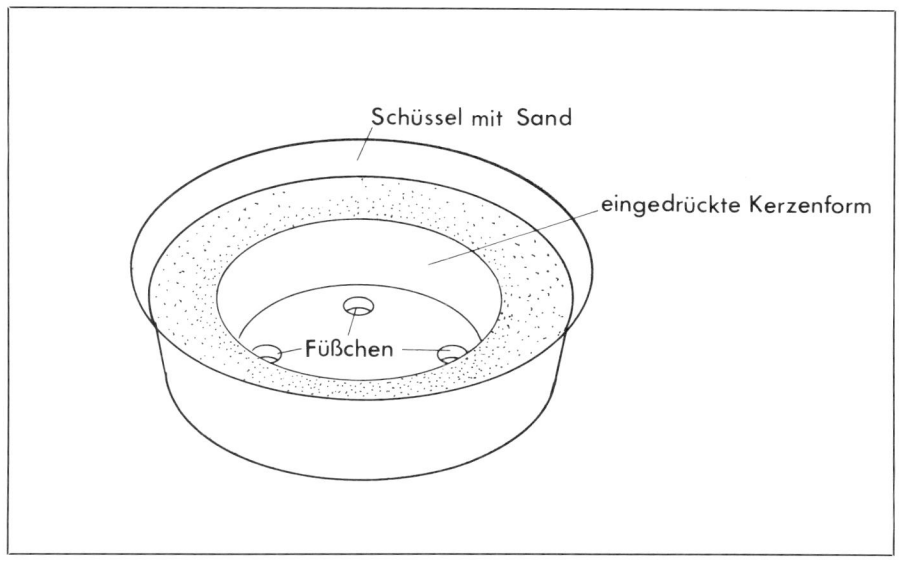

Schüssel mit Sand

eingedrückte Kerzenform

Füßchen

Lassen Sie jetzt die Sandform trocknen. Für das Ausgießen später gilt grundsätzlich, daß die Sandschicht an der Kerze um so dicker wird, je trockener der Sand und je heißer das Wachs beim Ausgießen ist. Je nach gewünschter Sandstärke können Sie die Temperatur des Wachses zwischen 65 und 90°C variieren.

Auch hier empfiehlt es sich, den Docht nach bewährter Methode nachträglich einzusetzen.

Wenn die Kerze erkaltet ist, wird sie aus der Sandform herausgenommen und unter einem Wasserstrahl von lockeren Sandresten befreit.

Sie werden sehen, daß Sie mit einer Sandkerze als Geschenk große Überraschung auslösen können.

Natürlich gibt es noch viele andere Arten der Kerzenherstellung. Das alles zu beschreiben, würde aber hier zu weit gehen. Wer zum Kerzenprofi werden möchte, kann sich mit speziellen Büchern, die wir im Anhang nennen, auf weitere Ideen bringen lassen.

Abb. 22: Oben die schematische Darstellung der Gießform für eine Sandkerze mit drei Füßen. Darunter: die fertige Kerze wird aus der Sandform genommen. Losen Sand kann man mit Wasser abspülen.

Kerzenhalter – einmal anders

Die schwimmende Sicherheitskerze

So schön Kerzenlicht ist: es ist offenes Feuer, und das kann gefährlich sein. Wer also sicher sein will, daß die Kerze vor dem völligen Herunterbrennen automatisch erlöscht, für den ist der folgende Tip genau das Richtige. Unser Vorschlag läuft auf eine schwimmende Kerze hinaus. Nun ist das – werden Sie sicher denken – nicht gerade originell. Schwimmende Kerzen gibt es in jedem Laden zu kaufen. Nur sind das recht flache Dinger. Flach deshalb, weil sie sonst einen ungünstigen Schwerpunkt hätten und umkippen würden.

Wir haben uns gedacht, daß man eine ganz normale Haushaltskerze eigentlich auch so zum Schwimmen bringen müßte, daß sie nicht umkippt. Das geht freilich nur, wenn man sie an ihrem unteren Ende mit größerem Gewicht versieht, ihren Schwerpunkt also nach unten verlagert. Die Befestigung von Gewichten ist uns auch ohne große Probleme gelungen. Allerdings hatte die Kerze dann den Nachteil, daß sie noch vor dem Anzünden völlig unter der Wasseroberfläche verschwand. Da war guter Rat teuer. Die Kerze unten wieder erleichtern ging deshalb nicht, weil sie dann nicht senkrecht im Wasser gestanden hätte. Also blieb uns nichts anderes übrig, als das Wasser schwerer zu machen. Das klingt zwar etwas nach Zauberei, ist es aber gar nicht. Doch nun der Reihe nach.

Sie brauchen an Material für eine schwimmende Kerze folgendes:

> 1 Haushaltskerze
> 20 cm Bleiband (wie man es für Gardinen verwendet)
> 1 möglichst lange schöne Glasvase
> etwas Wachs
> 300 g Kochsalz

Der Schwerpunkt der Kerze wird nach unten verlegt

Damit die Kerze aufrecht schwimmt, muß ihr Schwerpunkt an den Fuß verlegt werden. Das erreicht man, indem man ihn mit Bleiband, wie man es in den Saum von Gardinen zieht, beschwert. Schneiden Sie also drei Enden von dem Bleiband in einer Länge ab, die gerade um die Kerze herum paßt. Schmelzen Sie dann etwas Wachs, tauchen Sie den Fuß der Kerze hinein und legen Sie einen ersten Ring Bleiband in das noch weiche Wachs. Er wird sofort ankleben. Danach die Kerze mit Bleiband noch einmal in das Wachs tauchen, und fertig ist der erste Ring. Das wiederholen Sie für einen zweiten und dritten Ring, die so liegen müssen, wie auf *Abbildung 23* zu sehen ist. Beginnen Sie praktischerweise mit dem oberen Ring.

Jetzt wird das Wasserbad in der Vase präpariert. Wir sagten eben, daß das Wasser schwerer gemacht werden muß, damit die Kerze auch wirklich schwimmt. Das geht ganz einfach, indem man Kochsalz im Wasser löst.

Es vergrößert dadurch sein Volumen nicht, erhöht aber sein spezifisches Gewicht. Wir haben ausprobiert, daß eine 25- bis 30%ige Lösung völlig ausreicht. Das heißt in Mengen umgerechnet, in einem Liter Wasser müssen Sie 250 bis 300 Gramm Kochsalz lösen. Haben Sie keine Angst, daß das nicht ginge. Wasser nimmt 35 bis 38% Salz auf! Dann allerdings ist die Lösung gesättigt – wie der Fachmann sagt –, d.h. mehr Salz läßt sich bei Zimmertemperatur nicht lösen.

Abb. 23: Eine Schwimmkerze im Wasserbad, mit Gardinenschnur als „Ballast".

Geben Sie von dieser Salzlösung so viel in die Vase, daß sie auch dann nicht überläuft, wenn die Kerze in der Lösung schwimmt. Die Kerze müßte in dieser Lösung jetzt so tief stecken, daß noch einige Zentimeter über die Oberfläche hinausragen. Sitzt sie zu tief oder zu hoch, dann müssen Sie das durch mehr oder weniger Ringe ausgleichen (es gibt Bleiband unterschiedlicher Stärke, was die Zahl der Ringe beeinflussen kann).

Damit die Kerze immer schön in der Mitte des Gefäßes schwimmt, können Sie durch vier Stecknadeln unter der Wasserlinie Abstandhalter anbringen. Wie das gemacht wird, sehen Sie auf *Abbildung 23.*

Die brennende Kerze wird mit der Zeit insgesamt kürzer, und damit auch das über der Wasseroberfläche befindliche Stück. Wenn die Kerze nach zwei, drei Stunden von selbst verlöschen soll, dann brauchen Sie nichts zu unternehmen. Wenn sie allerdings länger brennen soll, dann müssen Sie nach entsprechender Zeit einen oder auch zwei Bleibandringe abnehmen. Die Kerze ragt dann wieder weiter aus der Wasseroberfläche heraus. Am besten probieren Sie das selber einmal aus.

Dies ist gewissermaßen die Standardausführung unserer schwimmenden Kerze. Es gibt aber noch eine verbesserte Version, bei der Sie ohne Bleiband auskommen. In einem Anflug von mittelmeerischer Romantik haben wir diese verbesserte Version unserer schwimmenden Kerze *candela di vino* genannt.

candela di vino

Das Prinzip dieser schwimmenden Kerze ist ebenso einfach wie wirkungsvoll. In einer umgekehrten Chianti-Flasche mit möglichst langem Hals, von der der Boden entfernt wurde, schwimmt eine möglichst lange Kerze. Da sie im Hals der Flasche steckt, kann sie nicht umkippen; sie braucht also keine Beschwerung am unteren Ende.

Der Trick mit der Flasche

Versuchen Sie eine Chianti-Flasche mit möglichst langem Hals zu bekommen. In Gastwirtschaften sieht man manchmal welche stehen, die über einen Meter hoch sind. Wenn Sie die Flasche nur mit Inhalt bekommen, müssen Sie vor dem Abtrennen des Bodens möglicherweise ein Fest veranstalten.

Wie bekommt man den Boden von der Flasche?

Abb. 24: Hier zeigen wir Ihnen, wie man den Boden einer Flasche absprengen kann.

Da gibt es einen im Grunde ganz alten Trick, den schon unsere Großväter kannten. Die haben einfach einen gewachsten Faden um die Flasche gewickelt, ihn angezündet, dann die Flasche in kaltes Wasser getaucht und – peng – ab war der Boden. Das ist freilich ein Verfahren, daß nicht frei von Risiken ist. Oft platzt die Flasche nämlich an der falschen Stelle. Wir haben deshalb dieses Verfahren verfeinert, so daß eigentlich nichts schief gehen kann. Wir kombinieren das Brennverfahren mit dem Glasschneideverfahren, und das geht so: Befestigen Sie, wie auf der *Abbildung 24* im Prinzip dargestellt, einen Glasschneider in derjenigen Höhe auf einer Arbeitsplatte, in der Sie den Boden von der Flasche trennen wollen.

Vor diesem Glasschneider wird nun die Flasche gedreht und dabei gleichzeitig kräftig gegen das Schneiderad gedrückt. Wichtig ist, daß der Schnitt am Ende mit dem Anfang genau zusammenpassen muß.

Wenn Sie einen sehr guten Glasschneider haben, könnte es sogar gelingen, daß sich bereits jetzt der Boden trennen läßt. Klopfen Sie rund um die Flasche vorsichtig auf den Schnitt. Wenn sich die beiden Teile nicht von selbst trennen, hilft nur die anschließende Feuermethode.

Legen Sie an der eingeritzten Stelle um die Flasche einen Baumwollfaden (der gleiche, den Sie auch als Docht benutzen). Dieser Faden wird anschließend mit Benzin oder Brennspiritus getränkt. Wischen Sie den übergelaufenen Brennstoff mit einem Papiertaschentuch ab und zünden Sie

dann den Baumwollfaden an. Dabei wird die Flasche um ihre Längsachse so gedreht, daß Sie rundherum gleichmäßig durch den brennenden Faden erhitzt wird. Sobald die Flammen verlöschen, tauchen Sie die Flasche in möglichst kaltes Wasser. Mit einem leisen Klick wird sich dann in aller Regel der Boden an der vorgeritzten Stelle trennen. Durch Blasen oder Unebenheiten im Glas kann es allerdings vorkommen, daß der Schnitt nicht ganz gerade verläuft. Das macht aber nichts.

Die Schnittkante ist natürlich noch scharf. Das können Sie aber leicht durch einen Schleifstein oder einen Sensenstein beseitigen, mit dem Sie die Schnittkante schleifen. Auch dafür wieder ein Trick: Machen Sie das in einer mit Wasser gefüllten Wanne oder im Spülstein. Dadurch wird verhindert, daß feine Glassplitter durch die Gegend fliegen, an denen man sich unangenehm verletzen kann.

Zum Schluß wird der Flaschenhals sorgfältig verkorkt und der Korken mit Siegellack oder Kerzenwachs zusätzlich abgedichtet. Dann füllen Sie ganz normales Wasser in die Flasche; denn jetzt brauchen wir kein „schweres" Wasser mehr, weil wir ja auch die Kerze nicht beschweren müssen. Dann kommt die Kerze hinein, die bis in den Hals ragen muß, aber auch leichtes Spiel haben soll. Und fertig ist die *candela di vino*.

Allerdings fehlt noch ein Kerzenhalter, denn eine Flasche steht nun einmal auf ihrem Hals nicht.

Ein Halter für die candela di vino

Durch diesen Kerzenhalter bekommt unser Flaschenlicht nicht nur seinen nötigen Halt – das Licht wird jetzt zu einem sehr schönen Wandlicht mit einer ganz besonderen Atmosphäre. Wie der Wandhalter aussieht, haben wir Ihnen in *Abbildung 25* samt Maßen dargestellt. Die endgültigen Maße für das nach vorn stehende Brett mit dem runden Loch hängt davon ab, wie dick der Bauch Ihrer Chianti-Flasche ist. Für eine Normalausführung des Halters brauchen Sie lediglich folgendes Material:

---

1 Brettchen von ca. 2 cm Stärke:
  10×15 cm
1 Brettchen von gleicher Stärke:
  10×30 cm

Das kleinere Brett wird nach *Zeichnung 25* mit einem Loch versehen, durch das der Flaschenhals gut hindurchpassen muß. Dieses Brett befestigen Sie nun unter Zugabe von Holzleim mit zwei langen Holzschrauben am unteren Drittel des größeren Brettchens. Da eine Chianti-Flasche mit langem Hals mit Wasser gefüllt einiges Gewicht auf die Waage bringt, empfiehlt es sich, das nach vorn stehende, tragende Brettchen mit einem verstärkenden Dreieck abzustützen (vgl. dazu noch einmal *Zeichnung 25*).

Das Wandbrett versehen Sie oben mit einer Bohrung, durch die ein Wandhaken hindurchpaßt.

Man kann eine Abwandlung dieses Brettchens auch sehr gut mit kurzhal-

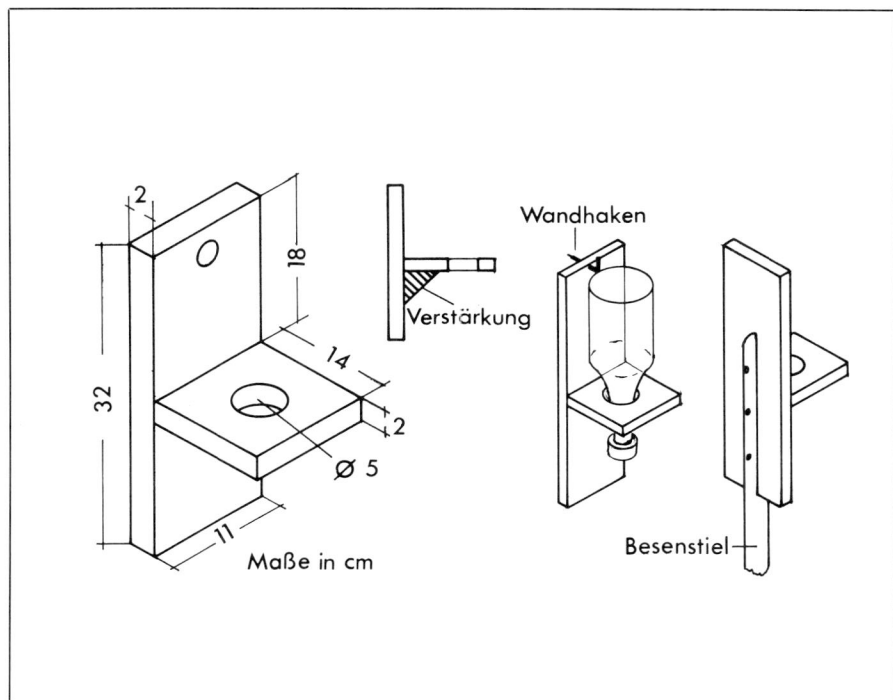

Abb. 25: Unser Wandhalter aus Holz für eine Flaschenkerze (Maßangaben in cm). Wenn Sie an den Halter einen unten angespitzten Besenstiel anschrauben, können Sie diese sehr effektvollen Kerzen im Garten in den Boden stecken.

sigen Flaschen bestücken und dann als Wandlicht im Garten benutzen. Dafür braucht der Halter eine Spitze, die man in den Boden stecken kann. Diese Spitze läßt sich sehr leicht aus einem Stück Besenstiel herstellen, das Sie an dem längeren Brett befestigen. Es muß unten angespitzt werden, damit es sich leichter in den Boden stecken läßt.

Windlichter aus Flaschen

Unsere Chianti-Flasche mit der schwimmenden Kerze ist als Windlicht nicht unbedingt geeignet, weil bei ihr die Kerze über den Glasrand hinausragt, damit die Flamme genügend Luft bekommt.

Man kann aber auch aus ganz normalen Weinflaschen ein Windlicht herstellen, bei dem der Glasrand der Flasche weit über die Flamme hinausragt und sie so vor Zugluft schützt. In diesem Falle wird die Kerze gewissermaßen trocken in der Flasche gehalten, also der Hals unten nicht verkorkt und auch kein Wasser eingefüllt.

Bei diesem Windlicht brauchen wir als Halter für die Kerze eine kleine Hilfskonstruktion.

Wie in *Zeichnung 26* im Prinzip gezeigt, sägen Sie eine Sperrholzscheibe von ca. 45 mm Durchmesser aus (der genaue Durchmesser richtet sich nach dem Durchmesser der Flasche). An dieser Scheibe wird ein Holzstab von 10 bis 12 mm im Quadrat befestigt, der diese Scheibe im Hals stabilisiert. Nach oben ragt ein Nagel aus dem Brett heraus, den Sie vorher von seinem Kopf befreit und vorsichtig mit Hilfe einer Kombizange in das Brett geschlagen haben. Auf diesen Nagel wird später die Kerze gesteckt. Da die Kerze aber innerhalb der Flasche an Sauerstoffmangel leiden und verlöschen würde, muß das runde Sperrholzbrettchen vorher mit einigen Kerben versehen werden, durch die Luft aufsteigen kann.

Natürlich kann man als Kerzenhalter auch einen Halter für Adventskränze verwenden. Sein Blechteller ist in der Regel gewellt, so daß genügend Luft noch oben strömen kann. Außerdem haben sie am Boden meist einen langen Nagel, auf den man bequem das Holzstück stecken kann, das dem Halter im Hals der Flasche die nötige Stabilität verleiht.

Der Boden der Flasche wird auf die gleiche Weise getrennt, wie wir es oben beschrieben haben. Wenn Sie mehrere dieser Windlichter z.B. im Garten verwenden wollen, dann nehmen Sie verschiedenfarbige Flaschen.

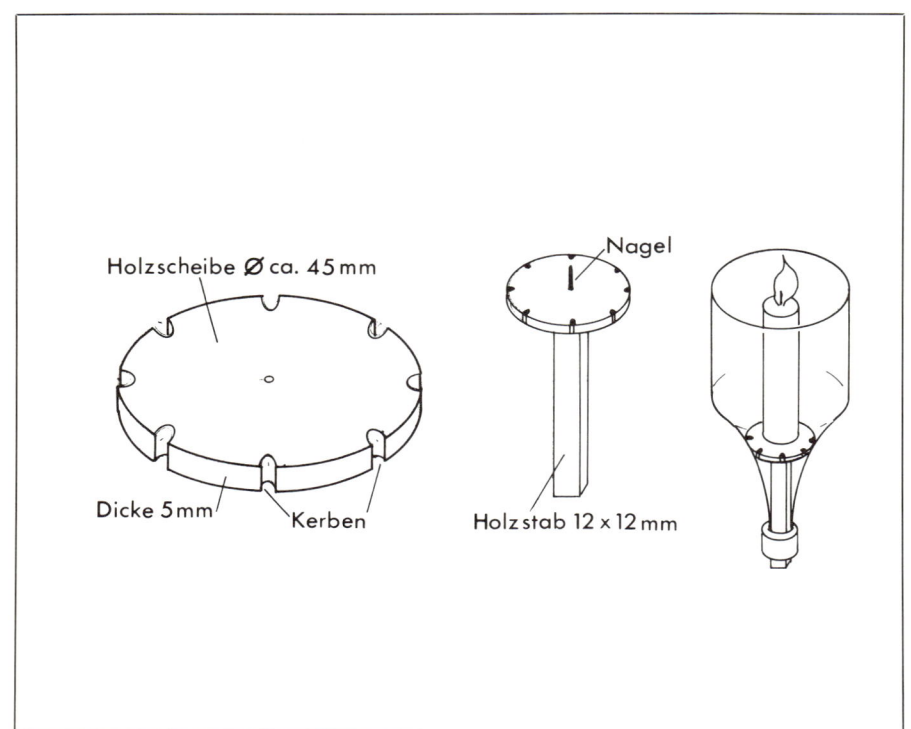

Holzscheibe Ø ca. 45 mm

Dicke 5mm

Kerben

Nagel

Holzstab 12 x 12 mm

Abb. 26: Schematische Darstellung für den Bau eines Kerzenhalters in einer Flasche. Das Foto zeigt den fertigen Wandhalter (nach *Abb. 25*) und die Kerze in der Flasche.

Zum Schluß Tips zum Reinigen von Gefäßen und Geräten

Die benutzten, mit Wachs verschmutzten Gefäße tauchen Sie in heißes Wasser: Das Wachs schmilzt dann und schwimmt auf der Oberfläche.
Allerdings wäre es jetzt völlig falsch, dieses Spülwasser durch den Gulli laufen zu lassen. Das Wachs würde erstarren und dann mit ziemlicher Sicherheit den Geruchsverschluß Ihres Beckens verstopfen. Es bildet sich ein Wachspfropfen, der nicht leicht wieder herauszubekommen ist.
Kippen Sie also das Wasser samt Wachs in einen Eimer, lassen Sie es abkühlen und schöpfen Sie dann das harte Wachs von der Oberfläche ab. Den Rest kann man unbedenklich fortschütten. Wachsflecken in Kleidung und anderen Textilien kann man entfernen, indem man den Stoff zwischen Löschpapier legt und mit einem Bügeleisen darüberfährt. Dabei allerdings die Temperaturverträglichkeit der jeweiligen Textilien beachten. Bei nicht so empfindlichen Stoffen tut denselben Dienst auch eine alte Zeitung.
Wir hoffen, daß Ihnen die Kerzenmacherei viel Spaß macht – und das nicht nur zur Weihnachtszeit. Einige unserer Tips sind ja durchaus etwas für den Sommer.

Musikgenuß ohne Rauschen

Musik gehört zu den ältesten Äußerungsweisen der Menschen. Physikalisch betrachtet ist sie eine Abfolge von Tönen, die sich in Frequenz, Lautstärke und Geschwindigkeit ihres Aufeinanderfolgens unterscheiden – das ist aber nur die eine, alleräußerlichste Seite der Musik.

Es gibt nur wenige Äußerungsweisen, die auf die Empfindungen der Menschen derart stark einwirken wie die Musik. Sie kann traurig und fröhlich machen, ja, sie kann sogar ausgesprochene heroische und sogar fanatische Gefühle auslösen. Machthaber haben das zu allen Zeiten ausgenutzt und ihr Volk mit Musik in der gewünschten Richtung manipuliert.

Wilhelm Busch – der geistige Vater von „Max und Moritz" – dichtete einmal: „Musik wird störend oft empfunden, dieweil sie mit Geräusch verbunden." Er meinte damit, daß einem lautes Gedudel auf die Nerven gehen kann; dieser Satz klingt fast prophetisch. Zu Buschs Zeiten war noch nicht einmal die Schallplatte erfunden, geschweige denn die Kompakt-Cassette, die es heutzutage besonders leicht macht, den Nachbarn mit dem zu stören, was man selbst unter Musikgenuß versteht.

Wer Musik nicht nur als Geräuschkulisse im Hintergrund wahrnimmt, sondern sie genauer hört, ist in der Regel besonders empfindlich gegen Störgeräusche. Das gilt nicht nur für sogenannte E-Musik – von Mozart und Beethoven z.B. –, sondern auch für Jazz, Pop usw., die man gemeinhin U-Musik nennt. Es gibt – allerdings sehr selten – Menschen, die das sogenannte absolute Gehör haben, d.h. die Höhe eines Tones so wahrnehmen, daß sie hören, der jetzt gespielte Ton ist beispielsweise der Kammerton a. Er hat 440 Schwingungen in der Sekunde, oder – fachmännisch ausgedrückt – eine Frequenz von 440 Hertz (Hz). Aber man muß nicht gleich das absolute Gehör haben, um Nebengeräusche bei der Musikwiedergabe als störend zu empfinden.

Mit der elektrischen Schallübertragung kommen auch Störungen in die Musikwiedergabe

Wer Musik im Konzertsaal hört, muß sich nicht mit Problemen wie Knacken oder Rauschen auseinandersetzen – höchstens mit dem Rascheln vom Bonbonpapier seines Nachbarn. Er hat außerdem den Vorteil, die Musik räumlich zu hören. Die Tatsache, daß wir zwei Ohren haben, befähigt uns ja dazu, zu unterscheiden, ob ein Geräusch von links, von rechts, aus der Mitte oder anderswoher kommt.

Mit der Erfindung der Schallaufzeichnung war zwar nicht zugleich auch die räumliche Wiedergabe erfunden (die kam erst später durch die Stereophonie), man hatte aber zumindest erreicht, Musik, Sprache oder Geräusche zu speichern und zu jeder Zeit und an jedem Ort wiederzugeben. Später kam die elektrische Schallübertragung hinzu, die entweder über eine Leitung oder drahtlos über Funk erfolgt.

Der elektrischen Schallübertragung liegt das Prinzip der sogenannten *elektroakustischen Wandlung* zugrunde. Dabei wandelt ein Mikrophon die Druckschwankungen der Schallwellen in elektrische Signale um, die über einen Verstärker an einen Lautsprecher gehen, der diese elektrischen Signale wiederum in Schallwellen zurückverwandelt. Das Prinzip sehen Sie in *Abbildung 1.*

Vor der Erfindung der Stereophonie war das nur *mono*akustisch möglich. Das heißt, über *ein* Mikrophon und *einen* Lautsprecher wurden sämtliche Tonsignale aufgenommen und wieder abgestrahlt. Heute ist die stereophone Aufnahme und Wiedergabe

eigentlich schon die Regel. Dabei wird bei der Aufnahme mit mindestens zwei Mikrophonen gearbeitet und die Übertragung auf zwei Kanälen (rechts und links) vorgenommen; die Wiedergabe erfolgt entsprechend über zwei Lautsprecher. Auf der Basisbreite zwischen den beiden Lautsprechern läßt sich gewissermaßen eine Abbildung des Klangkörpers vornehmen, den die Mikrophone aufgenommen haben. Das Erstaunliche dabei ist, daß man nicht nur rechts und links hört, sondern auch die verschiedenen Positionen zwischen den beiden Lautsprechern. Voraussetzung ist, daß Sie von den beiden Lautsprechern jeweils gleichweit entfernt sind und sich z. B. nicht durch Hinschauen so auf die beiden Lautsprecher orientieren, daß Sie die scheinbar aus

der Mitte zwischen den Lautsprechern kommenden Töne wieder dem rechten oder linken Lautsprecher zuordnen. Das ist eigentlich mehr ein psychologisches Phänomen. Besonders plastisch wird die räumliche Schallwiedergabe bei der *Kunstkopf-Stereophonie* per Kopfhörer (siehe dazu im *Hobbythek-Buch 1*).

Die heute verfügbaren technischen Möglichkeiten der Musikaufnahme, der Übertragung und der Wiedergabe haben einen sehr hohen Standard erreicht. Auf der anderen Seite sind wir aber auch immer anspruchsvoller und möglicherweise auch empfindlicher gegenüber noch ungelösten Problemen dieser Technik geworden. Das betrifft bei der Schallplatte, dem Tonband und der Kompakt-Cassette u. a. Probleme mit dem *Gleichlauf* und

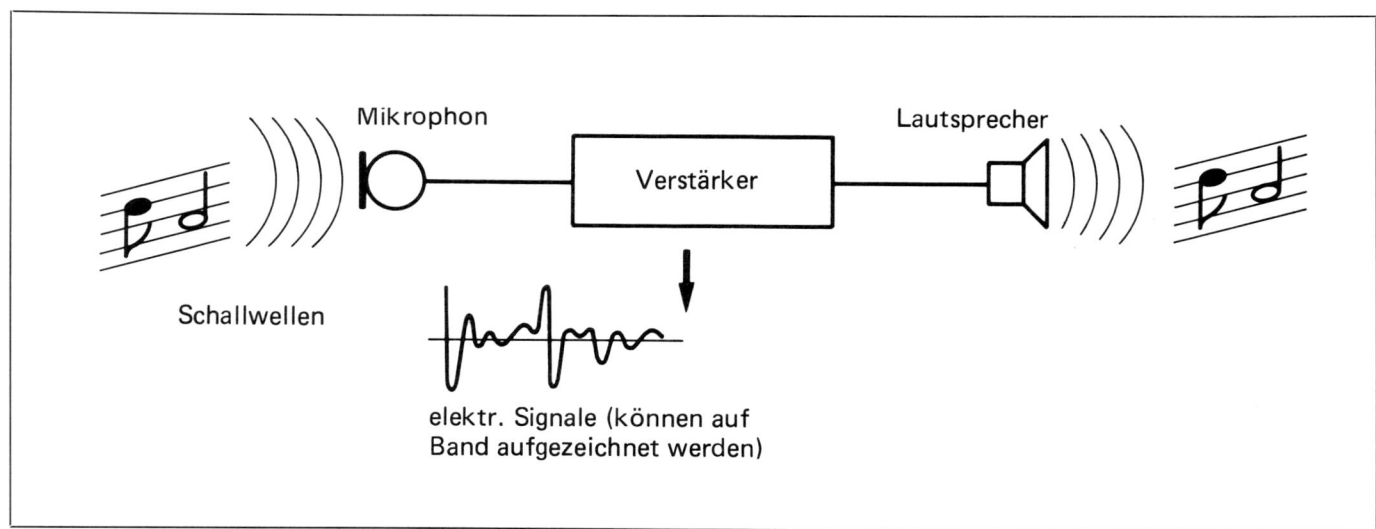

Abb. 1: Das Prinzip der elektroakustischen Wandlung: Die Schallwellen werden in elektrische Signale und wieder zurück in mechanische Schwingungen der Lautsprechermembran umgewandelt.

bei allen Aufnahme- und Wiedergabetechniken Probleme des *Frequenzumfangs* und der Nebengeräusche, z.B. des *Rauschens*. Mit Gleichlauf und Frequenzumfang wollen wir uns hier nicht beschäftigen, wohl aber mit dem Problem des Rauschens. Da haben wir einen ganz „heißen" Tip für Sie. Zuvor aber noch ein wenig zur Theorie.

Der Schall wird gespeichert
Man kann heute auf der Platte, dem Spulentonband oder auch der Kompakt-Cassette Musik, Sprache oder irgendwelche Geräusche in erstaunlicher Qualität speichern. Die Firmen der Unterhaltungs-Elektronik haben für die naturgetreue Wiedergabe eine Norm festgelegt, die unter der Nr. DIN 45500 – der sogenannten *HiFi-Norm* – geführt wird. Die Einhaltung dieser Norm garantiert nicht völlige Freiheit von Verzerrungen und anderen Störungen im Klangbild; für den Normalgebrauch bedeutet sie aber doch schon einen recht hohen Standard. Überhaupt ist es ja so, daß man alles, was sich technisch erreichen läßt, auch tatsächlich noch hört. Wenn z.B. Ihr Gerät Frequenzen bis zu 20000 Hz überträgt, dann werden Sie die letzten paar tausend Hertz wahrscheinlich gar nicht hören. Die Fähigkeit, hohe Frequenzen zu hören, läßt nämlich mit zunehmendem Alter ziemlich schnell nach. Ein Mensch mittleren Alters hört meistens nur noch bis höchstens 15000 Hz. Aber das sind Beeinträchtigungen, die den Musikgenuß nicht spürbar beeinträchtigen. Anders aber ist es mit dem Rauschen.

Auf der Schallplatte ist man dem Rauschen inzwischen recht erfolgreich zu Leibe gerückt. Besonders rauscharm sind in der Regel die sogenannten Direktschnittplatten, bei denen die Aufzeichnung ohne das Tonband als Zwischenträger erfolgt: Die Musik wird direkt auf den Schnittstichel und von diesem auf die Matrize übertragen. Allerdings hat eine Schallplatte, die ja mit Hilfe eines Tonabnehmersystems *mechanisch* abgetastet wird, wieder andere Nachteile. Kleine Verschmutzungen, winzige Kratzer und elektrostatische Aufladungen der Kunststoffplatte machen sich bei der Wiedergabe störend bemerkbar. Sie kennen sicher das berühmte Knakken, Rauschen und möglicherweise auch das Rumpeln, das vom Plattentellerantrieb oder einer schlechten

Platte herrührt. Einige dieser Nachteile hat das Tonband nicht.

Schallaufzeichnung auf Magnetband
Die Aufzeichnung und Wiedergabe beim Magnetband wird nicht mechanisch, sondern durch elektromagnetische Verfahren vorgenommen. Das Prinzip besteht – vereinfacht gesagt – darin:
Verwendet wird ein Band aus Polyester mit einer speziellen Beschichtung, die mit feinsten magnetisierbaren Teilchen durchsetzt ist (vgl. dazu die Mikroaufnahme in *Abbildung 2*). Die magnetisierbaren Teilchen bestehen in der Regel aus Eisen, Eisenoxid oder/und Chromdioxid.
Die Spulentonbänder herkömmlicher Art sind relativ breit (¼ Zoll =

Abb. 2: Mikroaufnahme der Metall-Pigment-Partikel in der Beschichtung eines modernen Tonbandes.

6,35 mm), und sie laufen auch mit vergleichsweise hoher Geschwindigkeit am Tonkopf vorbei (in der Regel mit 9,5 cm in der Sekunde).

Bei dem Versuch, die Tonbandtechnik immer stärker zu miniaturisieren und zugleich in der Handhabung einfacher zu machen, ist man in den Sechziger Jahren einen Schritt weitergekommen. Damals hat die Firma Philips die Tonbandcassette herausgebracht und zugleich das Glück gehabt, daß sie zu einer Norm in der ganzen Welt wurde.

Diese Tonbandcassette hat ein wesentlich dünneres und schmaleres Band (3,18 mm = 1/8 Zoll gegenüber den 6,35 mm des Spulentonbandes), und es läuft nur mit einer Geschwindigkeit von 4,75 cm in der Sekunde am Tonkopf vorbei.

Wenn man eine mit der Schallplatte oder dem Spulentonband vergleichbare Wiedergabequalität erreichen will, dann bedeutet das bei der (billigen und handlichen) Kompakt-Cassette zugleich einen relativ hohen Aufwand an Technik der Geräte. Der Unterschied in der Tonqualität ist bei einem Cassetten-Recorder wesentlich größer als etwa bei einem vergleichbar guten Plattenspieler. Dieser hat aber den Nachteil, daß die Platte bei häufigem Abspielen leicht beschädigt werden kann und überdies ja nicht neu zu bespielen ist. Aber selbst das teuerste Cassettengerät kann bestimmte Störgeräusche nicht beseitigen, insbesondere die vom Bandmaterial herrührenden. Deshalb ist das Gerät zur Rauschunterdrückung, das wir hier vorstellen wollen, auch für teure Cassettendecks geeignet

und macht bei exaktem Abgleich aus guten Geräten absolute Spitzenklasse. Zum Abgleich werden wir weiter unten noch einiges sagen. Aber bevor wir auf die Möglichkeiten zur Rauschunterdrückung eingehen, zunächst noch ein Wort zur Technik der Tonaufzeichnung.

Was passiert beim Bespielen eines Tonbandes

Wir haben das Prinzip der Tonaufzeichnung einmal auf *Abbildung 3 a* dargestellt. Das Band läuft von der Abwickelspule, die sich bei Cassettengeräten mit der Aufwickelspule in einem gemeinsamen Gehäuse befindet, auf diese Aufwickelspule. Zwischen beiden Spulen wird es an einem Tonkopf, dem Aufnahmekopf, vorbeigeführt. An diesem Aufnahmekopf werden die elektrischen Signale, die im Mikrophon aus den Schallwellen gewonnen wurden, auf das Band aufgezeichnet; d.h. durch den Tonkopf werden die im Mikrophon gewonnenen elektrischen Signale in ein Magnetfeld verwandelt, das die magnetisierbaren Teilchen im Tonband entsprechend magnetisiert. Die ursprünglichen Schallwellen sind also über Mikrophon und Tonkopf gewissermaßen als ein Abbild aus magnetischen Veränderungen auf das Band gekommen.

Bei der Wiedergabe werden die bei der Magnetisierung entstandenen Magnetfelder abgetastet: Wie in *Abbildung 3 b* zu sehen ist, läuft beim Abspielen das magnetisierte Band nun am Tonwiedergabekopf vorbei, in

dem es ein entsprechendes Magnetfeld erzeugt. Wenn Sie genau hinschauen, dann erkennen Sie, daß der Eisenkern bis auf einen feinen Luftspalt geschlossen ist. Über diese Lücke wird das Magnetfeld des Tonbandes abgetastet, das mit gleichmäßiger Geschwindigkeit an diesem Luftspalt vorbeigeführt wird.

Je feiner der Luftspalt ist, desto geringer sind die magnetischen Verluste und desto besser ist auch der Frequenzgang. Die Kunst besteht also darin, einen besonders präzisen Magnetkopf herzustellen. In der um den Eisenkern des Tonkopfes gewickelten Spule entstehen durch die der Musik entsprechenden wechselnden Magnetfelder elektrische Signale. Diese geben also genau die Impulse wieder, die auf dem Band gespeichert wurden. Sie werden über einen Verstärker zu den Lautsprechern geführt und dort in Schallwellen zurückverwandelt.

Dieser im Grunde recht einfach anmutende Prozeß erfordert in der Praxis einen enormen technischen Aufwand. Den sieht man heute nicht mehr an der Gerätegröße, weil längst winzige Halbleiterelemente die alten, großen Verstärkerröhren ersetzt haben. Trotzdem können alle Anstrengungen nicht das berühmte *Bandrauschen* verhindern, das von der körnigen Struktur der Magnetisierungsschicht im Band und von ihren unvermeidlichen Unregelmäßigkeiten herrührt.

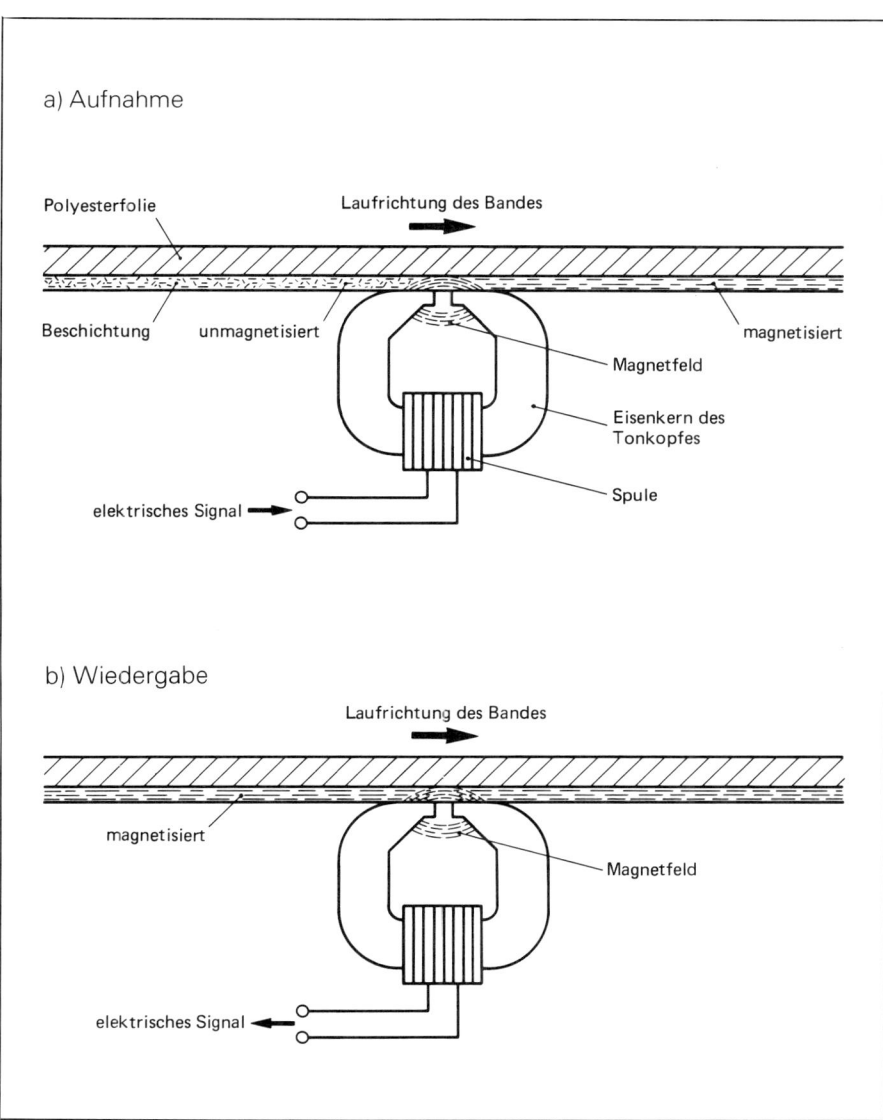

a) Aufnahme

Polyesterfolie

Laufrichtung des Bandes

Beschichtung   unmagnetisiert

magnetisiert

Magnetfeld

Eisenkern des
Tonkopfes

elektrisches Signal

Spule

b) Wiedergabe

Laufrichtung des Bandes

magnetisiert

Magnetfeld

elektrisches Signal

Abb. 3: Das Tonband läuft mit gleichmäßiger Geschwindigkeit am Tonkopf vorbei und wird bei der Aufnahme (a) magnetisiert; bei der Wiedergabe (b) wird die Magnetisierung abgetastet.

Noch ein Wort zum Rauschen bei Tonband oder Cassette

Durch Ungleichmäßigkeiten der magnetischen Teilchen auf dem Tonband, aber auch durch andere Faktoren, entsteht also ein Rauschen, das gleichmäßig und *unabhängig von der Lautstärke der aufgenommenen Musik* vorhanden ist. Bei lauten Stellen in der Musik – musikalisch ausgedrückt beim *forte* oder *fortissimo* – hört man dieses Rauschen gar nicht: Es wird von der Musik einfach zugedeckt („Verdeckungseffekt"). Zu hören ist es allerdings bei leisen Stellen und natürlich auch dort, wo Pausen sind. Dieses Eigenrauschen kann so laut sein, daß sehr leise Stellen ganz in ihm versiegen. Es gibt Instrumente, deren Klangbild dafür besonders anfällig ist. Das sind z.B. die Streichinstrumente oder die Flöten, wenn sie ganz leise spielen – aber auch das Klavier, wenn zwischen den Anschlägen größere Zeitintervalle liegen.

Wir sagten schon, daß diese Schwierigkeiten mit dem Rauschen nicht in den modernen Geräten begründet sind, sondern in den schmalen und langsam laufenden Tonbändern der Kompaktcassetten, in geringerem Maße natürlich auch in den breiteren und schneller laufenden Spulentonbändern. Was kann man nun gegen dieses Rauschproblem unternehmen?

Zunächst versuchte man, das Eigenrauschen der Kompaktcassetten durch verbessertes Bandmaterial zu begrenzen. Zu bereits sehr spürbaren Verbesserungen kam man, indem man das magnetisierbare Material veränderte. Es bestand ursprünglich aus Eisenoxid. Das wurde dann durch Chromdioxid ersetzt, und schließlich entwickelte man sogenannte Zweischichtbänder mit mehreren Materialien. Der letzte Schrei ist das Reineisenband, das höher aussteuerbar ist.

Trotz allem macht sich auch hier bei der langsamen Bandgeschwindigkeit der Cassette das Eigenrauschen immer noch störend bemerkbar. Die Benutzer von Cassetten-Rekordern versuchen dann oft, das Rauschen des Bandes durch Einschalten des Rauschfilters am Receiver zu unterdrücken oder zumindest einzuschränken. Bei diesem Verfahren wird der hochfrequente Anteil des Rauschens gedämpft. Das Rauschen verschwindet dann zwar; man erkauft dies allerdings damit, daß auch die hohen Töne und Obertöne der Musik gedämpft werden und damit die Brillanz und Wiedergabetreue der Musik erheblich eingeschränkt wird: Das entspricht dann natürlich nicht mehr den HiFi-Sollwerten.

Bei der Wiedergabe von Musik in HiFi-Qualität sollen nicht nur alle Töne des hörbaren Bereichs möglichst störungsfrei wiedergegeben werden, sondern auch der Dynamikumfang soll dem des Originals möglichst nahe kommen. Unter Dynamikumfang versteht man den Pegelabstand zwischen der leisesten und der lautesten Stelle eines Musikstückes. Er beträgt bei hoher Wiedergabequalität 60 bis 85 dB (Dezibel, dies ist ein Maß für die Dämpfung bzw. Verstärkung von Signalen). Wie sich dieser Umfang darstellen läßt, können Sie auf *Abbildung 4* sehen.

Dieser Dynamikumfang wird bei der Wiedergabe zunächst durch das Eigenrauschen des Verstärkers und des Bandes, dann aber auch durch die akustischen Verhältnisse des Wiedergaberaumes (z. B. Ihres Wohnzimmers) begrenzt. Das Eigenrauschen des Verstärkers hat man inzwischen technisch im Griff: Es ist praktisch nicht hörbar. Schwierig ist es aber mit Eigenrauschen des Bandes. Der Pegel des Rauschens überlagert sich bei der Aufzeichnung dem Tonsignal, und er kann – wie in *Abbildung 5* dargestellt – sogar höher als der schwächste Pegel des Musiksignals sein. Bei der Wiedergabe ist infolgedessen bei leisen Musikpassagen deutlich ein Rauschen zu hören, und es kann sogar passieren, daß die Musik ganz im Rauschen versinkt. Mit anderen Worten: Die untere Begrenzung des Dynamikumfangs wird durch das Bandrauschen deutlich angehoben und damit der Gesamtumfang verkleinert.

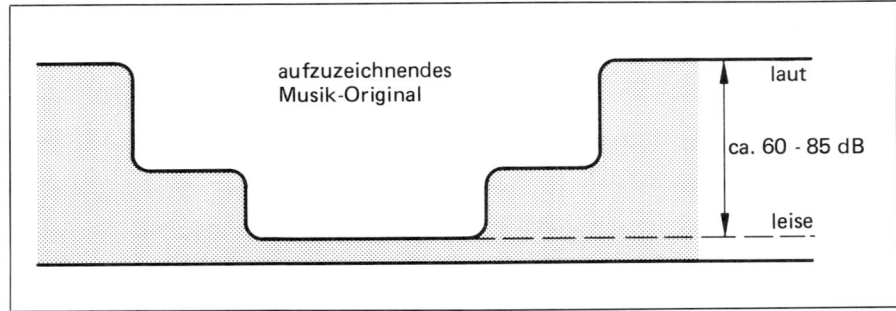

Abb. 4: Schematische Darstellung der Dynamik bei aufzuzeichnenden Tonsignalen. Zur Bezeichnung dB (Dezibel) siehe Text.

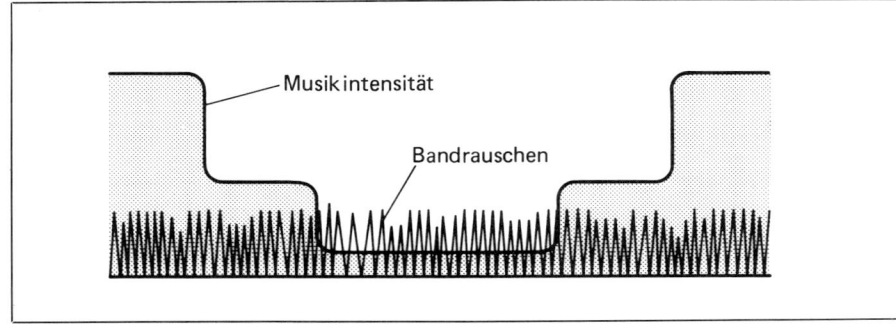

Abb. 5: Die leisen Musikpassagen (*piano* oder *pianissimo*) versinken im Bandrauschen.

Verfahren zur Rauschunterdrückung

Nun könnte man ja auf die Idee kommen, das Rauschen dadurch zu begrenzen, daß man die Aufnahme einfach stärker aussteuert. Dadurch würde das Musiksignal zwar über den Rauschpegel angehoben und das Rauschen zurückgedrängt, zugleich würden aber laute Musikpassagen übersteuert werden, weil (wie erwähnt) ein Tonband nur begrenzt magnetisiert werden kann. Auch die besten gegenwärtig verfügbaren Magnetbänder schaffen nur einen Dynamikumfang von höchstens 65 bis 70 dB, z. B. die neuen Reineisenbänder. Normalbänder liegen erheblich niedriger (55 bis 65 dB). Deshalb behilft man sich bei guten Rauschunterdrückungssystemen mit einem Trick.

Rauschunterdrückung durch Compander

Bei der *Aufzeichnung* werden die schwachen Signale, also die leisen Musikpassagen, durch eine elektronische Schaltung im Pegel angehoben. Sie liegen dann – wie in *Abbildung 6* gezeigt wird – über dem Pegel des Eigenrauschens. Die lauten Passagen bleiben dabei unverändert. Das Signal wird in dieser Phase des Prozesses also „zusammengedrückt", *komprimiert*. Die Schaltung, die das bewirkt, nennt man deshalb auch *Kompressor*. Damit es bei der späteren Wiedergabe nicht zu einer Verfälschung der Musik kommt, muß diese Kompression des Pegels beim *Abspielen* genau spiegelbildlich wieder rück-

gängig gemacht werden, d. h. was vorher komprimiert wurde, wird jetzt *expandiert*, auseinandergezogen. Dieses Auseinanderziehen des Signals (die lauten Stellen bleiben dabei unverändert) bezeichnet man im Gegensatz zur Kompression (bei der Aufnahme) als *Expansion (Abbildung 7)*. Den entsprechenden Teil der Schaltung nennt man deshalb auch *Expander*. Der bei der Kompression erzielte Abstand zwischen Eigenrauschen und leisester Musikpassage

bleibt auch nach der Expansion erhalten. Das Rauschen ist damit leiser geworden; um wieviel, das hängt von der Stärke der Kompression und der anschließenden Expansion ab. Da beide Vorgänge im gleichen Gerät erfolgen, hat man aus dem Wortpaar Kompressor und Expander den neuen Begriff *Kompander* gebildet. Meist wird er (in der englischen Version) *Compander* genannt. Der Vorteil dieses Verfahrens ist, daß sich der Dynamikumfang nun weitge-

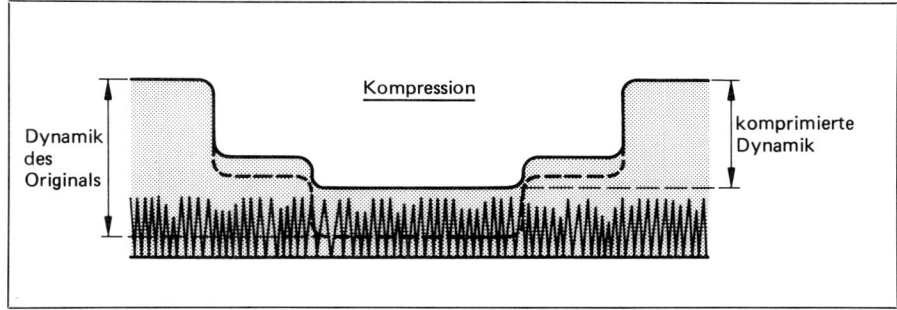

Abb. 6: Der Dynamikumfang des aufzunehmenden Signals wird komprimiert. Dadurch liegen auch die leisen Stellen über dem Rauschpegel.

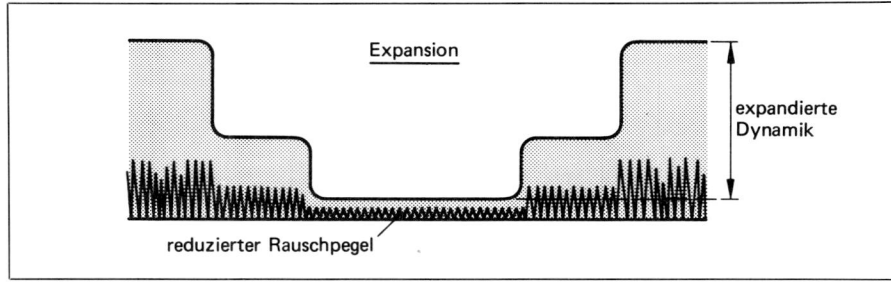

Abb. 7: Bei der Wiedergabe wird expandiert, und es erscheint wieder das ursprüngliche Signal. Die Abbildung zeigt deutlich, daß das Rauschen nie stärker als das Nutzsignal wird (vgl. *Abb. 6*).

hend so ausnutzen läßt, wie ihn das Musikoriginal erfordert. Eine Übersteuerung der lauten Passagen (mit dem Ziel, die leisen Stellen über das Rauschen zu legen) entfällt. Bei lauten bzw. mittleren Signalpegeln spricht das Compandersystem nicht an. Dies ist auch nicht nötig, denn das Rauschen macht sich ja wegen des Verdeckungseffektes hier nicht bemerkbar.

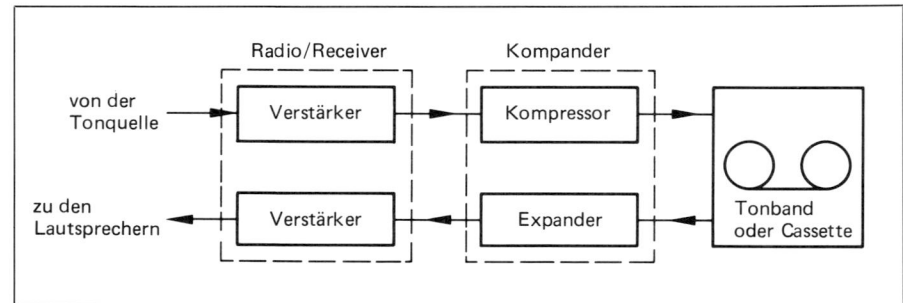

Abb. 8: So wird der Kompander zwischen Band- oder Cassettengerät und Tonquelle geschaltet.

Die großartige Erfindung des Mr. Dolby

Die Idee zu einem der bekanntesten Compandersysteme hat in den 60er Jahren der Amerikaner *Ray Dolby,* ein Name, den heute jeder HiFi-Freund kennen dürfte, denn seine Erfindung ist bis heute in fast jedem der DIN-Norm entsprechenden Cassetten-Recorder eingebaut, weil sonst die für die HiFi-Qualität notwendigen Werte nicht erreicht werden können.

Allerdings hat Mr. *Dolby* mit Bedacht nur eine begrenzte Rauschunterdrückung vorgeschlagen und realisiert. Zum einen werden nur die höherfrequenten Rauschanteile unterdrückt, und zwar oberhalb von 500 Hz, denn in diesem Frequenzbereich macht sich das Rauschen ohne Zweifel besonders unangenehm bemerkbar. Es gibt aber auch niederfrequentes Rauschen, das erheblich stören kann. Um dieses kümmerte sich Mr. *Dolby* allerdings nicht, weil ein erheblicher elektronischer Aufwand erforderlich ist, um zwischen leisen tiefen Tönen – die ja nicht unterdrückt werden

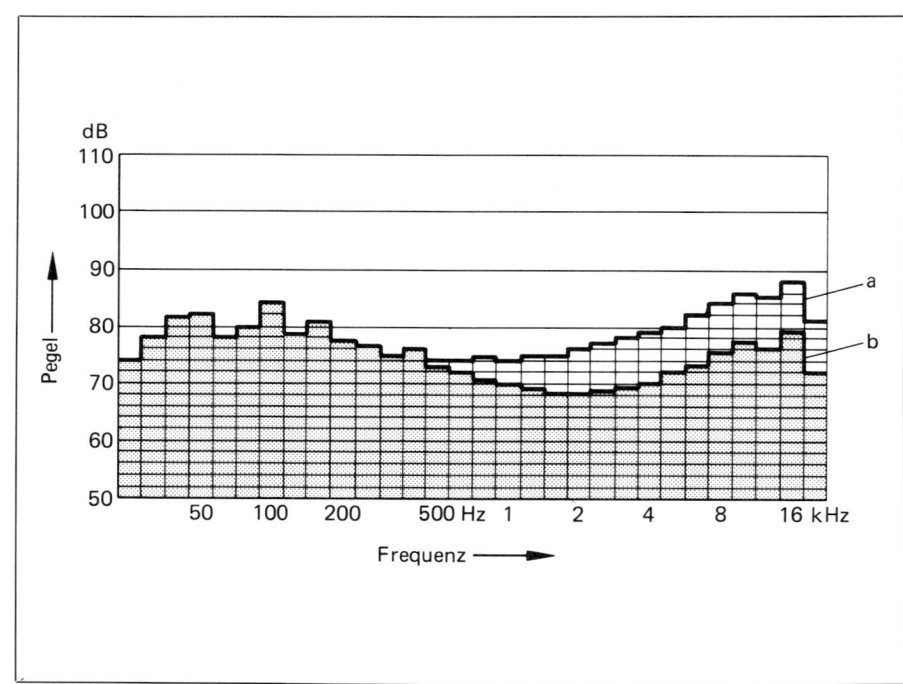

Abb. 9: Hier ist ein sogen. *Frequenzspektrum* dargestellt, d.h. die Intensität (hier des Gesamtrauschens) in den einzelnen Frequenzbereichen (a). Die Linie b zeigt die Wirkung des *Dolby*-Verfahrens: Nur für Frequenzen oberhalb von 500 Hz findet eine Absenkung des Pegels im Kompander statt.

dürfen – und niederfrequentem Rauschen während Musikpausen zu unterscheiden. Zum Zeitpunkt der Erfindung des *Dolby*-Systems war die Elektronik noch nicht so weit, um diesen Aufwand auch für den Privatgebrauch erschwinglich zu machen. Mit diesem Problem hängt auch zusammen, daß nur ein relativ geringer Rauschunterdrückungspegel gewählt wurde, und zwar entschied man sich für eine Dämpfung von 9 dB, was immer noch ein deutlich hörbares

Rauschen übrigläßt. Wir haben das einmal in einem Frequenzspektrum sichtbar gemacht (*Abbildung 9*). Darauf ist zu sehen, daß die Rauschanteile nur oberhalb von 500 Hz deutlich gedämpft werden.
Setzt man die gesamte Rausch*leistung* (nicht den Pegel!) einmal gleich 100 Prozent, dann läßt das *Dolby*-System immer noch ein Restrauschen von rund 13 Prozent übrig. Wir werden gleich zeigen, daß das bei uns vorgestellte *Hobby-Com* da auf we-

sentlich bessere Werte kommt. Da das *Dolby*-System außerdem nicht gleichmäßig auf den gesamten Frequenzbereich der hörbaren Töne wirkt, kann es unter bestimmten Bedingungen auch eine gewisse Veränderung des Klangbildes bewirken.
Inzwischen gibt es verschiedene andere Systeme, die auch nach dem Compander-Prinzip arbeiten, allerdings mit unterschiedlichem Effekt. Wir nennen hier nur die Systeme *Toshiba Adress AD 5* und *Sanyo Super D*. Sie wurden von verschiedenen Fachzeitschriften mit einem neuen Rauschunterdrückungssystem von Telefunken verglichen, das sich *High-Com* nennt. Dieses System *High-Com* von Telefunken, das in verschiedenen Tests erstklassige Werte brachte, ist auch in dem Bausatz *Hobby-Com* vorhanden, den wir hier vorstellen wollen.

Hobby-Com – ein Rauschunterdrückungsgerät, das noch den besten Recorder verbessern kann

Das verbreitetste Rauschunterdrückungssystem ist das *Dolby*-System. Im folgenden wird deshalb auch das *Hobby-Com* mit diesem System verglichen.
Wir sagten schon, daß das *Dolby*-Verfahren die Rauschleistung von 100 Prozent nur bis auf ca. 13 Prozent reduziert. Das *High-Com*-System in unserem *Hobby-Com* vermindert die Rauschleistung hingegen bis auf 1 Prozent. Das ist so hervorragend,

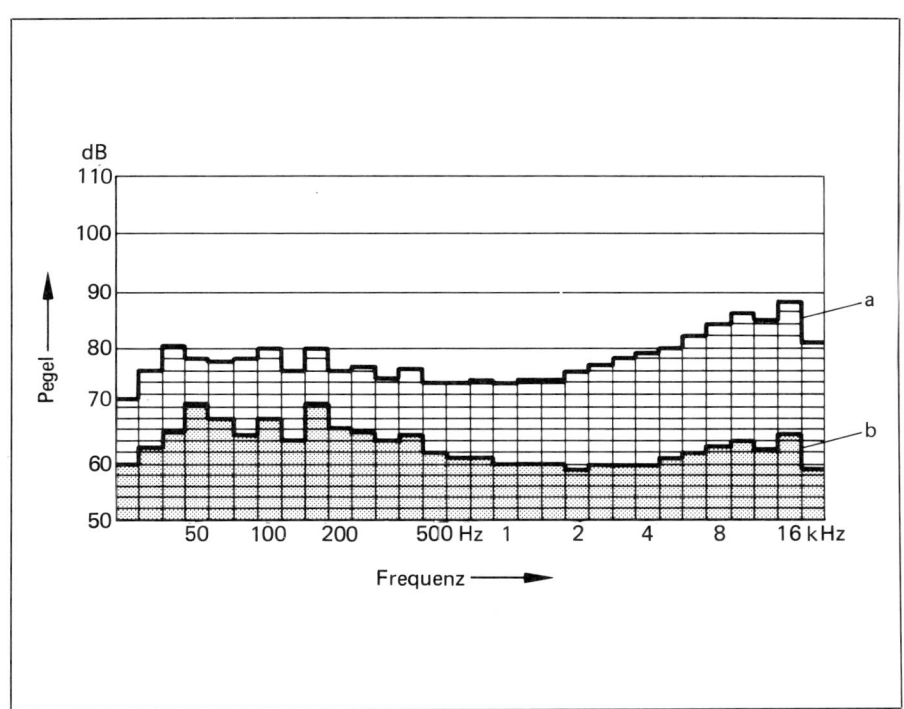

Abb. 10: Im Vergleich zu *Abbildung 9* ist hier zu sehen, daß der Rauschpegel im gesamten hörbaren Frequenzbereich abgesenkt wird: Das *High-Com*-Verfahren ist also viel wirkungsvoller.

daß nicht verwunderlich ist, daß sich das *High-Com*-System inzwischen auch in den auf dem Markt angebotenen fertigen Geräten durchsetzt.

Die *Hobbythek* hat mit der Firma Telefunken verhandelt und eine Vereinbarung erzielt, nach der originale *High-Com*-Module für die Entwicklung unseres Bausatzes zur Verfügung standen. Diese Module gibt die Firma Telefunken nur fertig verlötet ab, weil ihre Funktion sich nur durch einen hohen Aufwand an Meßgeräten garantieren läßt. Die Module (je eine Platine für jeden der zwei Stereo-Kanäle) sind nun Bestandteil eines Bausatzes, der für den Elektronikbastler noch genügend Arbeit läßt, und mit dem sich auch der technisch einigermaßen versierte Laie ohne große Schwierigkeiten befassen kann. Wer lediglich daran interessiert ist, die HiFi-Qualität seiner Stereoanlage wesentlich zu verbessern, kann den Bausatz auch fertig verlötet bekommen. Er muß ihn dann nur noch in das Gehäuse einsetzen, ihn richtig anschließen und den weiter unten beschriebenen Abgleich durchführen.

Die Besonderheiten des High-Com-Verfahrens

In den folgenden Kapiteln läßt es sich hin und wieder nicht ganz vermeiden, mit Fachbegriffen aus den Bereichen HiFi-Technik und Elektronik zu arbeiten. Wir wollen dabei versuchen, nicht komplizierter zu sein als unbedingt nötig. In der Baubeschreibung, die unserem Bausatz beiliegt, wird auf technische Spezialitäten des Rauschunterdrückungssystems sehr ausführlich noch einmal eingegangen.

Wer in den folgenden Absätzen nicht alles sofort versteht, muß deshalb nicht verzweifeln. Die positiven Auswirkungen dieses Systems bleiben ihm ja nicht vorenthalten, wenn er den fertigverlöteten Bausatz benutzt und sich dann allerdings ausführlich über den richtigen Anschluß und den Abgleich des Systems informiert.

Aber nun zu den Besonderheiten dieses Verfahrens.

Das *High-Com*-Verfahren ist ein sogenanntes *breitbandiges* Compandersystem. Es wirkt also – im Gegensatz zu den meisten bisherigen Verfahren – im gesamten hörbaren Bereich der Musik und auch noch ein wenig darüber hinaus. Dieser Bereich umfaßt ca. 30 Hz bis fast 20 000 Hz. Damit gelingt diesem System, was z. B. *Dolby* nicht schafft: Es kann auch niederfrequente Störsignale wir-

kungsvoll unterdrücken. Auf *Abbildung 9* war die Wirkung des *Dolby*-Systems dargestellt. Die Linie a zeigt das Rauschsignal ohne Rauschunterdrückung, die Linie b mit Rauschunterdrückung. Bei dem *High-Com*-Verfahren *(Abbildung 10)* ist deutlich zu erkennen, daß auf der gesamten Breite des hörbaren Frequenzbereichs das Rauschen um ca. 20 dB gedämpft wird. Wir sagten schon, daß dadurch von der gesamten Rauschleistung (100 Prozent) nur noch 1 Prozent übrigbleibt. Das ist so wenig, daß es akustisch fast nicht mehr wahrgenommen werden kann.

In *Abbildung 11* zeigen wir eine andere optische Darstellung für die Leistungsfähigkeit dieses Systems. Wiedergegeben wird das Oszillogramm eines sogenannten Sinusdauertones – also eines Tones ohne

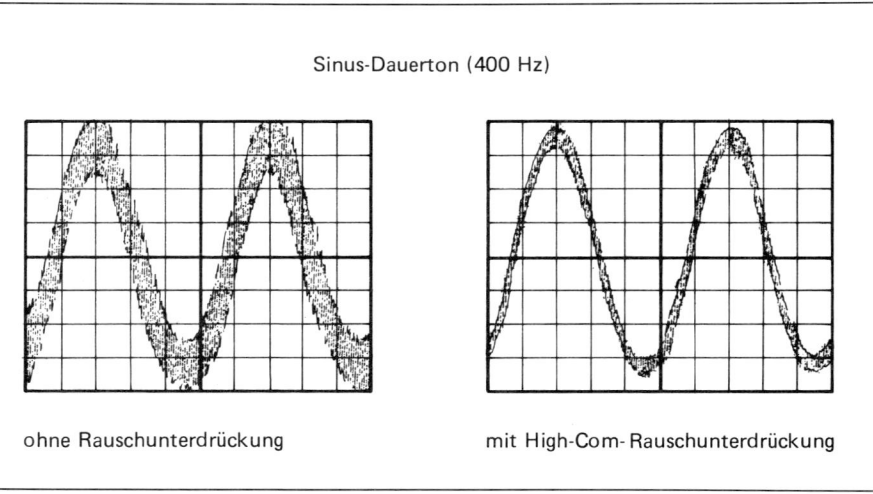

Sinus-Dauerton (400 Hz)

ohne Rauschunterdrückung   mit High-Com-Rauschunterdrückung

Abb. 11: Das Oszillogramm eines reinen Sinus-Tones von 400 Hz links ohne Rauschunterdrückung, rechts mit *High-Com*.

Obertöne und andere Störungen – der einmal von einem herkömmlichen Cassetten-Recorder ohne *High-Com* aufgenommen und wiedergegeben wird und im Vergleich dazu in der Aufnahme und Wiedergabe über *High-Com*. Es ist deutlich zu sehen, daß die Wiedergabe über *High-Com* praktisch frei von Störsignalen ist.

Ein weiterer Vorteil des *High-Com*-Verfahrens besteht darin, daß es durch seine Breitbandigkeit nicht mehr zur Verfälschung des Klangbildes führt. Bei anderen Geräten, die nach dem sogenannten „sliding-band-Verfahren" arbeiten und nicht über alle Ton-Frequenzen wirken, kann dieser Effekt allein schon durch die Verwendung einer schlechten Bandsorte auftreten.

Andere Breitband-Kompander sind wiederum anfälliger gegen das sogenannte *Rausch-Atmen*. Dabei handelt es sich um ein Nachrauschen, das nach einer Musikpassage mit einem bestimmten kritischen Tongemisch entstehen kann, weil sich das Gerät nicht schnell genug umstellt. Bei *High-Com* kann das nicht vorkommen. Hier wurde das Problem des Rausch-Atmens mit einer neuartigen Regelschaltung gelöst. In Hörtests verschiedener Fachzeitschriften sind diese Eigenschaften in besonderen Experimenten bestätigt worden.

Die Schaltung des High-Com-Bausteins

Die erstaunlichen Eigenschaften des *High-Com*-Systems wurden durch einen neuen integrierten Baustein (IC) möglich. Es handelt sich dabei um den derzeit größten auf dem Markt vorhandenen bipolaren IC vom Typ *U 401 B*, der seine Wirkung in Verbindung mit einer ausgeklügelten Schaltungstechnik erreicht. Wenn Ihnen jetzt nicht ganz klar ist, was ein IC bzw. ein integrierter Baustein ist, dann können Sie sich über diese und andere Zusammenhänge z. B. im *Hobbythek-Buch 3* auf den Seiten 10 bis 39 bzw. über die Anfangsgründe der Elektronik im *Hobbythek-Buch 2* auf den Seiten 59 bis 63 informieren.

Für den schon etwas versierteren Elektroniker also diese Informationen: In dem IC sind mehr als 500 Transistorschaltungen enthalten, die im Aufbauprinzip mehrere in Kette geschaltete gleichartige Verstärker darstellen. Beim Umschalten von Kompressor- auf Expander-Funktion wird durch interne Umbeschaltung dieser Verstärkerkette eine genau spiegelbildliche Arbeitsweise erreicht.

Außerdem enthält das IC zwei Gleichrichterschaltungen, die mit unterschiedlichen Zeitkonstanten arbeiten. Dies ist ein entscheidendes Kriterium des *High-Com*-Systems: Hier wird festgestellt, ob es sich um niederfrequentes Rauschen oder um Musikpausen handelt – je nachdem wird auf die kurze oder die längere Zeitkonstante umgeschaltet. Es würde hier zu weit führen, die Schaltung bis ins einzelne zu erläutern.

Nur so viel soll hier gesagt sein, daß die eine Zeitkonstante ca. 1 Sekunde beträgt und die zweite lediglich 100 ms (eine Zehntelsekunde). Damit wird erreicht, daß einerseits tiefe Frequenzen bis unter 20 Hz noch als Nutzsignal erkannt werden und anderseits trotzdem das Nachrauschen oder Rausch-Atmen verhindert wird. Dieses Nachrauschen käme vor allem bei abrupten Signalpegeländerungen zustande, die der *High-Com* aber durch Umschalten der Zeitkonstante auf 0,1 Sekunde bewältigt.

In *Abbildung 12* ist das Blockschaltbild des *High-Com*-Systems dargestellt, und zwar mit getrenntem Kompressor und Expander. Wir haben schon gesagt, daß der Kompressor und der Expander im *Hobby-Com* keine getrennten Schaltungsmodule sind, sondern daß sie aus denselben Bauteilen bestehen. Der Kompressor wird lediglich durch Umschalten zum Expander und umgekehrt. Das hat einen Vorteil und einen Nachteil.

Der *Vorteil* besteht darin, daß Toleranzen der verwendeten Bauelemente, die nie ganz zu vermeiden sind, nicht störend in Erscheinung treten. Eine Beeinflussung durch solche Toleranzen beim Betrieb als Kompressor wird im selben Maße beim Betrieb als Expander wieder aufgehoben.

Der *Nachteil:* die beiden Funktionen Kompressor und Expander können nicht gleichzeitig benutzt werden. Wir meinen aber, daß dieser Nachteil zu verschmerzen ist. Beide Funktionen brauchten Sie ja nur dann, wenn Sie bei einer Bandaufnahme – bei der *komprimiert* wird – gleichzeitig über Hinterband abhören wollen, d.h. also das *expandierte* Ergebnis. Diese gleichzeitige Doppelfunktion hätten wir unserem Bausatz ohne weiteres beigeben können. Allerdings hätte das vorausgesetzt, daß man vier *High-Com*-Module einbauen muß, was den Bausatz verteuert hätte.

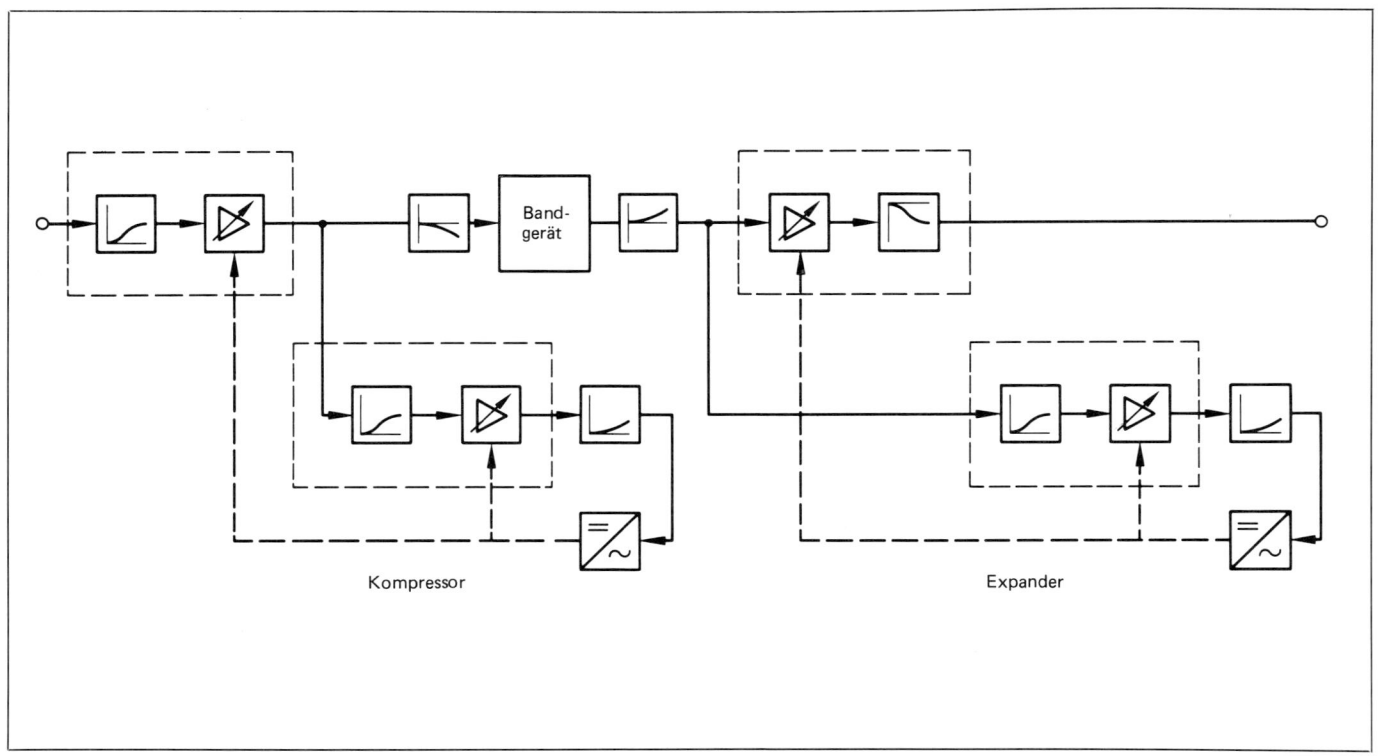

Abb. 12: Für besonders Interessierte hier der Blockschaltplan des *High-Com*-Systems mit getrenntem Kompressor und Expander.

Funktionsbeschreibung des Hobby-Com

Unser *Hobby-Com* enthält zwei originale *High-Com*-Bausteine; einen für den linken und einen für den rechten Kanal. Die Schaltung unseres *Hobby-Com,* die Sie auf *Abbildung 13* sehen, ist von der Firma Telefunken kritisch untersucht, begutachtet und für gut befunden worden. Denn selbstverständlich liegt dem Erfinder eines

solchen Systems daran, daß daraus entwickelte Bausätze seinen hohen Ansprüchen gerecht werden.

Die Spannungsversorgung unseres *Hobby-Com* erfolgt über eine Gleichrichterbrücke mit Siebgliedern. Der Schalter S1 bedeutet „*High-Com Ein/Aus".* Mit dem mehrpoligen Schalter S2 wird zwischen Aufnahme und Wiedergabe umgeschaltet. Bei der Aufnahme kommen die Signale (links und rechts) über die Anschlüsse 1 und 4 der Buchse

„Radio". Sie werden in zwei getrennten Verstärkerstufen mit einem Transistor *BC 413 C* vorverstärkt. Über die gleichlaufenden Aussteuerungspotentiometer (beide in P4) kann der Aussteuerungspegel bei der Aufnahme eingestellt werden. Die Balance zwischen dem linken und dem rechten Kanal wird mit dem ebenfalls nach außen geführten Balanceregler eingestellt (P5).

Die Signale werden anschließend auf die beiden *High-Com*-Module ge-

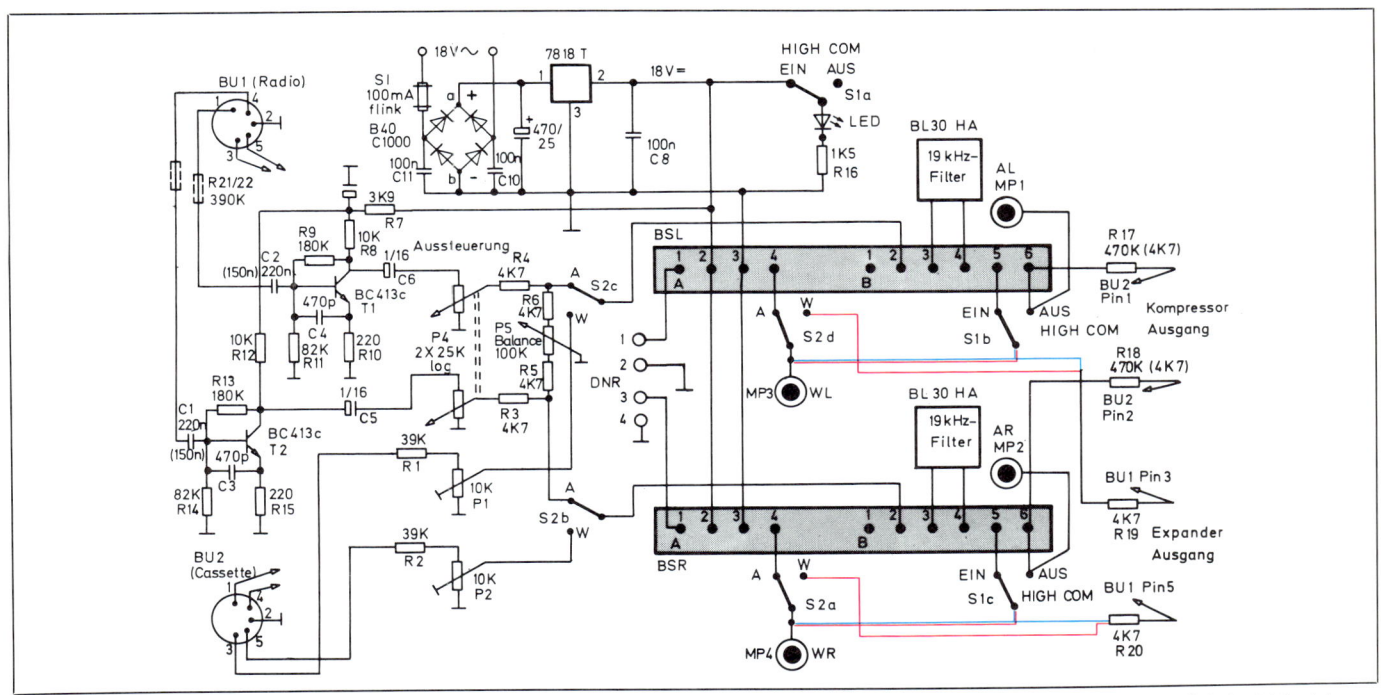

Abb. 13: Der Schaltplan der *Hobby-Com*-Platine. Die beiden grau unterlegten Felder deuten die einzusteckenden (fertigen) Original-Module an. Die älteren Bausätze neigten teilweise zu Schwingungen, die den Lautsprecher gefährden konnten. Daher wurden zwei Änderungen vorgenommen: die blauen Leitungen sind durch die roten ersetzt worden. Dies können Sie an Ihrem Bausatz selbst ändern, falls er noch aus den ersten Serien stammt.

führt. Über Pin 1 und 4 der Buchse „Radio" werden sie auf den Recorder weitergeleitet.

Bei der Wiedergabe kommen die Signale über Pin 3 und 5 der Buchse „Cassette" über einen Spannungsteiler (P1 und P2) und über den Schalter S2 auf die beiden *High-Com*-Bausteine. Über den Schalter „Wiedergabe" gelangen beide Signale zur Ausgangsbuchse „Radio" („Radio" steht hier auch stellvertretend für Verstärker, Receiver, usw.) und kön-

nen im Verstärkerbauteil vom Radio bzw. Receiver weiterverstärkt werden. Bei der Schalterstellung „High-Com Aus" werden die beiden Signale über den Vorverstärker und die *High-Com*-Module geführt. Die *High-Com*-Schaltung arbeitet dann nur als Vorverstärker. Dies hat den Vorteil, daß Sie den *Hobby-Com*-Bausatz stets in Ihrer Anlage installiert lassen können, auch dann, wenn Sie z.B. Ihre alten nach dem *Dolby-System* aufgezeichneten Cassetten abspielen wol-

len. Sie brauchen nur den Schalter „*High-Com* Aus" zu betätigen.

Zusammenbau des Hobby-Com-Bausatzes

Über das Bestücken einer Platine, über Regeln, die man beim Löten einhalten muß, und über verschiedene Methoden, einen fertig verlöteten Bausatz schließlich auf Fehler abzusuchen, haben wir in den früheren *Hobbythek-Büchern* bereits vieles gesagt. Das wollen wir hier nicht alles wiederholen, sondern nur einige Hinweise geben.

Wenn Sie den Bausatz ausgepackt haben, sortieren Sie bitte zunächst die in verschiedenen Tüten verpackten Bauelemente. Ermitteln Sie dabei die Widerstandswerte nach dem Widerstandsfarbcode auf der Liste, die dem Bausatz beigefügt ist.

Beginnen Sie mit dem Einlöten bei den Stiften für die *High-Com*-Module. Die Module selbst, die bereits fertig verlötet und empfindlich sind, sollten Sie erst zum Schluß einstecken. Beim Löten selbstverständlich darauf achten, daß Lötzinn nicht auf Nachbarkontakte läuft und dabei unerwünschte Verbindungen herstellt. Das ist beim Löten von elektronischen Bausätzen die häufigste Quelle für Fehler. Oft funktioniert auch deshalb nichts, weil das Lötzinn nicht gut verlaufen ist und sogenannte kalte Lötstellen entstanden sind. Achten Sie also darauf, daß das Zinn eine innige Verbindung zwischen dem Kontakt des Bauelements und der Platine herstellt.

Die Bauelemente werden in einer bestimmten Reihenfolge eingelötet, die Sie der Baubeschreibung entnehmen können. Das erleichtert die Arbeit auf den ja immer recht engen Platinen erheblich. Lassen Sie die Bauteile auch ca. 3 mm über der Platinenoberfläche stehen, damit sie beim Löten nicht überhitzt werden.

Wenn Sie die Platine fertig bestückt haben, dann bauen Sie die Schalter und Potentiometer in die Frontplatte ein, die dem Bausatz ebenfalls beige-

fügt ist. Anschließend werden zwischen diesen Bauteilen auf der Frontplatte und den Kontakten auf der Platine die entsprechenden Verbindungen hergestellt.

Für die Steckerbuchse zum Netzspannungsgerät müssen Sie auf der Rückwand des Gehäuses ein 8 mm großes Loch bohren. In dieses Loch können Sie die Buchse zusammen mit der Masseverbindung fest einschrauben.

Zum Schluß werden die *High-Com*-Module auf die Steckkontakte der eingelöteten Stifte gesteckt – und fertig ist die Platine des *Hobby-Com*. Bitte *verändern Sie nichts an diesen Fertigmodulen!* Sie sind exakt justiert. Bei Defekten, die ja nicht immer auszuschließen sind, wenden Sie sich an Ihren Elektronikhändler. Verstellen Sie bitte auch nicht die beiden 19-kHz-Filter, die den Stereopilotton bei Aufnahmen aus dem Rundfunk unterdrücken sollen.

Ein Gehäuse für unser Hobby-Com

In dem Bausatz mitgeliefert wird eine Frontplatte aus silberfarbigem Leichtmetall, bereits mit entsprechendem Aufdruck. Über den Bezugsquellennachweis im Anhang können Sie auch ein fertiges Gehäuse kaufen, wie es auf *Abbildung 14* gezeigt wird.

Selbstverständlich kann man für den *Hobby-Com* auch ein Gehäuse selbst bauen, wie wir es bereits für den *Hobby-Song* und andere Geräte vorgeschlagen haben. Sehr schön sieht ein Gehäuse aus Plexiglas aus, das die technischen Einzelheiten des Bausatzes nicht verbirgt.

Ein Rauchglas- oder Plexiglas-Gehäuse macht nicht sehr viel Arbeit und erfordert auch nur wenig Material. Die wichtigsten Einzelheiten für den Bau zeigt Ihnen *Abbildung 15*.

Einbau des Hobby-Com in vorhandene HiFi-Anlagen

Weiter oben wurde ja beschrieben, wie durch das *High-Com*-Rauschunterdrückungsverfahren der Pegel der leiseren Passagen beeinflußt wird. Verfolgen wir den Gang des aufzuzeichnenden Signals durch die HiFi-Anlage, so muß also das Rauschunterdrückungsgerät *direkt vor das Aufnahmegerät* geschaltet werden. Im allgemeinen wird dieses Aufnahmegerät an den Verstärker-Ausgang (Tonbandbuchse) angeschlossen. Wenn die Tonquelle nicht der Verstärker (Receiver) ist, sondern z.B. ein zweites Tonbandgerät oder Mikrophone, Plattenspieler, Tuner etc., liefert sie ihr Signal an eine andere Buchse des Verstärkers.

Also kurz und gut: Der *Hobby-Com* wird immer zwischen Verstärker und Recorder (Bandgerät) geschaltet. Sehr häufig sind Tuner (Empfänger) und Verstärker in einem Gerät zusammengefaßt (Receiver), das dann bei Überspielung vom Rundfunk selbst die Tonquelle darstellt. *Abbildung 16*, Seite 144, zeigt den Aufbau für die verschiedenen Fälle.

Der Abgleich des Hobby-Com – seine Anpassung an Cassetten-Recorder oder Bandgerät

Der Abgleich des *Hobby-Com* ist die wichtigste Arbeit bei diesem Gerät überhaupt. Hier müssen Sie mit größter Sorgfalt vorgehen und alle Einstellungen peinlich genau durchführen. Bevor Sie an diese Aufgabe herangehen, sollten Sie die mit dem Bausatz mitgelieferte Beschreibung sorgfältig durchlesen. Außerdem empfehlen wir Ihnen, den Text auf der Testcassette genau anzuhören, die dem Bausatz beiliegt.

Der Abgleich ist aus folgendem Grunde nötig: Das Ausmaß der Pegelabsenkung und -anhebung im Compander hängt ganz stark vom verwendeten Bandmaterial und auch von den genauen Eigenschaften des benutzten Recorders ab (Magnetisierungsfeldstärke, Verstärkung, usw.).

Weil in der Baubeschreibung alles ausführlich beschrieben ist, wollen wir uns hier auf einige Anmerkungen beschränken.

Wir sind davon ausgegangen, daß nur wenige HiFi-Freunde spezielle Hilfsmittel und Meßgeräte ihr eigen nennen. Deshalb haben wir uns bemüht, den Aufwand so gering wie möglich zu halten. Zunächst haben wir eine Abgleichmethode entwickelt, in der das eigene Gehör ein elektrisches Meßgerät ersetzt. Mit etwas Geschick lassen sich mit dieser rein akustischen Methode gute, der elektrischen Messung ebenbürtige Ergebnisse erzielen.

Natürlich kann man den Abgleich auch mit Hilfe eines elektrischen Spannungsmessers, z.B. eines Universalmeßgerätes, vornehmen (Wechselspannungsmeßbereich 600 mV – 1 V). Auf der *Hobby-Com*-Platine sind die Meßpunkte dazu eindeutig gekennzeichnet, sowohl für den Aufnahmeabgleich als auch für den Wiedergabeabgleich. Auf die absolute Genauigkeit des Meßgerätes kommt es dabei nicht an, denn es sind nur Vergleichsmessungen erforderlich, z.B. die Feststellung der Spannungsgleichheit zwischen Zustand „*High-Com* Ein" und „*High-Com* Aus". Wer einen zweiten Stereo-Cassettenrecorder mit Aussteuerungsanzeige besitzt, kann dessen Aussteuerungsmeßgeräte ebenso verwenden – wie, das steht in der Anleitung. Der Abgleich wird dann besonders einfach.

Für den Abgleich wird eine definierte Tonsignalquelle benötigt (440 Hz bei exaktem Signalpegel). Eigentlich wäre dazu ein Oszillator erforderlich, der den Bausatz aber erheblich verteuert hätte. Wir haben deshalb einen Ausweg gesucht und auch gefunden: Auf die dem Bausatz beigefügte Testcassette wurde ein Meßton überspielt, der genau den erforderlichen Magnetisierungspegel besitzt. Nachteil: Zum Abgleich benötigt man einen zweiten Cassetten-Recorder. Dieser kann ein ganz einfaches, billiges Gerät sein, das nicht einmal stereophon sein muß.

Da dieser Abgleich nur selten ausgeführt werden muß, z.B. wenn Sie das Cassettengerät oder die Bandsorte wechseln, können Sie dieses zweite Cassettengerät auch kurzfristig bei einem Freund oder Nachbarn ausleihen.

Wie gesagt, alle erwähnten Maßnahmen dienen dazu, den *Hobby-Com*-Bausatz so preiswert wie möglich zu machen.

Wenn Sie mit dem Abgleich fertig sind...

Wenn Sie Ihren *Hobby-Com* richtig in die Anlage eingebaut und abgeglichen haben, sollten Sie ihn immer eingeschaltet lassen. Den Schalter „*High-Com* Aus" brauchen Sie nur zu betätigen, wenn Sie Cassetten abspielen wollen, die nicht über *High-Com* aufgenommen worden sind.

Vergessen Sie auch nicht, an Ihrem Cassetten-Recorder immer die richtige Bandsorte einzustellen.

Und schließlich raten wir Ihnen, nur gute Markencassetten zu kaufen, damit Sie die Vorzüge Ihres Rauschunterdrückungssystems auch wirklich voll ausnutzen können. Verwenden Sie bereits beim Abgleich die Cassettenart, bei der Sie bleiben wollen; dann können Sie davon ausgehen, daß die Wiedergabe immer von gleichbleibender Qualität ist.

Wenn in Ihr Gerät bereits ein anderes Rauschunterdrückungssystem eingebaut ist – was wahrscheinlich ist –, dann schalten Sie es beim Benutzen des *Hobby-Com* immer aus. *Das ist sehr wichtig!*

Wir versprechen Ihnen nicht zuviel, wenn wir sagen, daß das *Hobby-Com* die Wiedergabequalität eines Cassettengerätes ganz entscheidend verbessern kann. Das setzt allerdings einen gewissen Mindeststandard in der Qualität des Cassetten-Recorders voraus. Wenn Sie einen sehr einfachen Recorder haben, dann kann es sein, daß er nach der Benutzung des *Hobby-Com* mehr Fehler zeigt als vorher. Zu solchen Fehlern können

a)

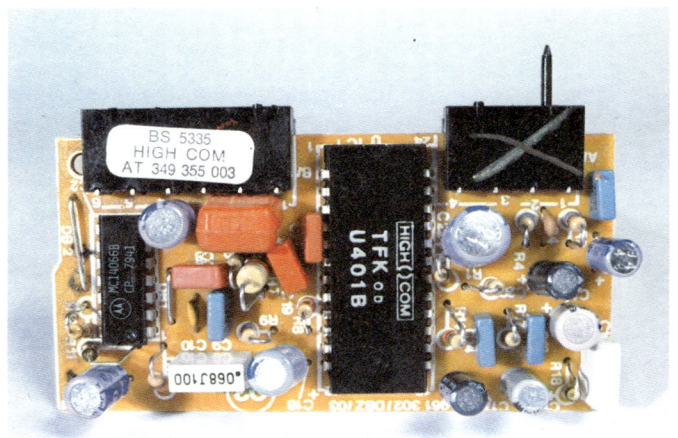

b)

c)

d)

Abb. 14: Das *Hobby-Com: a)* die einzelnen Teile des Bausatzes; *b)* einer der beiden Original-*High-Com*-Module; *c)* die fertig bestückte Platine; *d)* das Gerät im geöffneten käuflichen Gehäuse, noch ohne Deckel.

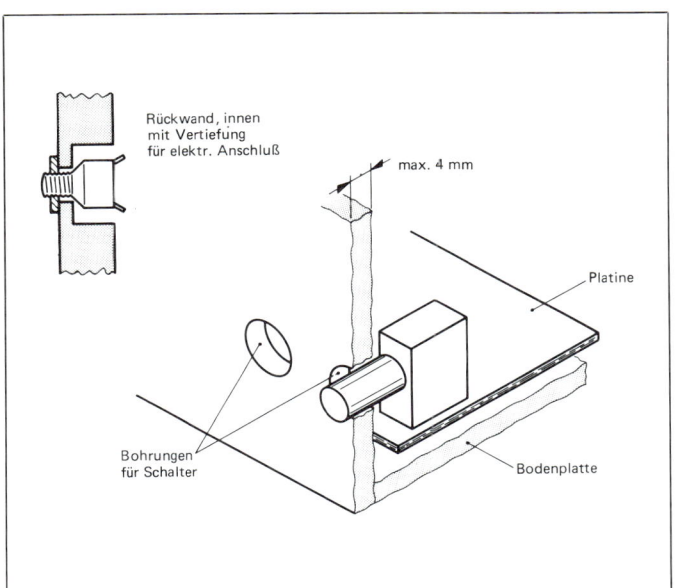

Rückwand, innen
mit Vertiefung
für elektr. Anschluß

max. 4 mm

Platine

Bohrungen
für Schalter

Bodenplatte

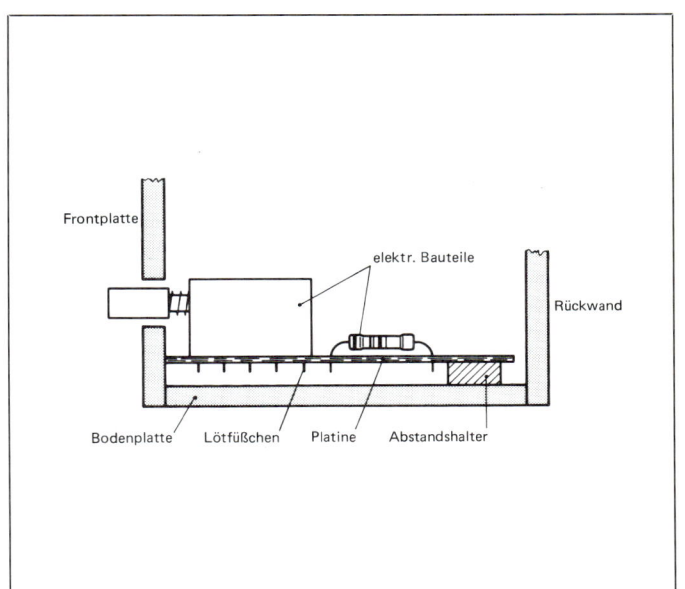

Frontplatte

elektr. Bauteile

Rückwand

Bodenplatte   Lötfüßchen   Platine   Abstandshalter

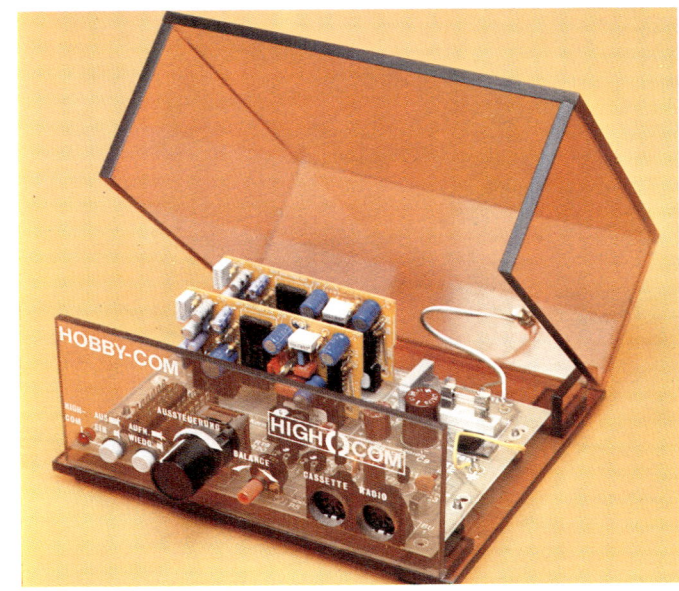

Abb. 15: Sehr ansprechend sieht auch ein Gehäuse aus getöntem Plexiglas aus. Die Skizzen zeigen die wichtgsten Einzelheiten, auf die Sie achten müssen.

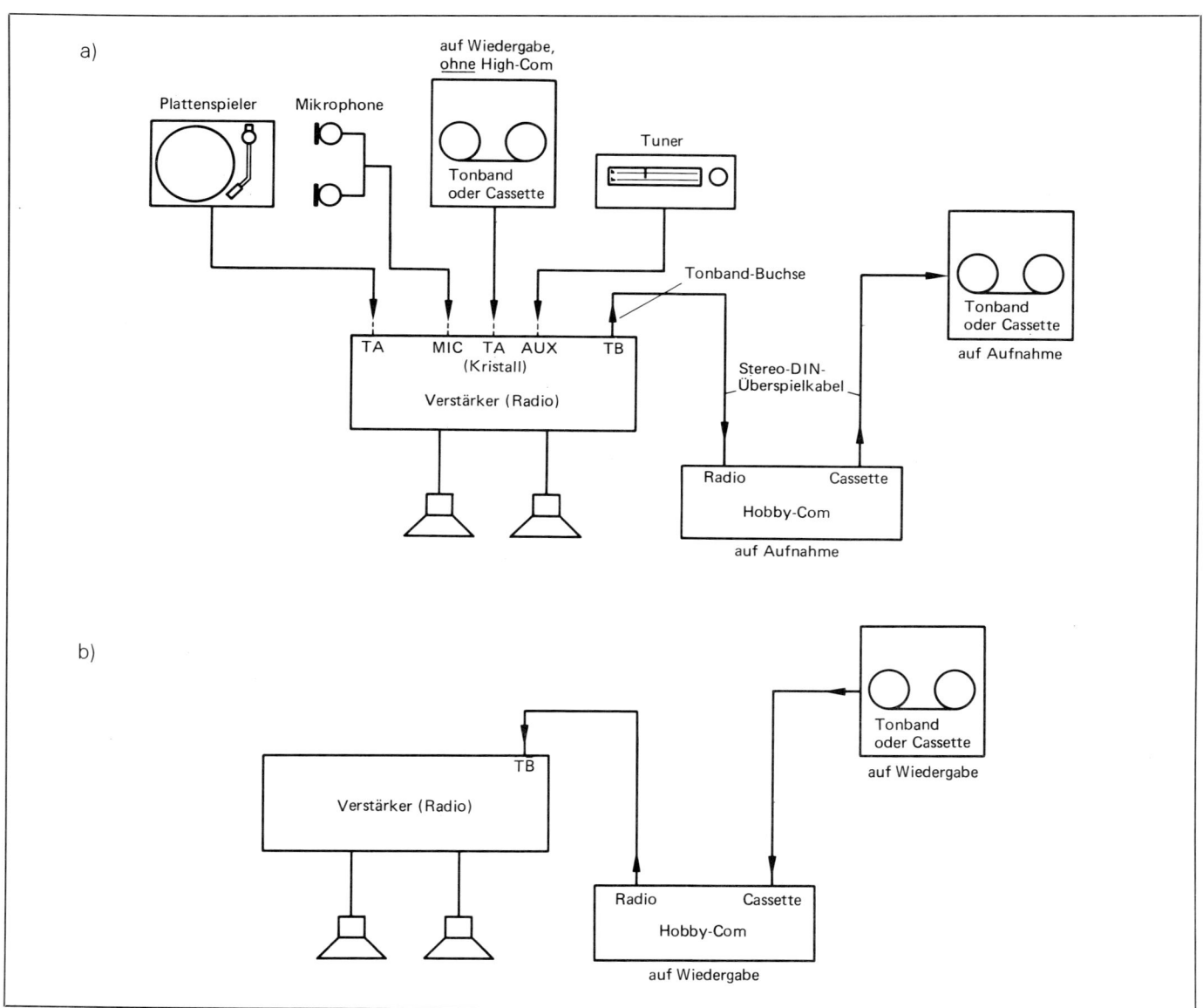

Abb. 16 a): Der Einbau des *Hobby-Com* in die Stereoanlage bei der Aufnahme von verschiedenen Tonquellen. Die in den Bandgeräten bzw. Recordern eingebauten Rauschunterdrückungs-Systeme müssen dabei *ausgeschaltet* sein! *b):* So sieht das bei der Wiedergabe aus.

Gleichlaufschwankungen, Brummeinstreuungen, ein sehr enger Frequenzbereich und anderes gehören. Diese Fehler waren vorher durch das Rauschen zum Teil verdeckt, so daß sie weniger auffielen. Hier ist es ähnlich wie bei einem guten Plattenspieler, der die Fehler alter Platten besonders hörbar macht.

Wir meinen deshalb: Wenn Sie sich schon für klangliche Verbesserungen durch den Einbau von *Hobby-Com* entscheiden, dann sollten Sie sich auch zum Kauf eines etwas besseren Cassetten-Recorders entschließen, oder aber Sie schaffen sich einen Recorder an, in dem das *High-Com*-System bereits integriert ist. Die meisten deutschen Firmen, wie Telefunken, Blaupunkt, Grundig usw., bieten Geräte mit *High-Com* an.

Bei einigen Cassetten-Recordern können Probleme auftreten

Wir haben versucht, das *Hobby-Com* so universell zu konzipieren, daß es an möglichst viele Geräte angeschlossen werden kann. Leider gibt es da aber eine solch enorme Vielfalt, daß man Kompromisse schließen muß.

Die meisten in Deutschland verwendeten HiFi-Geräte besitzen DIN-Buchsen-Anschlüsse; deshalb haben wir uns dafür entschieden. Bei Cinch-Anschlüssen muß man sich leider nicht nur Adapteranschlüsse anschaffen, sondern auch die Verstärkung der beiden Eingangsverstärkerstufen reduzieren, denn die Nutzsignalspannungen liegen beim Cinch-System höher.

Nun läßt sich dieses Problem lösen, indem Sie in Ihrem *Hobby-Com* die Widerstände R17 und R18 (470 kΩ) gegen Widerstände von 4,7 kΩ austauschen. Außerdem werden die beiden Kondensatoren C1 und C2 mit 150 nF durch eine R-C-Kombination von 390 kΩ/150 nF ersetzt. Dann sind nach all unseren Versuchen diese Probleme behoben. Im Bausatz sind die dafür benötigten Bauelemente neben der ausführlichen Beschreibung, wie man vorzugehen hat, enthalten. Der Laie, der nicht löten kann und der den fertigverlöteten Bausatz gekauft hat, wird hiermit möglicherweise Probleme haben. Hier hilft gegebenenfalls der freundliche Händler.

Das *Hobby-Com* läßt sich auch für Automobil-Cassettenrecorder verwenden, allerdings muß für eine Versorgungsspannung von mindestens 15 V gesorgt werden.

Will man den *Hobby-Com*-Bausatz an Kompaktanlagen anschließen, dann empfiehlt es sich zunächst, den Fachhändler zu fragen, ob eine externe Anschlußmöglichkeit besteht (Bedienungsanleitung der Kompaktanlage überprüfen). Manchmal gibt es auch interne Stecker, die ohne Schwierigkeiten herausgeführt werden können. In jedem Fall muß man an die Leitung heran, die vom Recorder zum Verstärker führt.

Der Hobby-Com funktioniert auch bei Spulenbandgeräten

Spulengeräte laufen meist mit einer höheren Bandgeschwindigkeit. Gängig sind 9,5 cm in der Sekunde oder auch 19 cm/s, in einigen Fällen sogar 38 cm/s. Die Maschinen der Rundfunkanstalten laufen z.B. normalerweise mit 38 cm in der Sekunde.

Diese höhere Bandgeschwindigkeit – schon bei 9,5 cm/s läuft im Vergleich zur Kompakt-Cassette in der gleichen Zeit doppelt so viel Band am Tonkopf vorbei wie beim Cassetten-Recorder – verringert das Rauschen und andere störende Einflüsse schon ganz erheblich. Trotzdem lassen sich auch hier mit dem *Hobby-Com* noch deutlich hörbare Verbesserungen erreichen.

Außerdem können Sie mit dem *Hobby-Com* auf einem Spulengerät so etwas wie einen „Spareffekt" erzielen. Wenn Sie nämlich die Bandgeschwindigkeit auf 4,75 cm/s umschalten, die man auf einem Spulengerät für Musikaufnahmen normalerweise nicht verwendet, dann haben Sie doppelt so viel Band zur Verfügung und trotzdem eine gute Wiedergabequalität, wenn das Gerät bei 4,75 cm/s der HiFi-Norm entspricht. Bei einem Spulentonbandgerät wird der *Hobby-Com* analog wie beim Cassetten-Recorder zwischen Bandgerät und Receiver eingeschaltet.

Zum Abgleich müssen Sie – genau wie beim Casetten-Recorder – ein sogenanntes *Referenzband* mit einem Meßton benutzen. Bei dem Cassetten-Recorder ist das die mitgelieferte Meßcassette. Den Meßton dieser Cassette müssen Sie mit definiertem Pegel auf ein Spulentonband überspielen. Dabei müssen Sie die Aufnahme so aussteuern, daß die Instrumente genau 0 dB anzeigen. Ist an der Aussteuerungs-Anzeige eine DNR- oder *Dolby*-Marke vorhanden, dann ist diese als Eichmarke zu betrachten. Der eigentliche Abgleich wird dann genauso durchgeführt wie bei einem Cassetten-Recorder.

Bei Überspielungen auf die Qualität der Tonquelle achten

Wir würden zuviel versprechen, wenn wir sagen, der *Hobby-Com* könne zaubern. Ebenso wie er aus einem ganz billigen Cassetten-Recorder kein Supergerät machen kann, läßt sich mit seiner Hilfe von einer schlechten Tonquelle keine Cassette mit Spitzenqualität herstellen. Das *High-Com*-Verfahren kann – das sei hier noch einmal deutlich gemacht – nur die *Aufzeichnung* auf eine Kompakt-Cassette oder ein Tonband verbessern, nicht aber das aufzuzeichnende Signal. Das *High-Com*-Verfahren (und auch unser *Hobby-Com*-Gerät) hat also keinen Einfluß auf die Ton*quelle*. Wenn diese Quelle – sei es nun eine Schallplatte oder Rundfunkempfang oder eine Mikrophonaufnahme – bereits Rauschen oder andere Störgeräusche (Brummen, Rumpeln) enthält, dann kann kein Rauschunterdrükkungssystem der Welt diese Störungen wieder beseitigen – sie sind ja sozusagen Bestandteil des Nutzsignals, im Gegensatz zu dem Rauschen, das vom Bandmaterial verursacht wird.

Sie müssen also vor der Aufnahme über *High-Com* die Tonquelle möglichst störungsfrei machen, nach der alten Regel: das schwächste Glied in der Kette bestimmt die Qualität des Endprodukts.

Die Qualität der Tonquelle läßt sich oft in erstaunlichem Maße beeinflussen. Darauf wollen wir zum Schluß noch mit einigen Tips eingehen.

Aufzeichnung von Rundfunksendungen

Wenn Sie Besitzer eines *Hobby-Com* sind, dann steigt damit automatisch Ihr Qualitätsanspruch. Und da Sie Ihren Cassetten-Recorder sicher auch für Aufnahmen benutzen werden, die über Hörfunk ins Haus kommen, sollten Sie genau prüfen, daß Sie einen möglichst störungsfreien Rundfunkempfang haben. Das setzt – besonders bei Stereosendungen, die ja nur über UKW möglich sind – eine recht hohe Empfangsfeldstärke voraus. Wenn Sie die mit Ihrem Receiver nicht erzielen, dann sehen Sie sich zunächst einmal Ihre Antenne an. Von ihr hängt sehr viel ab.

Wenn Sie keine eingebaute Antenne im Haus haben und auch Schwierigkeiten haben, eine Außenantenne anzubringen – manche Hausbesitzer haben etwas dagegen –, dann hier ein ganz einfacher Tip, der sehr wirkungsvoll ist. Man kann sich nämlich im Zimmer selbst eine Antenne bauen.

In *Abbildung 17* haben wir das Schema einer Antenne dargestellt, die aus ca. 5 Meter Flachkabel mit 240 Ohm besteht. Das ist Kabel mit einem bestimmten Widerstand, das man im Laden kaufen kann. Dieses Flachkabel ist für eine Antenne geeignet, die sich besonders bei Empfangsgeräten bewährt, die einen 240-Ohm-Eingang für zwei nebeneinanderlie-

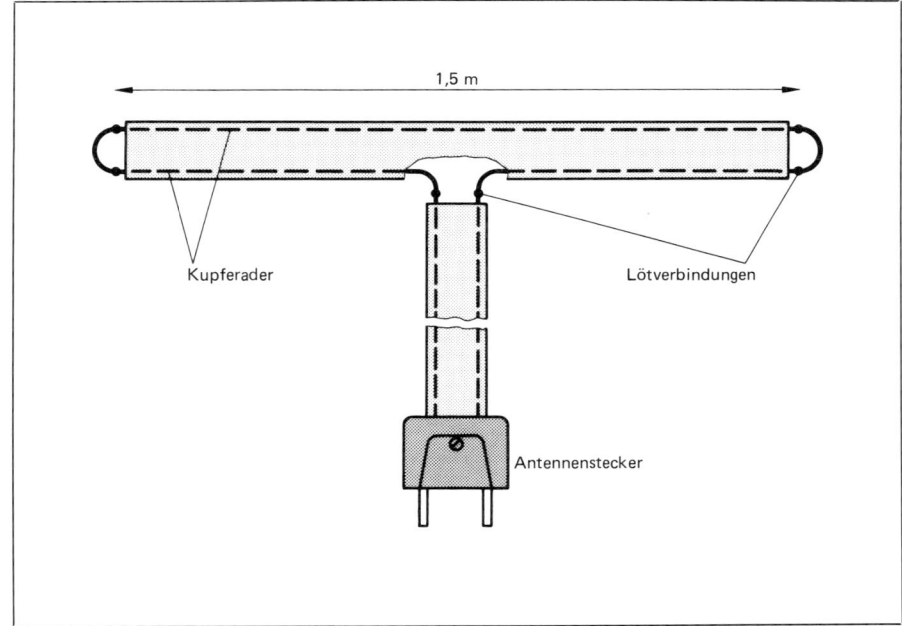

Abb. 17: Eine ohne großen Aufwand selbst zu bauende Antenne für guten UKW-Empfang.

gende Steckbuchsen haben. Wenn Sie einmal in die Betriebsanleitung Ihres Receivers schauen, können Sie feststellen, ob er einen solchen Eingang hat.

Schneiden Sie von den 5 Metern Flachkabel ca. 1,5 Meter ab. Isolieren Sie die beiden Enden jeweils einen Zentimeter ab und löten Sie die beiden freigewordenen Drähte wie auf *Abbildung 17* gezeigt zusammen.

Schneiden Sie dann genau in der Mitte des 1,5 m langen Flachkabels einen der beiden Drähte durch und trennen Sie das Flachkabel, von dieser Schnittstelle aus gerechnet, um jeweils 1 cm nach links und rechts auf. Dann die beiden freiwerdenden Enden wieder abisolieren und mit dem Rest des Kabels so zusammenlöten, daß insgesamt eine T-förmig gelegte große Schlaufe entsteht. Vor dem Anlöten an diesen Querbalken müssen Sie natürlich den Rest des Kabels auch wieder entsprechend abisolieren.

An das untere Ende dieses in der Mitte befestigten Flachkabels kommen schließlich zwei für den Eingang des Gerätes passende Stecker, und fertig ist die Antenne.

Sie können diese Antenne nun mit Reißnägeln leicht in Ihrem Zimmer so anbringen, daß man sie nicht sieht. Wir haben sie zum Beispiel an der Rückseite von Regalbrettern befestigt. Wenn der Receiver ebenfalls im Regal steht, brauchen Sie das herunterhängende Ende (mit dem Stecker) dann nur noch mit dem Gerät zu verbinden. Natürlich gibt es solche Antennen auch zu kaufen; bei einigen neuen Geräten bekommt man sie sogar

mitgeliefert. Aber selbermachen macht doch mehr Spaß – finden Sie nicht auch?

Nun ersetzt diese Zimmerantenne keine gute Außenantenne oder auch Gemeinschaftsantenne. Sie bringt allerdings für Ortssender deutlich verbesserte Empfangsverhältnisse. Falls Sie aber auch weiter entfernte UKW-Sender störungsfrei empfangen wollen, dann kommen Sie um eine gute Außenantenne nicht herum.

Überspielen von Cassetten oder Bändern

Mit dem Spulentonband oder der Kompakt-Cassette hat man den Vorteil, daß man Musik von mehreren Bändern zusammenstellen kann. Bei

dieser Überspielung von Band zu Band oder von Cassette zu Cassette verstärkt sich das Rauschen allerdings erheblich. Mit dem *High-Com*-Compander kann man dies aber ganz stark reduzieren, so daß auch die Überspielung der HiFi-Norm entspricht. Am besten und einfachsten geht das von Cassetten, die bereits nach dem *High-Com*-System bespielt worden sind. Dann kann man direkt vom Recorder 1 (Wiedergabe) auf Recorder 2 (Aufnahme) überspielen (siehe *Abbildung 18*). Wie Sie sehen, benötigt man für diesen einfachen Kopiervorgang nicht einmal das *Hobby-Com*-Gerät. Wenn es in der Leitung liegt, dann muß es auf die Stellung „*High-Com* Aus" geschaltet werden. Allerdings ist während des

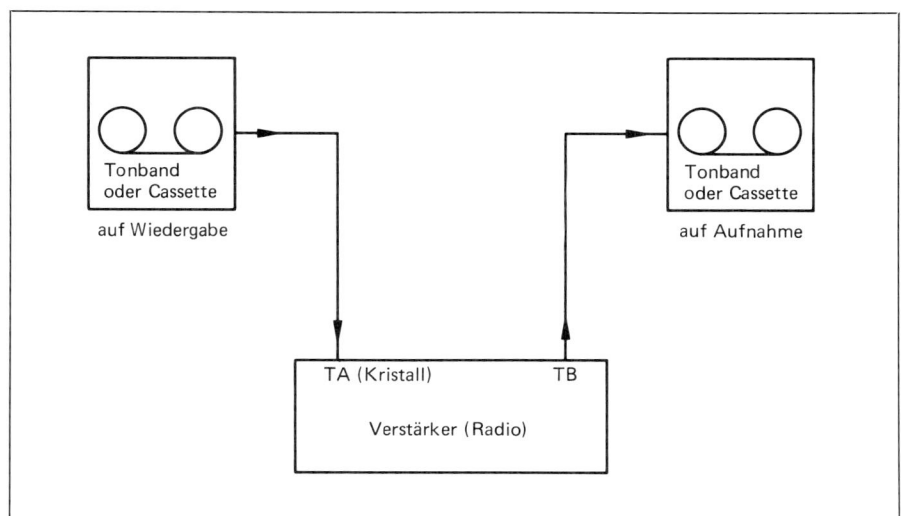

Abb. 18: Wenn Sie ein Band (oder eine Cassette) überspielen wollen, das schon nach dem *High-Com*-Verfahren bespielt wurde, brauchen Sie das *Hobby-Com*-Gerät nicht. Sie können es aber in der Leitung belassen (vgl. *Abbildung 16*) und schalten es dann einfach aus.

Überspielvorgangs die mitgehörte Musik verzerrt, denn Sie hören ja das komprimierte Signal; die Expansion fehlt zunächst. Wichtig ist: Die Rauschunterdrückung bei beiden Recordern, ob das nun *Dolby* oder *High-Com* oder andere sind, muß abgeschaltet sein, sonst entstehen Verzerrungen. Auf der so bespielten Cassette haben Sie nun ein nach dem *High-Com*-Verfahren komprimiertes Signal, das bei der Wiedergabe wieder expandiert werden muß. Schalten Sie Ihr *Hobby-Com*-Gerät nun auf „*High-Com* Ein", und Sie erhalten eine einwandfreie Wiedergabe. Beim aufnehmenden Gerät muß der Magnetisierungspegel stimmen (Testcassette!).

Anders ist es aber, wenn die Tonquelle eine Cassette ist, die nach keinem oder einem geringeren Rauschunterdrückungsstandard aufgezeichnet wurde. Das Rauschen, das einmal darauf ist, läßt sich auch mit *High-Com* nicht mehr eliminieren; Sie haben aber, wenn Sie es über den *Hobby-Com* überspielen, die Garantie, daß das Rauschen nicht weiter verstärkt wird.

Überspielung von Schallplatten auf Cassette

Die Schallplatte ist heute auf dem Gebiet der anspruchsvollen Aufnahmen immer noch der beherrschende Träger. Mit immerhin doch schon 40% Marktanteil haben die Kompakt-Cassetten der Schallplatte diese Position aber noch nicht streitig machen können. Wir sagten schon, daß Schallplatten mechanisch abgetastet werden und deshalb einen wesentlich geringeren Rauschanteil haben als Cassetten. Allerdings sind sie gegen mechanische Beschädigungen wiederum sehr empfindlich. Außerdem treten oft Störgeräusche durch elektrostatische Aufladungen der Platten auf. Solche Nachteile kann man aber vermeiden, wenn man die Platte naß abspielt.

Probleme beim Überspielen von Schallplatten kann es eigentlich nur dann geben, wenn ein wirklich schlechter Plattenspieler oder eine schon ziemlich ruinierte Schallplatte verwendet wird. Ein starkes Rumpeln und Knacken oder Knistern ist dann oft nicht zu vermeiden. Und der Rumpelanteil kann im Compander-System des *Hobby-Com* Fehlfunktionen auslösen: z. B. kann bei leisen Passagen die Kompression oder Expansion verändert werden, so daß der Eindruck entsteht, daß das Rauschunterdrückungssystem ein- und ausgeschaltet wird.

In diesem Fall hilft nur die Vorschaltung eines Rumpelfilters, der allerdings zu gewissen Qualitätsverschlechterungen in den Tiefen führt. Man kann gegebenenfalls den im Verstärker bzw. Receiver eingebauten Rumpelfilter benutzen.

Wenn man eine Dämpfung des unteren Frequenzbereiches in Kauf nimmt, kann man auch die beiden Kondensatoren C1 und C2 in den Empfangsverstärkerstufen des *Hobby-Com* von 220 nF bzw. 150 nF auf 100 nF verringern. Allerdings lassen sich dadurch Rumpeleinflüsse nur zum Teil verringern. Solche Probleme mit dem Rumpeln tauchen bei einem guten Plattenspieler und noch nicht ganz lädierten Platten nicht auf. Überhaupt würden wir Ihnen empfehlen, eine neue Platte sofort mit Hilfe des *Hobby-Com* auf Cassette oder Tonband zu überspielen. Sie haben dann die Gewähr dafür, die wirklich noch jungfräuliche Platte konserviert zu haben. Ein Tonband nutzt sich ja nicht, wie etwa die empfindliche Platte, beim mehrmaligen Abspielen hörbar ab. Die praktisch noch neue Platte können Sie nach dem Überspielen als Originaltonquelle in Ihrem Privatarchiv ablegen.

Mikrophon-Aufnahmen auf Cassette

Auch dafür läßt sich *Hobby-Com* benutzen. Er garantiert dann, daß Sie rauschfreie Aufnahmen auf dem Band haben.

Die Aufnahmetechnik selbst ist sehr einfach. Sie können Mono-Aufnahmen mit nur einem Mikrophon oder auch Stereo-Aufnahmen mit zwei oder mehreren Mikrophonen herstellen. Schalten Sie dazu die Mikrophone über Ihren Receiver und Ihr *Hobby-Com* auf das Cassetten- oder Tonbandgerät so, wie es auf *Abbildung 16* dargestellt ist.

Hinweisen möchten wir darauf, daß Aufnahmen mit einem Mikrophon, das direkt in den Cassetten-Recorder eingebaut ist, nicht über *High-Com* möglich sind. Das gilt auch für den direkten Anschluß des Mikrophons an das Cassetten- oder Bandgerät.

Wir wünschen Ihnen viel Spaß beim Aufbau des *Hobby-Com* und vor allem beim Benutzen dieses hilfreichen Kästchens!

Übrigens: Das *High-Com*-System hat den *Deutschen HiFi-Preis 1980* der Zeitschrift *Klangbild* erhalten.

Bezugsquellen und weiterführende Literatur

Von Würsten und Pasteten

Georg Wieland: „Wir machen das so", Richard Pflaum Verlag, München.

Zeitgemäße Herstellung von Wurst- und Fleischwaren; ein Fachbuch für Fleischer, der Laie findet aber auch interessante Hinweise.

Kurt Nagel: „Rund um die Wurst", Hölker Verlag, Münster (1978).

Dieses Buch gibt dem Laien Informationen über Historisches zur Wurst, über die verschiedenen Wurstsorten und anderes mehr. Hauptsächlich enthält es einen Rezeptteil für Wurstgerichte (Voraussetzung dafür sind fertig gekaufte Würste). Die anschließenden Rezepte für selbstgemachte Wurst scheinen uns zum Teil mit nicht genügend Detailangaben versehen zu sein.

Germain Gretsch, Norbert Etringer: „Kulinarische Köstlichkeiten à la Luxembourgeoise", Editions Vatel, Luxembourg (teils in deutscher, teils in französischer Sprache).

Illustrierte des Fleischerhandwerks: „Wurstreport", Verlag Bergmann & Co, Köln.

Der Steinbackofen der Hobbythek

Die feuerfeste Innenform unseres Ofens haben wir mit der Feuerbeton-Stampfmasse Typ I der Firma „Schamotte- und Tonwarenfabrik Blaschek", Feinkörnung 0–1 mm und Temperatur-Beständigkeit bis ca. 1250° C, erstellt.

Nach Auskunft des Verbandes der Deutschen Feuerfest-Industrie e.V. gibt es gleichwertige Massen aber auch bei anderen Herstellern; dies kann die Beschaffung erheblich erleichtern und Transportkosten ersparen.

Folgende Firmen sind bereit, zu Preisen zwischen 25 und 50 DM pro Zentner zu liefern. Wichtig ist, daß Sie den Verwendungszweck, die Körnung (also etwa 0–1 mm) und die Temperatur-Beständigkeit (bis 1250°C) angeben.

Didier-Werke AG, Verkauf Grünstadt, Kirchheimer Str. 100, Postfach 1160, 6718 Grünstadt 1, Tel.: 0 63 59/80 21.

Gebr. Lüngen KG, Postfach 240, 4006 Erkrath, Tel.: 02 11/24 20 61.

Schamottewerke und Tonwarenfabrik Eppertshausen, Otto Dewet-Blaschek GmbH & Co., Postfach 20, 6116 Eppertshausen, Tel.: 0 60 71/3 10 46.

Dr. Ludwig GmbH, Postfach 1360, 5400 Koblenz, Tel.: 02 61/1 25 81.

Stuck und Reliefs aus Gips selbstgemacht

Hobby-Set:
Die Firma Lutter und Voss hat ein Hobby-Set als Sonderangebot herausgebracht. Es besteht aus:

1 kg streichbarem Silikon-Kautschuk
1 kg Porzelin
12 Schnitzwerkzeugen zum Nacharbeiten der Abgüsse
1 Tube Silikon-Kleber
½ m² Gitex

Es ist erhältlich im Fachhandel oder zu bestellen, entweder bei: Firma Lutter & Voss GmbH, Heerstraße 340–344, 1000 Berlin 20, Tel.: 030/3618011–13
oder, zum Preis von DM 77,– plus Versandkosten, bei der vgs, Breite Straße 118–120, 5000 Köln 1, Tel.: 0221/210469.

Auch die Firma Possehl, Postfach 1683, 2400 Lübeck, Tel.: 0451/148343, führt ab sofort streichbare Silikon-Kautschuk-Typen. Wie die Firma uns mitteilte, soll ihr Typ RTV 120 vergleichbar sein mit dem, den wir vorgestellt haben (ohne Gewähr, wir haben es leider nicht testen können).

Material für Kunststein-Abgüsse stellt die Firma Max Krusemark & Co KG., Industriestraße 25–27, 6052 Mülheim/Main, her.

Formbaumassen und Reliefgießmasse „Keramin" von der hobby-time bastel-system gmbh, 7995 Neukirch, sind in den Bastelgeschäften erhältlich.

Kerzen selbstgemacht

Auf die normale, kommerzielle Kerzen-Herstellung sind wir nicht so besonders ausführlich eingegangen, denn die verschiedenen Methoden finden Sie in vielen Büchern und Broschüren, die im Handel erhältlich sind. Wir empfehlen Ihnen zwei:

Die preiswerte kleine Broschüre von Anne Louise Waldhier: „Mit Wachs gestalten", Firma Kolb, München, Preis DM 4,30.

Einfach und anschaulich – versehen mit vielen Bildern – sind hier die verschiedenen Möglichkeiten der Kerzen-Gestaltung erläutert. Eine kurze Einführung geht auf Geschichtliches und Wissenswertes aus der Kerzenmacher-Zunft ein.

Mary Carey: „Kerzengießen", Hörnemann-Verlag, Bonn-Röttgen, 1975, Preis DM 26,–.

Der Preis ist zwar etwas hoch, dafür enthält das Buch aber auch eine ausführliche und detaillierte Darstellung der einzelnen Herstellungs-Vorgänge. Wenn Sie ein Kerzen-Profi werden wollen, lohnt sich diese Ausgabe.

Brennstoff für das *Magic Light*
Wir haben die Erfahrung gemacht, daß es etwas schwierig ist, die Brennflüssigkeit für unser *Magic Light* in Apotheken zu erhalten. Deshalb haben wir für eine Versandmöglichkeit gesorgt.

Preis für 500 ml Glycol und 20 g Borsäure: DM 19,80 incl. Mehrwertsteuer und Versand-Porto.

Sie erhalten alles zugeschickt, wenn Sie (per Überweisung oder Zahlkarte) DM 19,80 auf das Postscheckkonto Essen 19702–438 an die Firma W. Schnitzler-Chemikalien, Köln, überweisen, Stichwort: *Magic Light;* das gilt dann gleichzeitig als Bestellung. Vergessen Sie aber bitte nicht, Ihre eigene Anschrift auf dem Zahlabschnitt deutlich lesbar zu vermerken; sie muß vor allem vollständig sein, sonst kann das Paket nicht versandt werden.

Spar-Angebot für Kerzenmacher:

Angeregt durch unsere Hobbythek über Kerzenherstellung, haben sich zwei Firmen bereiterklärt, ein Sortiment zusammenzustellen, das Sie anfordern können. Falls Sie nicht eine billige Einkaufs-Quelle für Ihre Kerzen-Materialien haben, empfehlen wir Ihnen diese beiden Angebote:

1. Von der Release Werkstatt, z. Hd. v. Herrn Wolfgang Ihde, Vielohweg 84, 2000 Hamburg 61.

Enthalten in dem Spar-Paket zum Preis von DM 20,– (plus Versandkosten) sind folgende Material.en:

2.500 g	Paraffin
500 g	Stearin
200 g	Bienenwachs
3	verschiedene Dochte:
	(2 × 0,50 m, 1 × ˆ m)
4	Farben
1	fluoreszierende Wachsfarbe

2. Von der Firma hobby-time bastel-system gmbh, 7995 Neukirch/Bodensee.

Enthalten sind in diesem Spar-Paket zum Preis von DM 26,50:

2.000 g	Cerosin Wachs-Granulat (Paraffin)
200 g	Bienenwachs
500 g	Kerzen-Stearin
450 g	Ceroplast-Reliefwachs (Hartwachs)
4	verschiedene Dcchte, 50 cm lang
10	Teelicht-Dochte
5	Wachs-Farbpigmente (zum Einfärben)
2	Stangen Klebewachs

Es ist im Hobby-Handel, also in normalen Bastelgeschäften und Do-it-yourself-Läden, erhältlich.

Musikgenuß ohne Rauschen

Den Bausatz zum *Hobby-Com* stellt die Firma Thomsen-Elektronik, Hauptstraße 54, 6349 Nenderoth, Telefon: 06477/314–315, her. Diese Firma versendet allerdings nicht an Privatpersonen, es ist also zwecklos, dort direkt zu bestellen.

Sofern Sie keinen Händler in der Nähe haben, oder er nicht in der Lage ist, den Bausatz zu besorgen, können Sie ihn auch per Nachnahme über folgende Adresse erhalten:

vgs, Breite Straße 118–120, 5000 Köln 1, Telefon: 02 21/21 96 41.

Empfohlener Preis des Bausatzes (Bestell-Nr. 7123-1) DM 149,50, incl. 2 Original-*High-Com*-Module, 1 gedruckte Schaltung, alle Bauelemente, Stecker und Schalter, 1 Test- und Abgleichkassette, 1 Frontplatte mit Beschriftung, 1 ausführliche Bau- und Abgleichbeschreibung.

Für die *Hobby-Com*-Interessenten, die sich das Zusammenlöten nicht zutrauen oder die sich die Arbeit ersparen wollen, gibt es den Bausatz auch fertig verlötet. Hier brauchen Sie die *High-Com*-Module nur in die fertige Platine einzustecken. Auch die Spannungsversorgung ist mit verlötetem Steckkontakt herausgeführt.

Preis des fertig verlöteten *Hobby-Com*:
(Bestell-Nr. 7124-X)   DM 189,–

Sofern Sie das Gehäuse nicht nach unserer Anleitung selbst bauen wollen, erhalten Sie auch ein fertiges, in das die Frontplatte genau paßt.
(Bestell-Nr. 7126-6) Preis: DM 20,50

Preis des Steckernetzteils:
(Bestell-Nr. 7125-8)   DM 12,––

Diese Bücher und Hefte sollten Sie zum Thema Elektronik haben

Sammelbände der Hobbythek:

Das Hobbythek-Buch 1, Das Hobbythek-Buch 2, Das Hobbythek-Buch 3, Das Hobbythek-Buch 5. Jeder Band DM 29,80. Hier sind vor allem leichtere und schnell nachzubauende Bastelvorschläge für Elektronik-Interessierte aufgenommen – neben vielen weiteren Themen aus allen Bereichen für den Hobbyfreund.

Wer über Elektronik umfassend informiert sein möchte, Grundlagenkenntnisse braucht und mit allen Raffinessen experimentieren und basteln will, für den sei empfohlen:

Jean Pütz (Hrsg.): Einführung in die Elektronik. DM 36,–
Jean Pütz (Hrsg.): Experimente: Elektronik. DM 36,–
Jean Pütz (Hrsg.): Experimente: Autoelektronik. DM 29,80
Jean Pütz (Hrsg.): Experimente: Einführung in die Digitalelektronik, Band 1 und 2, je DM 36,– (Band 3 in Vorbereitung)

Alfons Kirchner, Fritz Engelmann: Erste elektronische Experimente – Schaltelektronik, 116 Seiten, zahlreiche Abbildungen, DM 16,80.

Alle vorgenannten Bücher sind in der vgs erschienen und im Handel erhältlich. Bitte fordern Sie beim Verlag Sonderprospekte an. Preisänderungen vorbehalten.

Bei den Preisangaben sind Änderungen vorbehalten. Dies gilt vor allem für Sonderangebote, für die keine unbegrenzte Lieferverpflichtung besteht.

HOBBYTHEK BÜCHER 1-7

Wo finden Sie was

**Wenn Sie mehr über die Hobby-
thek-Bücher erfahren wollen,
lassen Sie sich den Hobbythek-
Prospekt schicken. – Oder fragen
Sie in ihrer Buchhandlung nach
den Hobbythek-
Büchern. Man
wird Sie Ihnen
gern zeigen.**

vgs

Postfach 18 02 69
5000 Köln 1
Tel. 02 21-21 96 41

Eine Auswahl interessanter vgs-Bücher

Jean Pütz (Hrsg.)
Einführung in die Elektronik
Inzwischen ein Standardwerk für alle diejenigen, die sich Grundkenntnisse auf dem Gebiet der Elektronik aneignen wollen. Verständlich geschrieben, mit Übungsaufgaben zur Selbstkontrolle — ein Buch das nicht zufällig über 350.000 Leser gefunden hat. 288 S., viele Abb., DM 36,—.

Jean Pütz (Hrsg.)
Experimente: Einführung in die Digitalelektronik, 3 Bände
Das Grundlagenwerk zur Digitalelektronik, an dem niemand vorbeikommt, der sich mit Elektronik beschäftigt. Im 1. Band werden die logischen Grundfunktionen, ihre Realisierung durch Versuchsschaltungen sowie die Schaltungsvereinfachung und die Besonderheiten der TTL-Technik behandelt. Im 2. Band geht es um Zähler und Schieberegister, die binäre Codierung von Informationen, die Verarbeitung auch nichtbinärer Signale und die Eingabe und Ausgabe von Informationen bei TTL-Schaltungen. Im 3. Band wird der experimentelle Umgang mit Schaltungen höherer Integrationstechnik behandelt. Es geht um die Kopplung der analogen „Umwelt" und der digitalelektro-

nischen Schaltungen. Zum Experimentieren gibt es ein umfassendes Bausatzprogramm. Bitte Liste anfordern. Jeder Band ca. 240 S., viele Abb., DM 36,—.

Alfons Kirchner, Fritz Engelmann
Erste elektronische Experimente — Schaltelektronik
Dieses Buch für Anfänger ist vor allem eine Experimentierbeschreibung. Es enthält viele Schaltpläne und Bauanleitungen. Mit einfachen Mitteln wird von der Funktionsbeschreibung der Schaltungen bis zu kompletten Einheiten der Digitalelektronik geführt. Bei alledem kommt jedoch die Unterhaltung nicht zu kurz. 120 S., viele Abb., DM 16,80.

Jean Pütz (Hrsg.)
Experimente: Autoelektronik
Dieses Buch enthält alles, was man wissen muß, wenn man die Kraftfahrzeugelektronik verstehen will. Das elektronische Bordnetz wird gründlich beschrieben. Darüber hinaus eine Menge Bauvorschläge, die der TÜV auch zuläßt. Vom Blinkgeber über eine automatische Wischwaschanlage bis hin zum Drehzahlmesser und zur Transistorzündung. Alle Bauvorschläge sind als Bausätze erhältlich. Bitte fordern Sie die Liste an. 120 S., viele Abb., DM 16,80.

Jean Pütz (Hrsg.)
Experimente: Elektronik
Mit dem Buch, einem Lötkolben und etwas Lötzinn kann man sich kreuz und quer durch viele Gebiete der Elektronik arbeiten. Entweder um Kenntnisse zu gewinnen und zu vertiefen oder einfach aus Spaß an allem, was da elektronisch pfeift, blinkt, schaltet, zählt, mißt, regelt oder verstärkt. Bausatzliste anfordern! 272 S., viele Abb., DM 36,—.

Jean Pütz (Hrsg.)
Televisionen
Jeder, für den der Fernseher bisher nur ein schwarzer Kasten war, kann hier nachlesen, wie Fernsehen von der Aufnahme bis zur Wiedergabe funktioniert. Das Buch verfolgt die Entwicklungsgeschichte des Fernsehens und schildert die physikalisch-technischen Hintergründe jeder Entwicklungsstufe in verständlicher Form. 208 S., viele Abb., DM 34,—.

Jean Pütz (Hrsg.)
Hifi, Ultraschall und Lärm
Die Thematik dieses Buches umspannt einen weiten Bogen. Von den Grundsätzen der Akustik über die Entstehung menschlicher Sprechlaute und dem sprechenden Computer bis hin zu den nahezu unbegrenzten Möglichkeiten der Ultraschalltechnik. 128 S., viele Abb., DM 29,80.

Günther van de Lücht (Hrsg.)
ABC der Physik
Wie entsteht ein Regenbogen? Warum ist der Himmel blau? Warum ist der Eiffelturm im Sommer höher als im Winter? Das alles ist physikalisch erklärbar. Das Buch beschäftigt sich mit ausgewählten Begriffen der Physik. In kurzen, verständlichen Darstellungen wird nicht nur der wissenschaftliche Gehalt herauspräpariert, sondern auch die Freude am Experimentieren und Entdecken vermittelt. 192 S., viele Abb., DM 19,80,—.

Wilfried Kuhn (Hrsg.)
Einführung in die Physik
Inhalte, Arbeits- und Denkweisen der Physik werden erklärt. Schritte zur Erkenntnis physikalischer Phänomene werden anschaulich und kontinuierlich entwickelt, wobei das Experiment eine wesentliche Rolle spielt. 272 S., viele Abb., DM 29,80.

Volker Petzold
Sonnenenergie nutzen
Der Energiespender „Sonne" fand in den letzten Jahren zunehmend Beachtung, und es fehlt nicht an Versuchen ihn nutzbar zu machen. Dieses Buch zeigt interessante Beispiele aus ganz Europa zum Thema „Alternative Energie". 128 S., viele Abb., DM 9,80.

E. F. Warnke
Tricks und Effekte mit dem Tonband
Haben Sie schon einmal mit sich selbst im Chor gesungen? Mit einem Tonbandgerät hat man wesentlich mehr Möglichkeiten, als nur fertige Programme vom Radio oder Plattenspieler aufzunehmen. Hier wird beschrieben, wie man mit dem Tonbandgerät ein interessantes Hobby betreiben kann. 80 S., viele Abb., DM 9,80.

Helmut Kaibach
Tips für CB-Funker
„QRV — sende- und empfangsbereit?" CB-Funk, eine neue Kommunikationsmöglichkeit, die in wenigen Jahren eine große Anhängerschaft gefunden hat. Für alle, die sich näher damit beschäftigen möchten, gibt dieses Buch Antwort auf wichtige Fragen: Gesetzliche Bestimmungen, verschiedene Gerätetypen und deren Handhabung usw.. 64 S., viele Abb., DM 9,80.

Buß, tom Dieck, Rudolph
Einführung in die Chemie, 4 Bände
Die Buchreihe wendet sich an naturwissenschaftlich interessierte Erwachsene ebenso wie an Schüler und deren Lehrer. Die Bücher zeigen durch klare anschauliche Darstellung, daß die Chemie durchaus eine „spannende" Wissenschaft sein kann. Der 1. Band beschäftigt sich mit dem Zusammenhang zwischen Struktur und Eigenschaften der Materie. Im 2. Band stehen der Atomaufbau, das Periodensystem und die chemischen Bindungen im Vordergrund. Welchen Regeln der Ablauf chemischer Reaktionen folgt und welche Triebkraft hinter alldem steht, wird im 3. Band gefragt und erklärt. Der 4. Band zeichnet die Wege von den Rohstoffquellen über die Grundchemikalien bis hin zu den Endprodukten auf. Außerdem wird auf Umweltprobleme und schädliche Folgen der Chemie eingegangen. Jeder Band hat ca. 200 Seiten, viele Abb., DM 29,80.

für HOBBYTHEK-Freunde

Peter Lustigs Löwenzahn
Kinder ab 4 Jahren, Jugendliche und auch Erwachsene haben ihren Spaß an den Erklärungen Peter Lustigs. In seinem Buch „Löwenzahn" geht es, wie auch in der Fernsehserie, um Themen aus Umwelt, Natur und Technik. Da wird ein Straßenbaum vor dem Abholzen gerettet, da wird ein Buch gedruckt, ein Käferzoo eröffnet und vieles andere mehr. (Das erste Buch erscheint im Dezember 1982.) Ca. 100 S., viele bunte Bilder, ca. DM 19,80.

Peter Lustig/Theo Kerp
Die Hamster kommen
Riesige Hamster, keine Laune der Natur, sondern Folge des neuentwickelten Badezusatzes „Rosyblubb", der über die Abwässer in die Natur gerät. Die sonst so possierlichen Tiere überfallen auf der Suche nach Nahrung Bäckereien, stoppen U-Bahnen und fressen ganze Kornfelder leer. Zum Glück sind Hamster friedliche Tiere. Dennoch stehen die Menschen vor einem großen Problem . . . 44 S., viele farbige Abb., DM 19,80.

Marie-Louise Plessen, Peter von Zahn
Zwei Jahrtausende Kindheit
Warum durfte im römischen Weltreich ein Vater sein neugeborenes Mädchen auf den Misthaufen werfen? Was bewegte Kinder unter der strengen Zucht in den Klosterschulen? Was empfanden Achtjährige bei sechzehn Stunden Fabrikarbeit? Wir wissen wenig darüber, wie Kinder in der Vergangenheit behandelt und großgezogen wurden. Die Autoren vermitteln hier in Text und Bild einen lebendigen Eindruck von den verschiedenen Formen des Besitzanspruches der Erwachsenen an ihre Kinder. 144 S., viele Abb., DM 29,80.

Erich Rauschenbach
4 Bilderbücher zum Thema „Kind und Gesundheit"
Der kleine Patient
Eine Bildergeschichte, die den Kindern hilft, ihre Angst vor dem Arzt abzubauen. Gezeigt wird, wie es in der ärztlichen Praxis zugeht und was einem dort so alles begegnen kann. 20 farbige Bildseiten, DM 9,80.
Zucker ist nicht immer süß
Die Bedeutung dieses Satzes wird den Kindern in dieser Geschichte deutlich. Sie erfahren am Beispiel des zuckerkranken Thomas, Rücksicht auf ihre behinderten Spielkameraden zu nehmen. 32 farbige Bildseiten, DM 12,80.
Massenweise Medizin
findet Katja in der alten Lebkuchenschachtel, als sie nach Kopfschmerztabletten für ihren Vater sucht. Sie erfährt, daß die Hausapotheke ein gefährliches Pillenlager sein kann. 32 farbige Bildseiten, DM 12,80.
Auf Mutter paß ich selber auf
meint Andy. Während seine Mutter ihre Venenentzündung kuriert, „schmeißt" er den Haushalt, betätigt sich als Krankenpfleger und verzichtet sogar aufs Fußballspielen. 32 farbige Bildseiten, DM 12,80.

Musik zum Selbermachen
John Pearse
Akkord & Rhythmus
Gitarrenschule für Anfänger.
Lernheft. 32 S., viele Abb., Format DIN A 4, DM 9,80.
Komplettes Unterrichtspaket. Lernheft und Langspielplatte zusammen verpackt, DM 28,—.
Gitarrenschule für Fortgeschrittene.
Lernheft. 32 S., viele Abb., Format DIN A 4, DM 9,80.
Komplettes Unterrichtspaket. Lernheft und Langspielplatte zusammen verpackt, DM 28,—.
Gitarren-Blues
Einführung in Technik und Stil. 48 S., viele Abb., Tabulaturen, Format DIN A 4, DM 12,80.
Gitarren-Ragtime
Einführung in Technik und Stil. 64 S., viele Abb., Tabulaturen, Format DIN A 4, DM 12,80.
John Pearse Songbook
20 Folksongs mit Tabulaturen für Gitarre, 80 S., viele Abb., Format DIN A 4 quer, DM 12,80.
Gitarren-Akkorder
Ein Gerät zum Ermitteln von ca. 2000 Akkorden. Handliches Taschenformat; stabile Kunststoffausführung, ausführliche Gebrauchsanleitung, abwaschbare Plastikhülle, DM 14,80.
Dulcimer-Heft
Wie man einen einfachen Dulcimer baut und wie man das Spielen auf diesem bezaubernden alten Saiteninstrument ohne musikalische Vorkenntnisse erlernt. 72 S., viele Abb., Tabulaturen, Format DIN A 4, DM 12,80.

Tony Munzlinger, Anton Zink
Unterwegs mit Odysseus
Eine humorvolle Nachfahrt der abenteuerlichen Irrfahrten des Odysseus, bebildert mit Comics, an denen selbst Göttervater Zeus seine Freude gehabt hätte. 96 S., durchgehend farbige Comics, DM 28,—.

Tony Munzlinger, Anton Zink
Abenteuer mit Herakles
Die abenteuerlichen Taten des Herakles, witzig-frech und doch „sagengetreu" nacherzählt. Comics in gelungener Kombination mit lustig-tiefsinnigen Versen. 96 S., durchgehend farbige Comics, DM 28,—.

Miloš Macourek, Peter Markov
Die Märchenbraut
Wenn das Reich der Märchen und unsere moderne Zivilisation aufeinanderstoßen, entsteht verständlicherweise ein heilloses Durcheinander. Bei dem Versuch, alles wieder in Ordnung zu bringen, lernen sich Prinzessin Arabella und Peter, ein Student der Naturwissenschaften, kennen. Die beiden erleben eine Menge aufregender Abenteuer und . . . aber lesen Sie lieber selbst. Das Buch entstand nach der erfolgreichen Fernsehserie. 208 S., viele Abb., DM 24,—.

Edward de Bono
Große Denker
De Bono beschäftigt sich in diesem Buch mit 30 großen Denkern in der Geschichte der Menschheit. Er ist jedoch viel zu sehr ein eigener und eigenwilliger Geist, als daß er die 30 Gestalten seines Buches nicht zum Anlaß nähme, neue und unkonventionelle Gedanken über die Wirkung von Ideen auf das Leben jedes einzelnen von uns zu formulieren. 216 S., viele Abb., DM 48,—.

Dieter Graf
Gesundheit im Kindesalter
Ein wichtiger Ratgeber, in dem für jeden verständlich, alles wissenswerte über Kinderkrankheiten, Verhaltensstörungen und die Auswirkungen der Umwelt und der sozialen Bedingungen auf Kinder dargestellt ist. 272 S., viele Abb., DM 34,—.

Dave Kamien, Dietrich Schulz-Koehn
Let's Swing — Jazz zum Mitmachen
Einführungsband. 128 S., viele Abb. und Notenbeispiele, DM 16,80.
Langspielplatte. Mit Beispielen des gleichnamigen Fernsehkurses (auf der B-Seite lediglich die Rhythmusteile), DM 24,—.
Notenbeispiele. Mit den Partituren der LP, 16 S., Format DIN A 4, DM 7,80.